**DANIEL
COHN-BENDIT**

Unter den Stollen
der Strand

Kiepenheuer
& Witsch

Aus dem
Französischen
von Frank Sievers

# DANIEL COHN-BENDIT

*mit Patrick Lemoine*

## Unter den Stollen der Strand

Fußball und Politik –
mein Leben

Verlag Kiepenheuer & Witsch, FSC® N001512

1. Auflage 2020

Titel der Originalausgabe: *Sous les crampons ... la plage*
© Editions Robert Laffont, S. A. S., Paris, 2018
All rights reserved
Aus dem Französischen von Frank Sievers
© 2020, Verlag Kiepenheuer & Witsch, Köln
Umschlaggestaltung: Barbara Thoben, Köln,
nach dem Originalumschlag von Robert Laffont
Umschlagmotiv und Autorenfoto: © Georg Kumpfmüller-Jahn
Gesetzt aus der Scala und Neutraface
Satz: Buch-Werkstatt GmbH, Bad Aibling
Druck und Bindung: CPI books GmbH, Leck
ISBN 978-3-462-05263-3

»Wirklich, das wenige, das ich weiß,
habe ich auf den Fußballplätzen und
den Theaterbühnen gelernt.
Das sind meine wahren Universitäten ...«

– Albert Camus –

»Für Corinthians zu spielen heißt eine Kultur,
ein Volk, eine Nation respektieren. Man
wird einberufen, einen irrationalen Krieg
zu führen, und darf niemals daran zweifeln,
dass es der wichtigste von allen ist. Man muss
denken wie Marx, kämpfen wie Napoleon,
beten wie der Dalai Lama. Man gibt wie
Mandela sein Leben für eine Sache und weint
wie ein Baby.«

– Sócrates –

# Inhalt

# Probetraining

**Ich bin jetzt** fünfundsiebzig. Und mein Leben war eine einzige lange Reise zwischen Frankreich und Deutschland. Das hat mit meinen Eltern zu tun, die 1933 Berlin verlassen mussten und nach Paris flüchteten, um dann zu Beginn des Zweiten Weltkriegs in Südwestfrankreich Unterschlupf zu suchen, in Montauban in der Nähe von Toulouse. Dort wurde ich im April 1945 geboren, gezeugt in den Wochen nach der Landung der Alliierten in der Normandie. Ich bin also ein Kind der Befreiung und der Freiheit.

Angefangen zu sprechen habe ich schon auf der Entbindungsstation, wo ich zu meinem Vater und meiner Mutter gesagt habe: »In fünfzig Jahren gibt es keine Grenze mehr zwischen Frankreich und Deutschland und auch keine Soldaten, und der Rhein wird ein ruhiger Fluss sein, der beiden Ländern zugleich gehört, ohne sie voneinander zu trennen.« Da wussten meine Eltern, sie haben ein Problem: »Der Junge redet viel zu früh, und vor allem, er redet Quatsch.« Das ist meine Geschichte: der innige Wunsch, das historische Drama der deutsch-französischen Kriege und die Unbilden der europäischen Vergangenheit zu überwinden, in denen Faschismus, Nationalsozialismus, Stalinismus, Kolonialismus, Imperialismus, Antisemitismus und Rassismus grassierten, Begriffe, die mir allesamt das Blut gefrieren lassen. Ausgehend von diesem Wunsch, war der Motor meines politischen Handelns seit jeher das Bedürfnis, zu versöhnen.

Nur im Sport im Allgemeinen und im Fußball im Besonderen verhalte ich mich unberechenbar und irrational, wenn es um Deutschland geht – was ich auf eine innere Verletzung zurückführe, die mir natürlich nicht im Mutterleib zugefügt wurde, die aber ganz gewiss vom Leid der Flucht vor der Vernichtung und von der verdrängten Angst herrührte, als Jude immer noch verfolgt werden zu können. So bleibt im Grunde meines Herzens bis heute ein Rest dessen, was in mir die besagte Irrationalität ausgelöst hat und manchmal immer noch auslöst, sobald die Rede von der *Mannschaft* ist. *Nobody is perfect.* Aber deshalb ist es jetzt auch wirklich an der Zeit, mit alledem abzuschließen und meine borniert Haltung gegenüber dem deutschen Fußball abzulegen. Ja, ich kann Ihnen versichern, ich bin auf dem Weg der Besserung. Und ich kann es sogar beweisen!

Als Kind war ich heißblütiger Fan von Stade Reims, das übrigens zweimal gegen Real Madrid im Finale des Europapokals stand. Mit 20, 25 Jahren wechselte ich zu AS Saint-Étienne. Und mit Anfang 30 wurde schließlich die französische Nationalmannschaft unter Platini für mich zum Nonplusultra der Fußballkunst. Nicht Bayern, nicht Deutschland. Heute ist mein Verein, meine Sippe – und nicht erst seit gestern, um ehrlich zu sein –, die Frankfurter Eintracht! Tatsache! Und ich rümpfe auch nicht mehr die Nase, wenn ich das Team von Jogi Löw spielen sehe ... Meine Einstellung zur deutschen Elf begann sich zu verändern, als das Staatsbürgerschaftsrecht reformiert wurde. Damit konnten auch Einwanderer oder Einwandererkinder in der Nationalmannschaft spielen, was zwar nicht deren Spielweise von heute auf morgen veränderte, aber doch zu einer grundlegenden Wandlung führte. Denn plötzlich war die Nationalelf ein Spiegelbild der Gesellschaft. Und das war schon mal ein großer Schritt, um mich mit dem deutschen Fußball zu versöhnen.

Es gab aber auch noch andere Dinge, die mich dazu bewegten, meine Meinung zu ändern. Wenn man sich etwa die Position des DFB bei den Skandalen in dieser Sportart ansieht, so erkenne ich eine viel klarere Haltung als bei den Verbänden anderer Länder. Hier kommt keiner ungeschoren davon, der einen echten Fehltritt begangen hat. Jeder bekommt die Konsequenzen zu spüren, selbst wenn der DFB manchmal ein bisschen braucht, bis er in die Puschen kommt. Immerhin mussten bis jetzt schon drei Präsidenten abdanken. Und als ans Licht kam, dass Beckenbauer gemauschelt hat, um die Weltmeisterschaft 2006 nach Deutschland zu holen, wurde der über alles erhabene Kaiser in der Öffentlichkeit aufs Härteste attackiert und infrage gestellt. Wenn etwas Ähnliches in Frankreich passierte, hielten alle die Füße still – zum Glück ändert sich auch hier langsam etwas. Ich will damit aber nicht sagen, dass Fußballdeutschland besser ist als Frankreich. Fehler und Missstände gibt es überall. Welche Hierarchien und Machtstrukturen hier herrschen, ist genauso undurchsichtig wie in anderen Ländern. Aber die rechtliche und gesellschaftliche Handhabe dagegen ist größer.

Noch ein anderer Punkt lässt mich den deutschen Fußball heute mit anderen Augen sehen. Journalisten der *Süddeutschen Zeitung* haben in den *Panama Papers* enthüllt, dass Messi einige Dollar an Einnahmen »vergessen« hat, dem spanischen Fiskus zu melden. Dann kam der *Spiegel* mit seinen *Football Leaks* und offenbarte, dass Cristiano Ronaldo, Di María, Falcao, Mourinho, Özil und Pogba, um nur einige zu nennen, sehr viel Geld in Steuerparadiesen geparkt hatten. Ich will damit nicht die deutsche Presse in den Himmel loben, ich will damit nur sagen, dass sie ihre Arbeit macht, sprich: uns informiert. Aus all diesen Gründen kann ich heute guten Gewissens anerkennen, dass der deutsche Fußball seine Qualitäten hat und auch ich ihn respektabel finden darf. Ich verspüre nur noch einen kleinen Rest Skepsis, wenn ich so katastrophale Spiele mit ansehen muss wie zuletzt beim kläglichen Ausscheiden bei der WM 2018 in Russland. So soll dieses Buch auch dazu beitragen, endgültig meine doch leicht kindische Haltung abzulegen, für die es heute wirklich keinen Grund mehr gibt.

Mein verbales Probetraining bietet mir aber auch die Gelegenheit, nicht nur über meine Beziehung zu Deutschland und zu Frankreich zu sprechen, sondern auch über den Einfluss, den der Fußball auf die Gesellschaft haben kann – und umgekehrt. Als Kind galt meine erste »internationale Leidenschaft« der großartigen Goldenen Elf unter Ferenc Puskás, die vier Jahre lang ganz Europa verzauberte und trotz ihrer verpassten historischen Gelegenheit 1954 in Bern noch zweieinhalb Jahre lang die Alte Welt mit ihrer Schönheit beglückte – dank der Spieler von Honved Budapest. Als ich drei, vier Jahre später, mitten in der Pubertät, begriff, was für einen Mut die Ungarn an den Tag legten, als sie sich gegen den Kreml auflehnten, bevor sie blutig niedergeschlagen wurden, verspürte ich große Bewunderung. Obwohl mir klar ist, dass beides im Grunde nichts miteinander zu tun hatte, gefiel mir die Idee, dass der himmlische Fußball, den Puskás und seine Mannen spielten, gut zu diesem wunderbaren Volk passte.

Die gleiche Geschichte wiederholte sich bei der Weltmeisterschaft 1974 mit den herausragenden Polen unter Kazimierz Deyna und Grzegorz Lato, wovon ich noch ausführlicher berichten werde, da ich das erstaunliche Halbfinale im überschwemmten Frankfurter Waldstadion miterlebt habe. Diese begeisternden Polen, die vor Leben, Schwung und Hoffnung strotzten, lehnten sich sechs Jahre später in den Fabriken gegen die eiserne Faust Moskaus auf, die sich über Warschau gesenkt hatte. Wieder war ich voller Bewunderung und sah einen gewissen Zusammenhang zwischen Deyna und Konsorten und den Danziger Hafenarbeitern im August 1980. Aber sehen Sie sich an, wo der ungarische Fußball heute steht – und wie es mit dem polnischen Fußball aussieht, auch wenn sich die Nationalelf mal für eine Welt- oder Europameisterschaft qualifizieren mag. Markante Spuren hinterlässt sie dort jedenfalls nicht mehr. Außer Lewandowski – und das auch nur, weil er seit zig Jahren in Deutschland spielt – wüsste ich keinen Spieler dieses Landes beim Namen zu nennen. Es fällt mir schwer, keinen Zusammenhang herzustellen zwischen der politischen Lage in den beiden Ländern, die mit Orbán und Kaczyński zwei autoritäre Politiker an die Macht gebracht haben, und der Bedeutungslosigkeit, in die ihr Fußball abgeglitten ist. Schlimmer ist es nur noch in Brasilien, auch wenn es um die Seleçao noch ein bisschen besser steht. Die wunderbaren Menschen haben sich von Typen wie Neymar um den Finger wickeln lassen und sich dann einem Bolsonaro in die Arme geworfen, der noch übler ist als die beiden europäischen illiberalen Staatsmänner. Aber auch davon später mehr.

Ich war mein Leben lang hin- und hergerissen zwischen Frankreich und Deutschland. Will heißen: In Deutschland fühle ich mich verpflichtet, die Franzosen zu erklären, in Paris will ich Berlin erklären. Wäre der europäische Integrationsprozess weiter fortgeschritten, hätte ich mir das sicher sparen können. Aber ich mache mir nichts vor: Was das betrifft, stehen wir noch ganz am Anfang. Wir müssen Geduld haben. Nehmen wir nur Frankreich: Nach der Revolution von 1789 brauchte es über hundert Jahre, bis ein demokratischer Nationalstaat entstand. Auch die Deutschen sind durch schlimme historische Phasen gegangen, die sie selbst verschuldet haben, ehe sie mehr oder weniger freiwillig die Schutzimpfung der Demokratie schluckten – der Besatzung der Alliierten sei Dank. Oder: Die Französinnen mussten hundertsechsundfünfzig Jahre warten, um wählen zu dürfen, bis 1945, während die deutschen Frauen schon 1918 das Wahlrecht erlangten. Sieht man sich nun alle die verschiedenen Aspekte an, in denen sich die europäischen Staaten zum Teil stark unterscheiden, versteht man vielleicht, warum es so lange dauert, ein neues demokratisches Modell für eine neue Europäische Union auszuarbeiten.

Hin- und hergerissen war ich auch, weil es mir lange sehr viel leichterfiel, von dem begeistert zu sein, was in Frankreich gut funktionierte, als von dem, was in Deutschland besser war. Aber auch in dieser Hinsicht bin ich wohl rationaler und gerechter geworden – selbst wenn ich über den Sieg der *Bleus* in Moskau mehr gejubelt habe als über den WM-Titel der *Mannschaft* vier Jahre zuvor in Rio. Aber nur, weil er mehr meinem Temperament entsprach. Ich fälle damit kein Urteil über die spielerische Qualität. Natürlich hatte Deutschland mit seiner gut geölten Präzisionsuhr und dem herausragenden Neuer im Tor den Pokal verdient. Aber mich hat der Fußball dieser jungen Bande von Franzosen, die nicht nur Spieler, sondern zugleich Rapper waren, einfach viel mehr mitgerissen. Das pure Vergnügen!

Doch jetzt will ich versuchen, objektiver zu sein und Deutschland gerechter zu betrachten. Denn die Deutschen sind eine große Fußballnation, nicht nur im Sport selbst, sondern auch in wirtschaftlicher Hinsicht. Die Vereine werden streng und effizient geführt, einfach vorbildlich. Hier gibt es keine finanziellen Exzesse wie in Frankreich, Italien, Spanien oder England. Keiner lebt über seinen Möglichkeiten, und es gibt ein effektives Kontrollsystem. Zum Beispiel zahlen in Deutschland nicht die Vereine für ihre Spieler die Steuern. Das wäre hier ethisch einfach unvorstellbar.

Kurz und gut, als ich vor ein paar Jahren anfing, mir über all das Gedanken zu machen, kamen mir so einige Fragen und Zweifel. Auch weil Ingrid, meine Frau und die Mutter unseres Sohnes Bela, manchmal meine Positionen übertrieben fand. Irrational und bar jeder Objektivität. Da habe ich begonnen, meinen Fall aufzuarbeiten. Und heraus kam dieses Buch, mein vollumfängliches »Geständnis«.

## Eröffnungs-spiel

**Warum** »**Unter den** Stollen liegt der Strand« und nicht mehr »Unter dem Pflaster liegt der Strand«? Ironie? Verleugnung? Viele werden sagen, das sei bei mir nicht das erste Mal. Als liberalsozialer Öko habe ich für viele Revolutionäre schon vor Langem »die Seiten gewechselt«.

Natürlich leugne ich 68 nicht. Aber es ist das eine, diese Zeit als eins der großen Ereignisse in meinem Leben in Erinnerung zu behalten, und das andere, zu meinen, es wäre das einzige große Ereignis gewesen. Ich sage immer, wer nur einen solchen Moment in seinem Leben gehabt hat, ist arm dran. Das ist wie beim Sex. Wenn es nur beim allerersten Mal schön war, ist das traurig. Deshalb will ich mein Schicksal nicht auf eine Zeit reduzieren, in der ich dreiundzwanzig Jahre alt war. Zumal ich schon sehr früh am »Gedenken« und an Debatten zu 68 teilgenommen habe: ein Jahr nach dem Mai 68, zwei Jahre, fünf Jahre, zehn Jahre, zwanzig Jahre ... Aber vor zehn Jahren habe ich dann in einem Buch – *Forget 68* – erklärt, dass 1968 vorbei ist. Ich sage da unter anderem, dass sich die Welt verändert hat und man sich nicht mehr ständig auf diese Zeit beziehen kann, um die heute notwendigen Reformen, Veränderungen, vielleicht sogar Revolutionen zu erkennen und anzugehen, damit die Welt sich weiterdreht.

Zudem habe ich beschlossen, nicht mehr oder nur noch selten an Happenings zu 68 teilzunehmen, zuletzt im Herbst 2017, als die Wut wieder hochkochte, weil die französische Regierung den Mai 68 für sich zu vereinnahmen versuchte. Da haben die aufrechten Linken gleich protestiert: »Der Präsident darf 68 nicht für sich in Anspruch nehmen, 68 gehört den Linken, der Revolte.«

1968 war für Frankreich eine historica Zäsur. Ein Teil der Jugend stand auf, um ihr Leben selbst in die Hand zu nehmen, und ein Großteil der Arbeiterklasse streikte für bessere Lebensbedingungen und höhere Löhne. Die klassischen politischen und sozialen Institutionen taumelten, aber letztendlich fielen sie nicht. Für mich hatten die tollen Maitage eine persönlich tief greifende Konsequenz. Ich wurde als »Rädelsführer« des Landes verwiesen und musste erneut den ungeliebten Weg von Paris nach Frankfurt beschreiten. Erst später erwies sich diese »Vertreibung« als nicht so schlimm, wie ich es anfangs befürchtet hatte. Aber das ist eine andere Geschichte.

Jeder kann und darf zu 1968 intelligente Dinge von sich geben oder darauf schimpfen. Dieser Mythos ist niemandes Eigentum. Aber ich habe das Gefühl, dass ich nichts Neues mehr dazu beitragen kann.

Insofern war es mir ein großes Vergnügen, fünfzig Jahre danach etwas zu tun, was wohl niemand von mir erwartet hätte: ein Buch über Fußball zu schreiben. Dieser Sport ist neben der Liebe und der Politik meine dritte Leidenschaft. Als mir ein Journalist anlässlich meiner täglichen Sendung auf Europe 1 zur Euro 2016 die Idee zu diesem Buch unterbreitete, war ich sofort Feuer und Flamme.

Der Fußball lässt sich nicht auf einen Sport für »Spießbürger« reduzieren, der auf einem grünen Feld ausgetragen wird. Er ist Teil unserer Kultur, kann sogar Kunst sein, er ist ein gesellschaftliches und manchmal sogar politisches Phänomen – und wenn er »unpolitisch« ist, dann kann auch das politisch sein. All das hat mich fünfundsechzig Jahre lang begleitet, weshalb man dieses Buch als eine Art Autobiografie über Bande bezeichnen könnte. Eine einfache Geschichte, im Gegensatz zu den »echten« Autobiografien, die meist doch nur viel zu kompliziert sind. Wobei ... ganz so einfach ist es auch wieder nicht. Denn im Laufe der Jahre haben viele durchaus komplexe Umstände meinen Blick auf den Fußball geprägt: meine Eltern, aus Deutschland geflohen, verfolgt, ohne Sinn für Sport, meine ersten Lebensjahre, geboren in Montauban, staatenlos, von der Mutter verhätschelt und von Anfang an ballverliebt. Mein Engagement, meine Brüche, meine doppelte Kultur, meine Freundschaften – letztlich hat alles dazu beigetragen, dass sich die Geschichte meines Lebens und ein Teil der Fußballgeschichte miteinander verwoben haben und immer wieder aufeinandergeprallt sind. All das wollte ich mir gern noch einmal ins Gedächtnis rufen, verstehen und analysieren, indem ich in meiner Vergangenheit kramte und Fußballerinnerungen aus über sechs Jahrzehnten hervorholte.

Dabei gibt es eine Erinnerung, die mich zugegebenermaßen besonders bewegt: um sich aus dem autoritären Korsett der traditionellen Klubs zu befreien, hat mein Sohn Bela seinen eigenen Fußballverein gegründet, den

FC Gudesding. Dort spielen heute etwa dreißig Spieler aus einem Dutzend Nationen, darunter auch syrische Geflüchtete, seit 2018 gibt es eine E- und eine A-Jugend und seit 2019 eine Frauenmannschaft. Und das alles *just for fun*. Ein selbst verwalteter Verein unter Mithilfe einiger »Papas«. Toll, oder?

Wäre ich Trotzki gewesen, hätte ich meinem Buch den Titel gegeben: »Fußball und Revolution«, Mao Tse-tung: »Glücklich wie ein Ball im Wasser«, Churchill: »Fußball ist der schlimmste Sport mit Ausnahme aller anderen«, JFK: »Fußball öffnet Grenzen«, de Gaulle: »Es lebe der freie Fußball«.

Und wäre ich der »kleine Emmanuel Macron«, dann hätte dieses Buch wohl den Titel erhalten: »Droit au but«, »Direkt aufs Tor« – das Motto von Olympique Marseille, seinem Lieblingsverein.

## Aufwärmen

**Nein, ich wurde** nicht am 22. März 1968 in Nanterre geboren, wie es zum fünfzigsten Jubiläum von 68 oft hieß. Und ich habe auch nicht am Mittwoch, dem 4. April 1945 in Montauban das Licht der Welt erblickt, wie meine Geburtsurkunde es ausweist.

Sie werden staunen: Ich behaupte, schon neun Monate früher »auf die Welt gekommen« zu sein, um den 6. Juni 1944 herum, als die Landung der Alliierten in meinen Eltern die Hoffnung weckte, die Tragödie könne womöglich bald ein Ende haben.

Als deutsche Juden hatten sie in den Wochen nach Hitlers Machtergreifung im Januar 1933 Berlin verlassen und waren nach Paris gegangen. Aber zu Beginn des Zweiten Weltkriegs im September 1939 wurde mein Vater Erich von den Franzosen festgenommen, weil er Deutscher war. Obwohl ihm die Nazis seine Nationalität aberkannt hatten. Daraufhin ist meine Mutter Herta mit meinem vierjährigen Bruder Gabriel – Gaby – nach Montauban gezogen, fünfzig Kilometer vor Toulouse.

Nachdem meinem Vater die Flucht aus dem Internierungslager gelungen war, kam er zu ihnen, und sie haben sich bis zum Ende des Sommers 1942 um jüdische Kinder gekümmert, deren ausländische oder staatenlose Eltern sich nicht versteckt hatten und von der französischen Polizei verhaftet worden waren. Als Festnahmen auch in der Nähe von Toulouse zunahmen, sind meine Eltern untergetaucht; sie wohnten bei Freunden oder Fremden oder flüchteten in den Wald, wenn die Lage zu bedrohlich wurde. Gaby fand Zuflucht bei einer Architektenfamilie in Moissac in der Nähe von Montauban. Dort besuchten ihn meine Eltern ab und zu. Wirklich wieder vereint waren die drei aber erst nach der Befreiung der Region Toulouse im August 1944. Im Sommer 1945 sind sie dann wieder nach Paris zurückgekehrt, mit einem kleinen Baby auf dem Arm, das Marc Daniel hieß.

Zwei oder drei Monate später, in Cailly-sur-Eure in der Nähe von Évreux, etwa sechzig Kilometer westlich von Paris, haben meine Eltern die Leitung der Colonie Juliette übernommen, einer Einrichtung, die Waisenkinder jüdischer Deportierter aufpäppelte. Dort muss wohl, sowie ich laufen konnte, mein Fußballreflex eingesetzt haben: Immer wenn ich einen Ball sah, trat ich mit dem Fuß dagegen, während die anderen Kinder ihn mechanisch mit den Händen aufnahmen.

1948 haben wir uns endgültig in der französischen Hauptstadt niedergelassen. Da war ich drei Jahre alt. Meine Mutter hatte an einer jüdischen Schule mit Internat in Boulogne-Billancourt unweit des Parc des Princes eine Stelle als Wirtschaftsleiterin bekommen. Vier Jahre später sah sich mein Vater gezwungen, nach Deutschland zurückzukehren, weil er in Frankreich seinen Anwaltsberuf nicht ausüben konnte. Seine Zeugnisse wurden dort nicht anerkannt. Also zog er nach Frankfurt. Und wir waren wieder getrennt. Doch dank seiner Leidenschaft für das Recht konnte er die Wunden und die Trauer gegenüber dem Land überwinden, das den Naziterror geboren hatte und aus dem er vertrieben worden war.

In Paris wohnten wir am Square Léon Guillot im 15. Arrondissement mit Blick auf die Rue de Dantzig: acht Gebäude mit sieben Stockwerken rund um einen gepflasterten Innenhof, auf dem wir Kinder spielten. Wir wohnten in einer kleinen Zweizimmer-Wohnung. Das erste Zimmer – das »vordere«, wie wir sagten – war gleichzeitig Wohnzimmer, Esszimmer und das Schlafzimmer meiner Mutter und meiner Großmutter; Gaby und ich schliefen im zweiten Zimmer. Anfangs gab es noch kein warmes Wasser. Um uns zu waschen, mussten wir Wasser auf einem Kocher erhitzen. Und einmal in der Woche gingen wir in ein Volksbad in der Rue de Vouillé, wo man baden und duschen konnte. Das Gebäude steht nicht mehr, nur die heute denkmalgeschützte Fassade ist noch erhalten.

Meine Schulen waren laizistisch. Nach der Vorschule in Boulogne ging ich in die Grundschule in der Rue Olivier de Serres bei uns um die Ecke. Am Donnerstag – dem damals schulfreien Tag – habe ich meine Mutter immer zu ihrer Arbeitsstelle begleitet, und im Park des jüdischen Gymnasiums École Maïmonide begann meine »Karriere« als Fußballer. Die »Großen« hatten mich als ihr Maskottchen auserkoren, und ich durfte mit ihnen spielen. Da muss ich sechs Jahre alt gewesen sein.

Vor allem aber gab es dort einen Mann, der mich mochte und der schnell erkannte, dass ich mit großer Begeisterung Fußball spielte. Pascal war an der Schule das Mädchen für alles. Die gute Seele. Mir kam er sehr alt vor, was er vielleicht gar nicht war. Nachdem er als Republikaner 1939 vor den Franquisten aus Spanien geflohen war, wurde er in Frankreich festgenommen und in ein Lager bei Rivesaltes in der Region Languedoc gesteckt. Aber er konnte fliehen und schloss sich der Résistance an.

Letztlich war er es, der mir das Sportvirus im Allgemeinen und das Fußballvirus im Besonderen eingeimpft hat.

Einmal bot er meiner Mutter an, mich zu einem Spiel im Parc des Princes mitzunehmen, der damals noch ganz anders aussah. Das Stadion wurde im Herbst 1967 abgerissen, neu gebaut und im Frühjahr 1972 wiedereröffnet. Die Tribünen hinter den Toren trugen aber schon damals den Namen »Boulogne« und »Auteuil«. Man saß auf langen Betonbänken ohne Rückenlehne; das Feld war von einer 450 Meter langen Radrennbahn aus rosafarbenem Zement und mit erhöhten Kurven eingefasst. Hier endete damals die Tour de France.

Der Racing Club de Paris und der Stade Français – kurz: le Racing und le Stade – trugen hier sonntags ihre Heimspiele aus, und wenn die Topmannschaften der 1950er Jahre kamen, Stade Reims, OGC Nizza oder der LOSC – Lille –, war das Stadion ausverkauft. Das »große Spiel« begann um 15 Uhr, vorher gab es aber noch das sogenannte »lever de ridcau«, das Eröffnungsspiel, sodass sich der Vorhang schon um 13 Uhr öffnete.

Gleich nach dem Mittagessen, das ich herunterschlang, stand Pascal vor der Tür, und wir fuhren mit dem Autobus 62 bis zur Porte de Saint-Cloud. Nach zehn Gehminuten waren wir dann endlich an der »Boulogne«-Kurve, zu der Kinder in Begleitung Erwachsener zu Meisterschaftsspielen freien Eintritt hatten.

Als ich zehn Jahre alt war, erlaubte mir »Tricotie« – die »Strickliesel«, wie die Schüler meine Mutter nannten, weil sie für die Kinder immer Schals strickte –, allein in den Parc zu gehen, wenn Pascal nicht mitkommen konnte. Vor dem Stadion kuckte ich mir jemanden aus, der mir sympathisch erschien, und schwor ihm, dass er keinen Eintritt zahlen müsse, wenn er mich als seinen Sohn ausgebe. Meistens funktionierte das! Wobei ich den einen oder anderen auch beschämte, der so freundlich war, das arme »verlassene Küken«, für das ich mich ausgab, unter seine Fittiche zu nehmen.

Ja, beschämte, denn wenn ich ein Fußballspiel ansah, benahm ich mich ziemlich unzivilisiert. Auch heute, vor dem Fernseher, bin ich immer noch wie das kleine Kind im Stadion. Sobald angepfiffen wird, bin ich mitten in »meinem« Spiel, ich gestikuliere, springe auf, setze mich, brülle, protestiere. Ich spiele Trainer, gebe den Spielern »meiner« Mannschaft Anweisungen, beschimpfe sie, wenn sie einen Pass nicht kriegen oder ihnen der Ball verspringt, und drohe, sie auszuwechseln, wenn sie nicht besser spielen. Kurz, ich bin unerträglich, ein »Irrer«. Und ich gebe zu, selbst mit Mitte siebzig kann ich mich immer noch nicht beherrschen!

Aber es kommt noch schlimmer: Manchmal trete ich sogar, ohne es zu bemerken, gegen einen gar nicht vorhandenen Ball. Und wenn ich im Stadion sitze, kriegt es die Rückenlehne vor mir ab. Bela, der jetzt dreißig ist, findet das wahnsinnig lustig, genau wie seine und meine Freunde. Der Mann, der vor sechzig Jahren meine Tritte in den Rücken bekam, allerdings weniger ... Nach dem zweiten oder dritten Tritt drehte er sich zu meinem »Adoptivvater« um und beschwerte sich: »Können Sie Ihrem Blag bitte sagen, dass es damit aufhören soll? Das nervt, und es tut weh!«

Im Herbst nahm mich Pascal immer mit zum Critérium des As, einem Radrennen, das Mitte September auf der Pferderennbahn Longchamp am Rand des Bois de Boulogne veranstaltet wurde. Alle Stars nahmen daran teil, Rik Van Steenbergen, Fausto Coppi, Ferdy Kübler, Louison Bobet. Dort hatte ich mein erstes Erweckungserlebnis, als ich Jacques Anquetil sah, der zu einem der Sportidole meiner Jugend wurde. Ich erinnere mich noch wie gestern an die Bilder des Duells zwischen Anquetil und Raymond Poulidor beim Anstieg zum Puy de Dôme, das war allerdings schon viel später, bei der Tour de France 1964.

Als ich klein war, verfolgte ich die Tour nur im Radio und in *France-Soir*. Die Pariser Tageszeitung hatte mehrere Ausgaben – bis zu neun pro Tag, wenn es viele Neuigkeiten gab wie nach dem 13. Mai 1958, als Charles de Gaulle an die Macht zurückkehrte – und aktualisierte dazu immer die Titelseite. Besonders ausgefallen waren die Comiczeichnungen, die über die ganze Seite gingen und im Laufe des Nachmittags die jeweilige Position des Fahrers mit dem Gelben Trikot, seiner Rivalen und des Hauptfelds zeigten.

Mit elf Jahren kam ich aufs Gymnasium, in die sechste Klasse des Lycée Buffon im 15. Arrondissement, wo Roland Barthes unterrichtete und das auch Jean-Luc Godard und Alain Robbe-Grillet besucht haben. Meinen redegewandten Bruder und seinen Freund Laurent Terzieff kannten dort fast alle. Ich selbst fand zwei, drei gute Freunde, und einer von ihnen überredete mich, mit zum CAP zu gehen, dem Fußballverein Cercle Athlétique de Paris – rotes Trikot und rote Socken, blaue Hose –, der damals in der zweiten Liga spielte, aber 1920 die *Coupe de France* gewonnen hatte.

Das Trainingsgelände lag am anderen Ende der Stadt, ein riesiges Areal mit unzähligen Fußball- und Rugbytoren mitten im Bois de Vincennes; sein Spitzname war – und ist immer noch – »Pershing«, weil es an ein Stadion mit 20 000 Plätzen angrenzte: 1919 gebaut und inzwischen abgerissen, war es nach dem Oberbefehlshaber der US-Truppen im Ersten Weltkrieg benannt.

Aber nach einer Saison hörte ich wieder auf, obwohl mir CAP im Parc des Princes an einem spielfreien Wochenende mein größtes Glück als junger Fußballer beschert hatte. Da mein Verein das Eröffnungsspiel vor der Begegnung Racing gegen Saint-Étienne bestritt, waren wir als Balljungen auserkoren worden. Ein Traum!

Das reichte für mich aber nicht, um am Ball zu bleiben. Pershing war einfach zu weit weg von daheim, für jedes Training musste ich zwei Stunden Bus fahren; außerdem war ich zu klein und nicht kräftig genug und wurde dementsprechend selten aufgestellt. Ja, schon damals wurden bei Wettbewerben vor allem die Großen und Kräftigen auf den Platz geschickt. Eine schlechte Manier, die sich leider bis heute fortgesetzt hat.

Wenn ich heute an all das zurückdenke, glaube ich, dass ich auch deswegen aufgehört habe, weil mir diese Vereinsmeierei nicht gefiel. Ich mochte es noch nie, irgendwo Mitglied zu sein. Weder in einer Partei – außer den Grünen – noch in einem Fußballverein. Ohne es zu wissen, war ich wohl schon als Elfjähriger ein Anarchist.

## Kurze Hosen

**Ich war sechs,** sechseinhalb, als ich Jimmy, einem Freund meines Bruders, über den Weg lief. Er stand unten in unserem Mietshaus vor dem Aufzug, und ich hatte mir gerade die neue *L'Équipe* gekauft, die einzige französische Sportzeitung, die täglich erschien.

»Was willst du denn damit, Dany, du kannst doch gar nicht lesen!«, sagte er zu mir, als wäre ich der letzte Hinterwäldler.

»Das stimmt! Aber ich verstehe alles!«, erwiderte ich, ohne zu überlegen, sturzbeleidigt.

Im Gegensatz zu meinem Vater, den Sport nicht interessierte, fand ich das alles schon früh sehr aufregend. Und ich entwickelte zu dieser Pariser Sportzeitung eine fast sentimentale Beziehung, die bis heute anhält: Wenn ich in Frankreich bin, kaufe ich sie mir jeden Morgen, in Frankfurt, sobald sie in die Läden kommt.

Zwei oder drei Jahre später, im November 1953, war ich wieder einmal in mein Lieblingsblatt vertieft. An einem Donnerstag. Fast die gesamte Titelseite galt Frankreichs Sieg über die Republik Irland, durch den sich das Team für die Weltmeisterschaft 1954 qualifiziert hatte:

zugegeben eine gute Nachricht, aber so richtig interessiert hat sie mich nicht ... Mir war vielmehr die Schlagzeile ins Auge gesprungen, die sich über alle acht Spalten noch über dem Kopf der Zeitung erstreckte: »25. November 1953: das (offizielle) Ende der englischen Vorherrschaft im Fußball«. Am Abend zuvor hatte Ungarn die Engländer in deren eigenem Land, in London, gedemütigt. Eine umso größere Leistung, als seit dem Bau des Wembley-Stadions 1923 keine einzige Nation vom Festland dort einen Sieg erringen konnte. Das war bis dahin nur Schottland gelungen, 1928.

Das fiel mir auf, denn obwohl ich keine Ahnung hatte, wie gut Ungarn Fußball spielte, und das Land nur sehr vage auf der europäischen Landkarte verorten konnte, meinte ich dank meiner Lektüre der *L'Équipe* zu wissen, dass der Fußball eine urenglische Angelegenheit war. Irgendetwas passierte da also gerade!

Als ich die begeisterten Artikel der beiden Sonderberichterstatter las, begriff ich, wie mitreißend und effektiv das Spiel der Magyaren sein musste.

Dieser Triumph hat mich dermaßen beeindruckt, dass ich ihn als allererstes Sportereignis auf der Festplatte meines Gedächtnisses gespeichert habe. Instinktiv wurde ich in diesem Augenblick Fan einer legendären Mannschaft: der Goldenen Elf unter Kapitän Ferenc Puskás.

Kein Ausweis großer Raffinesse, das will ich gern zugeben, aber so ist eben manchmal das Leben: Ich habe immer schon zu den Besten gehalten. Im Sport war ich immer für die Stärksten, die dank einer perfekten Kombination aus Talent, Intelligenz, Arbeit und Ausdauer ihre Ziele durchsetzen.

Dabei sollte dieser Sieg für mich, ohne dass ich es

ahnte, sechs Monate später in meinen ersten sportlichen Liebeskummer münden. Was für ein Schock!

Anfang der 1950er Jahre war der Besitz eines Fernsehers in Frankreich noch ein echtes Privileg. Nur die Reichen hatten ein Gerät: Auf dreiundvierzig Millionen Einwohner kamen 100 000 Fernseher. Es konnten also nur wenige das Dutzend Spiele der Weltmeisterschaft 1954 verfolgen, die zum ersten Mal von der Eurovision übertragen wurde. Gaby und ich mussten uns die Bilder im Kopf vorstellen, während wir aufs Radio starrten. Aber das war für mich kein Problem. Ich war es ja gewohnt.

Ein wuchtiger holzverkleideter Röhrenempfänger – Transistorradios kamen in Frankreich erst sieben oder acht Jahre später auf – stand bei uns an einem prominenten Platz im Wohn- und Esszimmer. Die Stimme des Kommentators drang aus dem beigefarbenen Webstoff, und in der Mitte waren auf einer Skalenscheibe alle Städte der Welt verzeichnet, in die man auf den Radiowellen reisen konnte. Wenn ich sonntags nicht in den Parc des Princes oder ins Pershing ging, hörte ich von 15 bis 18 Uhr »Sports et musiques« auf Paris Inter, wo alle zehn Spiele der ersten Liga übertragen wurden sowie zwei, drei Spiele der Rugbymeisterschaft und ein, zwei Basketballspiele. Im Winter kamen dann noch Skilanglauf und Abfahrt hinzu, im Frühling die Radrennen oder Leichtathletikwettbewerbe. Das Lied im Vorspann, »La Marche des sports«, sang André Dassary, ein Baske, der 1941 das berühmte Stück »Maréchal nous voilà« aufgenommen hatte, die symbolische Hymne des Vichy-Regimes unter Marschall Philippe Pétain, dem »Sieger« der Schlacht von Verdun 1916.

Und so verbrachte ich den Nachmittag mit Georges Briquet, dem Studiomoderator der Sendung. Ein mutiger

Mann, Pionier der Live-Berichterstattung Anfang der 1930er Jahre, der sich im Krieg weigerte, mit Nazisold weiter für Radio Paris zu arbeiten, und in den Widerstand ging. Er wurde verhaftet und saß zwei Jahre im Konzentrationslager Dachau. Nachdem er das Lager schwer gezeichnet überlebt hatte, kehrte er zurück und nahm seinen Beruf wieder auf, ohne je über diese Zeit zu sprechen.

Für die Zuhörer war der Mann eine Ikone, für seine Kollegen ein Held. Er besaß ein umfangreiches Wissen über Fußballgeschichte und wusste stets das Neueste, war präzise, warmherzig, ohne kumpelhaft zu sein, begeisterungsfähig ohne Hurrapatriotismus, sodass man das Gefühl hatte, direkt neben ihm am Spielfeldrand zu stehen. Wer ihm zuhörte, hatte das Spiel förmlich vor Augen. Selbstredend würde er es sein, der Gaby und mich für achtzehn Tage in die Schweiz entführte, wo Puskás und seine Mannen haushohe Favoriten auf den Weltmeistertitel waren.

Die ersten siebzehn Tage sind der reinste Spaziergang für die Ungarn, die pure Freude. Erst überrollen sie in ihrer Gruppe Südkorea und machen die BRD dem Erdboden gleich. Dann setzen sie sich im Viertelfinale gegen Brasilien durch und besiegen im Halbfinale auch noch Uruguay.

Als ich am Sonntag, dem 4. Juli 1954 aufwache, sind es nur noch ein paar Stunden bis zum Finale, und ich kann mir nicht vorstellen, dass meine Idole eine Niederlage kassieren werden. Seit über vier Jahren haben sie kein einziges ihrer neunundzwanzig Länderspiele verloren – und jetzt treten sie gegen die Deutschen an, die zwar in der ersten Runde eine empfindliche Niederlage erlitten, sich aber trotzdem bis ins Finale gekämpft haben.

Im Laufe des Vormittags stimme ich mich auf das Spiel ein, das um 17 Uhr im Berner Wankdorfstadion angepfiffen wird.

Ich kann mich nicht mehr erinnern, woran es lag, jedenfalls fing die Sache schon schlecht an: Ich verpasste den Anfang der Übertragung! Und obwohl mich Gaby beruhigte, als ich heimkam – »läuft wie geschmiert, *wir* führen 2:0« –, hatte Deutschland zehn Minuten später den Spielstand egalisiert. Seine *Remontada*, wie man heute sagen würde.

Für uns folgte ein Ritt durch die Hölle; immer deutlicher »sah« ich in meinem Kopf, wie Puskás, Hidegkuti, Kocsis und Czibor gegen das Tor von Turek anrannten, ohne einen weiteren Treffer zu landen, und immer größer wurde meine Befürchtung, das Spiel könne ein schlechtes Ende nehmen.

Genau das geschah. Zehn Minuten vor dem Ende schießt Helmut Rahn, der damals bei Rot-Weiß Essen unter Vertrag stand, vom Rand des Strafraums aufs Tor. Gyula Grosics, der ungarische Torwart, wirft sich in die Ecke, rutscht jedoch mit dem Standbein im Matsch aus und verfehlt den Ball um zehn Zentimeter. Damit ist Deutschland Weltmeister! Hätte man das Spiel zehn Mal wiederholt, Ungarn hätte zehn Mal gewonnen. Doch ausgerechnet an diesem Tag verloren die Magyaren das Spiel ihres Lebens.

Ich war am Boden zerstört, untröstlich, von einem Gefühl der Ungerechtigkeit übermannt. Und trotzdem: Dieser Sonntag war die Geburtsstunde meiner irrationalen Fußballleidenschaft. Allerdings brauchte ich Jahrzehnte, bis ich mir eingestehen konnte, dass Fußball schlicht und einfach manchmal ungerecht ist – mit Sicherheit der einzige Mannschaftssport, bei dem in einem von hundert Spielen wider Erwarten David gegen Goliath gewinnt. Oder wo der Außenseiter mit einer Gewinnchance von 1:20 den haushohen Favoriten schlägt. Das widerfuhr zum Beispiel dem herausragenden Team der Niederlande im Finale der Weltmeisterschaft 1974 gegen die BRD und, auf einer anderen Ebene, der großartigen französischen Nationalmannschaft mit Platini, Giresse, Tigana und Rocheteau, die bei der Weltmeisterschaft 1982 in Sevilla ebenfalls gegen die BRD verlor. Der Grund dafür war denkbar einfach, wie wir dank des berühmten Bonmots von Gary Lineker wissen, des großen englischen Stürmers und Torschützenkönigs der WM 1986: »Fußball ist ein einfaches Spiel: 22 Männer jagen 90 Minuten lang einem Ball nach, und am Ende gewinnen immer die Deutschen.«

Im kollektiven Gedächtnis der Bundesrepublik Deutschland ist der Sieg von 1954 einer der beiden Grundpfeiler ihrer Identität; der zweite wird durch die ersten positiven Auswirkungen des Wirtschaftsaufschwungs – die fast zur gleichen Zeit zum Tragen kommen – und die daraus resultierende zunehmende Stärke der D-Mark gelegt.

Immer mal wieder sieht man im deutschen Fernsehen Bilder des »Wunders von Bern«. Dabei ist die Berichterstattung, wie ich gerechterweise sagen muss, sehr objektiv, da auch die kleinen Ampullen nicht unerwähnt bleiben, die in der Umkleide der Nationalelf gefunden wurden (damals sprach man noch nicht von der »Mannschaft«). Nur dass keiner sagen konnte, was sich in den Ampullen befand. Erst ein paar Monate später wurde festgestellt, dass damals fast alle Weltmeister Opfer einer schweren »Gelbsuchtepidemie« geworden seien ...

Für die Verherrlichung des Sieges gegen Ungarn gibt es zwei Gründe.

Zum einen war Deutschland seit 1945 nachvollziehbarerweise aus der internationalen Gemeinschaft ausgeschlossen. So wurden deutsche Athleten vom Internationalen Olympischen Komitee 1948 nicht zu den Olympischen Spielen in London zugelassen, und die FIFA verweigerte der BRD die Teilnahme an der Qualifikation zur Weltmeisterschaft 1950. Insofern trug dieser Sieg auch dazu bei, Deutschland wieder in die Schar der Nationen einzugliedern. Durch den Sieg in einem sportlichen Wettbewerb – das Symbol schlechthin für Gewaltfreiheit – wurde das Land wieder gesellschaftsfähig. Und die Deutschen konnten sich sagen: »Jetzt sind wir keine Aussätzigen mehr.« Was umso leichter fiel, als sich Europa und die westliche Welt im Kalten Krieg einen neuen Erzfeind gesucht hatte. Diesmal waren es die »Roten«: die UdSSR mit ihrem Vorposten im Westen, der Deutschen Demokratischen Republik.

Der zweite Grund hat mit dem Status dieser zweiundzwanzig »tapferen Männer« zu tun. Da es damals in Deutschland noch keine Profifußballer gab, gingen alle Spieler einem Beruf nach. Schufteten sie auch vielleicht nicht in den Bergwerken im Saarland oder den Fabriken des Ruhrgebiets, so galten die Jungs doch mehr oder minder als Proleten. Insofern konnten sich ihre Mitbürger, die seit neun Jahren die Ärmel hochkrempelten, um das zerstörte Land wiederaufzubauen, gut mit ihnen identifizieren.

Im Laufe der nächsten Tage, Wochen und Monate milderte sich allmählich mein »Unglück von Bern«, sodass ich die Weltmeister vier Jahre später in Schweden schon eher als »Experte« denn als Fan verfolgte. Das lag vor allem daran, dass meine sagenhafte Goldene Elf von 1954 nicht mehr existierte, da drei Schlüsselspieler – Puskás, Kocsis und Czibor – nach der Niederschlagung des Ungarischen Volksaufstands von 1956 durch die Russen in den Westen abgewandert waren. Immerhin hatte sich die Mannschaft trotzdem qualifiziert, doch war ihrem Spiel die Erhabenheit abhandengekommen.

Auch von den Franzosen war im Vorfeld der WM 1958 keine Rede. Mich bekümmerte das nicht. Ich mochte die Mannschaft zwar gern, was aber vor allem an den sechs Spielern aus Reims lag – zu denen noch Raymond Kopa hinzuzuzählen war, der mittlerweile bei Real Madrid spielte – und weniger an ihrem Niveau, das in den Vorbereitungsspielen alles andere als glänzend war.

Obwohl ich im Parc des Princes mit dem Racing Club groß geworden bin, haben erst Ungarn und Stade Reims die Freude an jener mitreißenden Spielweise in mir geweckt, die mich noch heute in Wallung bringt. Und das, obwohl ich als Kind nie die erste Mannschaft sah und kaum mehr als zwei- oder dreimal die zweite. Aber die Begegnung, die ich bis an mein Lebensende nicht vergessen werde – so sehr erschütterte sie mich –, ist das Hinspiel im Viertelfinale des Europapokals im Parc des Princes, wo Reims seine europäischen Gegner empfing.

Da ich am nächsten Tag schulfrei hatte, erlaubte mir meine Mutter an diesem Mittwochabend, Pascal zu begleiten, sodass ich in den Genuss meines ersten Flutlichtspiels kam. Zwei Wochen vor Weihnachten 1955, was für ein großartiges Geschenk!

Der Gegner hieß Vörös Lobogō, ein Verein aus Budapest, für den Hidegkuti, Lantos und Zakariás spielten, drei der Halbgötter von »Wembley 53«. Ihnen gegenüber standen Spieler, die bald meine neuen Ikonen sein würden: Jonquet, Kopa, Bliard, Glovacki und Konsorten.

Die magische Beleuchtung und der überragende Fußball von Reims betörten mich. An diesem Abend begriff ich, was »schön spielen« bedeutet. Drei Wochen später zog Reims durch ein Unentschieden in einem außergewöhnlichen Rückspiel ins Halbfinale ein; und im April löste es durch einen ungefährdeten Sieg gegen Hibernian Edinburgh sogar das Ticket fürs Finale. Dort war Reims dann Real Madrid mit einem Tor unterlegen, woran ich mich kaum erinnere, obwohl das Spiel in Paris stattfand. Vermutlich habe ich es wieder einmal am Radio verfolgt.

Die Farben Rot und Weiß von Stade Reims hatte ich also jetzt in mein Herz geschlossen, während sich meine Begeisterung für das blaue Trikot noch in Grenzen hielt. Das lag wohl daran, dass ich in Paris zwar sehr glücklich war, aber doch früh begriffen habe, dass ich kein Franzose, sondern staatenlos war. Da meine Eltern ursprünglich so bald wie möglich in die USA auswandern wollten, wohin schon die mit ihnen befreundete Philosophin Hannah Arendt gezogen war, hatten sie meine Geburt in Montauban nicht den Behörden gemeldet, um in New York Komplikationen zu vermeiden. Doch dann blieben wir in Frankreich, und als sie sieben oder acht Monate später aus ihrem »Dornröschenschlaf« erwachten, war es zu spät, sodass ich die Staatsbürgerschaft des Landes, in dem ich geboren war, nicht mehr annehmen konnte.

In den Tagen vor dem Auftakt zur Weltmeisterschaft am 8. Juni 1958 in Stockholm erfuhr ich aus der *L'Équipe* alles, was man über die Favoriten wissen muss, über Brasilien, Schweden, Deutschland, die UdSSR und Jugoslawien.

Zwei Wochen vor Beginn des Turniers bezogen die *Tricolores* – damals nannte man sie noch nicht *Les Bleus* – im Gastgeberland ihr Quartier. Die französische Presse traute ihnen so wenig einen Erfolg zu, dass sich die Sportzeitung sogar in Humor versuchte. Eine Überschrift lautete: »Das französische Team: Wer zuerst kommt, geht zuerst ...«

Tja, so war das also schon vierzig Jahre, bevor Zidane und die Equipe Tricolore 1998 Weltmeister wurden.

Allerdings dauerte es nicht lange, bis Kopa und seine Truppe die Sache umdrehten und die Fußballwelt mit ihrem fabulösen Spiel verzauberten: fünfzehn Tore in den ersten vier Spielen – allein sieben durch Just Fontaine[1] –, sodass Frankreich völlig unerwartet ins Halbfinale vordrang!

Dieses Match, das an einem Mittwoch um 19 Uhr angepfiffen wurde, habe ich im Fernsehen verfolgt – vor einem Elektrogeschäft bei uns um die Ecke in der Rue de la Convention, wo ich mir die Nase am Schaufenster platt drückte. Der Laden ließ während der Übertragung seine Fernseher weiterlaufen, so wie es noch am Morgen *L'Équipe* empfohlen hatte. Trotz meiner dreizehn Jahre war ich nicht gerade groß, aber ich hatte mich irgendwie bis ganz nach vorn durchgedrängelt; Massen von Menschen waren versammelt, da die Fernsehgeräte in den Wohnzimmern immer noch ähnlich rar gesät waren wie vier Jahre zuvor.

Dieses Halbfinale gegen Brasilien begann gar nicht schlecht. Zwar hatte Vavá gleich zu Beginn getroffen, aber

---

1  Er schoss insgesamt dreizehn Tore und ist bis heute der
   beste Torschützenkönig aller Zeiten bei der Endrunde einer
   Weltmeisterschaft.

Fontaine konnte kurz darauf das 1:1 erzielen. Sodann war die Partie ausgeglichen – bis zu dem Unglück in der 26. Minute. Ich bestehe bis heute darauf, dass Frankreich das Spiel hätte gewinnen können, wenn sich nicht Robert Jonquet, der zentrale Mann im defensiven Mittelfeld, verletzt hätte. Doch nach seinem Wadenbeinbruch verbrachte er den Rest des Spiels mehr oder weniger unbeteiligt auf dem linken Flügel, da damals noch keine Auswechslungen erlaubt waren. Mit nur mehr zehn Spielern hielt Frankreich noch bis zur 52. Minute durch, dann brach sein Widerstand. Und so lautete das Endergebnis nach dem Schlusspfiff 5:2 für Brasilien!

Zum Glück überwand ich rasch meine Enttäuschung und stand natürlich am darauffolgenden Sonntag um 15 Uhr treu auf dem Posten vor »meinem« Geschäft, um das Finale zwischen Brasilien und Schweden zu verfolgen.

Viel war schon über die Heldentaten der *Auriverdes* geschrieben worden, aber das wahre Genie von Pelé, Vavá, Didi und Garrincha sahen alle erst in diesem Spiel, das ausschließlich in eine Richtung ging. Die Jungs waren einfach fantastisch. Ein Genuss! Seitdem bin ich Fan des brasilianischen Fußballs.

Drei Monate später, zum Schulbeginn 1958, zog meine Mutter mit mir zu meinem kranken Vater nach Frankfurt.

Da meine Eltern immer sehr auf die Wünsche ihrer Kinder achteten – was damals weder in Frankreich noch in Deutschland selbstverständlich war –, erklärten sie sich einverstanden, als ich sagte: »Ich gehe auf keinen Fall auf ein deutsches Gymnasium.« So haben sie für mich ein Internat gesucht, das nach den Grundsätzen der modernen Pädagogik geführt wurde und dessen Schüler in den Lehrerfamilien untergebracht waren. Damit konnte

ich mich arrangieren. Die Schule war sehr frei und fort-
schrittlich, es gab einen Schülerrat, und man bemühte
sich, die Kinder zur Demokratie zu erziehen.

Ich fühlte mich dort sehr schnell wohl. Und trotz der
Schwierigkeiten, mich im Deutschen schriftlich auszudrücken – ich beherrschte die Sprache nur sehr schlecht –,
war ich ein »unkomplizierter« Schüler, der sich den
Unterrichtsstoff ohne Probleme aneignete.

Ein Jahr nach unserer Rückkehr nach Frankfurt ist
mein Vater gestorben. Da beschloss meine Mutter, nach
Paris zurückzugehen. Zu ihrer Überraschung eröffnete
ich ihr, ich wolle lieber in Frankfurt bleiben. Denn ich
hatte hier auch das Theater und den Handball für mich
entdeckt – der damals in Deutschland ähnlich beliebt war
wie Fußball – und engagierte mich im Schülerrat; später
wurde ich dessen jüngster Generalsekretär und sodann
jüngster Präsident. Da das Schulgeld über unseren Möglichkeiten lag, bekam ich vom Internat ein Stipendium.
Ich blieb bis zum Abitur.

Da ich immer nur in den Ferien in Frankreich war,
verpasste ich fast sieben Jahre lang die Lektüre der
*L'Équipe* ... und die Spiele von Stade Reims. So ging auch
das Finale des Europapokals, das Reims erneut gegen
Real Madrid verlor, an mir vorbei, obwohl es in Stuttgart
stattfand.

Das einzige Fußballereignis, das mir aus dieser langen
Zeit in Hessen im Gedächtnis blieb, ist das Finale in Glasgow im Jahr darauf. Aus gutem Grund: Eintracht Frankfurt war ins Endspiel eingezogen! Auch wenn ich selbst
noch kein Fan war – dazu kam es erst zehn Jahre später –,
redeten meine Freunde über nichts anderes mehr.

Ein paar Monate zuvor war ich im Alter von vierzehn Jahren doch noch Deutscher geworden. Dafür gab es zwei Gründe.

Der eine war, dass man als Staatenloser langwierige Behördengänge unternehmen musste, wenn man etwa von Deutschland nach Frankreich reisen wollte. Der andere, dass Kinder, deren Eltern von den Nazis verfolgt worden waren, laut einer Anfang der 1950er Jahre erlassenen Verordnung in der BRD vom Wehrdienst befreit waren, was mir sehr zupasskam.

Nach dem Debakel der Eintracht gegen Real vergoss ich keine Träne. Im Gegenteil, ich freute mich, dass mein »alter Kumpel« Puskás vier Tore erzielt hatte! Diesen Spieler hätte ich gern einmal kennengelernt. Nicht nur, weil er ein fußballerisches Genie war, sondern auch ein Rebell, der dem »Linksfaschismus« die Stirn bot.

Als Ungarn im Herbst 1956 von den russischen Panzern überrollt wurde, befand sich die Mannschaft von Honvéd Budapest – dem Verein der Armee – mit ihrem »galoppierenden Major«, wie Puskás auch genannt wurde, in Westeuropa. Dort bereitete sie sich auf das Rückspiel des Europapokal-Achtelfinales vor. Das Hinspiel in Bilbao hatte sie verloren.

Nach dieser unerwarteten Niederlage beschlossen die Spieler, nicht nach Hause zu fahren, sondern nach Brüssel, wo das Rückspiel stattfinden würde – das zu ihrem Ausscheiden führen sollte. Doch im Gegensatz zu den meisten ihrer Teamkollegen blieben Puskás, Kocsis und Czibor im Westen. Puskás wurde von der FIFA, die sich schon damals nicht gerade rühmlich benahm, für achtzehn Monate von jedem Verein und Spielfeld verbannt und lebte mit seiner Frau und seiner Tochter in einem Flüchtlingslager in Wien, bis ihn nach Ablauf der Sperre

Real Madrid engagierte – trotz der zwanzig Kilo, die er in der Zwischenzeit zugenommen hatte.

Die kommunistische Führung unter Kádár erlaubte ihm erst im Juni 1981, in seine Heimat zurückzukehren, anlässlich eines Qualifikationsspiels für die WM 1982, bei dem es im Népstadion von Budapest gegen England ging. Zwanzig Jahre später wurde dieses Stadion zu seinen Ehren in Puskás Ferenc Stadion umbenannt. Damals applaudierten die 80 000 Zuschauer nahezu eine halbe Stunde lang stehend. Was allerdings der einzige Glücksmoment der Ungarn an diesem Abend bleiben sollte. Denn diesmal landeten die Engländer einen ungefährdeten Sieg.

Der Kreis meiner Kindheit schloss sich aus fußballerischer Sicht erst spät, im Juni 1984, als Frankreich die Europameisterschaft ausrichtete – und ich endlich Raymond Kopa und Just Fontaine kennenlernte.

Nach dem Ende des Sommerprogramms durfte ich ab September 1982 meinem Freund Yvan Levaï in der Sendung »Radio libre« von Europe 1 assistieren. Da der Sender von meiner Fußballleidenschaft wusste, bot er mir zwei Jahre später an, mit Yves Bigot den »Club Coca-Cola-Europe 1« zu moderieren, eine einstündige Sendung, in der wir mit Gästen über die gerade zu Ende gegangenen Spiele sprachen. Darüber hinaus verpflichtete mich »Europe« als Berater und Fachmann für die deutsche Nationalelf.

Und eines Abends war tatsächlich Raymond Kopa zu Gast, der zum besten Spieler der WM 1958 gekürt worden war! Ich war aufgeregt wie ein kleines Kind. Muffensausen hatte ich zwar keins, aber ich machte mir doch Gedanken, wie er mich behandeln würde, weil er nicht gerade als kontaktfreudig galt und gern einmal mürrische Antworten gab.

Doch entgegen meiner Bedenken war er sehr liebenswürdig und hat sich mit mir ganz offen unterhalten. Dass ich Cohn-Bendit heiße und kein richtiger Fußballkommentator bin, war für ihn kein Problem. Mein Hintergrund kümmerte ihn nicht, auch da er selbst wusste, wie es ist, alle Welt zum Feind zu haben. Vor zwanzig Jahren hatte er sich selbst in die Nesseln gesetzt und Verband, Führung, Journalisten, Politik und Öffentlichkeit gegen sich aufgebracht.

Nachdem er mit einunddreißig Jahren zu Stade Reims zurückgekehrt war, spielte er immer noch international und war die Galionsfigur des französischen Fußballs. Doch nun sprach er sich lauthals gegen die Gepflogenheiten des Profifußballs aus – wobei seine Wortmeldung umso mehr Gehör fand, als er sich sonst nur selten in den Medien äußerte. »Fußballer sind Sklaven!«, deklamierte er in *France Dimanche*, einer Pariser Wochenzeitung, die das Neuste über die Stars und Sternchen berichtete, wozu Fußballer damals noch nicht gehörten. Damit wollte er die damals übliche Praxis anprangern, dass die Spieler auf Lebenszeit den Vereinen gehörten und je nach Interessenlage des Präsidenten transferiert wurden, ohne dass sie nach ihrer Meinung gefragt wurden oder dafür auch nur die geringste Vergütung erhielten.

Mit dieser Revolte ging es ihm indes nicht um sich selbst. »Ich brauchte keine Hilfe«, sagte er später über die Angelegenheit, »sondern ich war der Meinung, anderen helfen zu müssen.« In der Tat hatte er in drei Spielzeiten in Madrid gutes Geld verdient und sogar ein üppig dotiertes Angebot zur Vertragsverlängerung ausgeschlagen, da er sich in der für ihn vorgesehenen Rolle des Rechtsaußen nicht so entfalten konnte, wie er es sich vorstellte. »Geld ist schön und gut«, hatte er erklärt, »aber es gibt Dinge, die man mit Geld nicht kaufen kann.«

Sein Wutausbruch in der Zeitung brachte ihm eine sechsmonatige Sperre ein. Aber darüber hat er sich nie beklagt.

Just Fontaine war dagegen ein ganz anderer Typ. Extrovertiert im Leben wie auf dem Platz: ein Draufgänger und Torjäger, ehrlich und direkt. Mit seinem Kumpel Eugène N'jo Léa – Fußballer bei Saint-Étienne und promovierter Jurist – gründete er 1961 eine Fußballspieler-Gewerkschaft, die »Union nationale des footballeurs professionnels«, kurz UNFP, der es acht Jahre später zumindest teilweise gelang, die Spieler vom Joch der Vereinsführung zu befreien.

Auch sonst nahm Fontaine kein Blatt vor den Mund. Das durfte ich selbst erleben, als wir uns bei Europe 1 kennenlernten. Eine Viertelstunde bevor wir auf Sendung gingen, gestand er mir: »Als ich gehört habe, dass sie dich als Berater engagiert haben, dachte ich: Jetzt drehen sie völlig durch, das ist ohne Sinn und Verstand ...« Doch dann fügte er noch hinzu: »Nachdem ich dich ein paarmal gehört habe, muss ich anerkennend sagen: Was du machst, hat Hand und Fuß. Du weißt wirklich, wovon du sprichst.«

Und so, wie ich mir im Mai 1968 meinen »Doktor in Politik« an der Sorbonne abholte, bekam ich nun im Juni 1984 meinen »Doktor in Fußball«! Ernannt von Raymond Kopa und Just Fontaine.

Mit neununddreißig Jahren ein schönes Sahnehäubchen auf dem letzten Kuchen meiner Kindheit.

**Wenn ich mit** Gaby in den 1950er Jahren meinen Vater besuchte, vertrieben wir uns gern die Zeit damit, uns vorzustellen, was sich hinter den Gesichtern der Passanten auf den Frankfurter Straßen verbarg. Der da? »Nazi«, erklärten wir. Und der? »Nein, der nicht, der ist zu jung ...«

# Mein deutsch-französisches Duo

Das war mehr als nur ein Spiel. Schon als kleiner Junge hegte ich auch im echten Leben Argwohn gegenüber Deutschland. Im Sport sollte sich mein »angeborener Deutschenhass« erst später zeigen: interessanterweise nicht nach dem Sieg der BRD 1954 in Bern, sondern bei der Weltmeisterschaft 1958 in Schweden. Ich war gerade dreizehn geworden und begann, das Gewicht der Geschichte zu begreifen.

Mit einem Mal war dieses Gefühl da. Es kam auf, als Frankreich im sogenannten »kleinen Finale« um den dritten Platz gegen die Deutschen antrat. An diesem Tag war ich zum ersten Mal vor allem *gegen* Deutschland und nicht *für* Frankreich. Und das ist bis heute so geblieben! Viele sagen mir, ich hätte da eine Phobie, das Ganze sei dermaßen irrational, unreflektiert und unvernünftig, dass es schon ungesund sei; das stimmt natürlich alles, aber ... es ist, wie es ist. So fühle ich mich nun eben in meinem tiefsten Innern, auch wenn es sicher nicht sonderlich klug ist.

Das gilt übrigens für alle Sportarten. Bei jedem Aufeinandertreffen zwischen Frankreich und Deutschland bin ich automatisch *für* das französische Fußball-, Handball-, Basketball- oder Volleyballteam. Und stelle mich grundsätzlich *gegen* den sportlichen Gegner aus der Bundesrepublik, sei es eine Nationalmannschaft, ein Verein oder ein einzelner Athlet. Zum Beispiel freue ich mich unbändig, dass Martin Fourcade seit nunmehr zehn Jahren die Wettbewerbe im Biathlon beherrscht, einem typisch deutschen Sport.

1958 fiel es mir umso leichter, mich zu positionieren, als ich wusste, dass der Trainer Sepp Herberger, der Kapitän Fritz Walter und der Siegtorschütze von 1954 Helmut Rahn in jener Mannschaft gespielt hatten, die in den 1930er und 1940er Jahren das Dritte Reich repräsentierte. Dreizehn Jahre nach Ende des Zweiten Weltkriegs waren sie gleichsam die letzten Überbleibsel einer Truppe, die seit dem Anschluss die Stars der annektierten oder von der Landkarte radierten Nationen für sich zu spielen gezwungen hatte – allen voran den Österreicher Johann Mock und den Polen Ernst Willimowski – und die noch bis November 1942 internationale Spiele bestritt: gegen die von Hitler ausgerufenen Scheinrepubliken wie Kroatien oder die Slowakei, gegen vorgeblich neutrale Länder wie die Schweiz, Schweden oder Spanien und sogar gegen einige Alliierte wie Ungarn, Rumänien oder Bulgarien. Nur nicht – wen überrascht's? – gegen Italien, den Weltmeister von 1934 und 1938. Mit einem solchen Spiel Propaganda zu machen war dann wohl doch zu riskant.

Wie das Halbfinale zwischen Brasilien und Frankreich vier Tage zuvor und auch das Finale zwischen Brasilien und Schweden am nächsten Tag, schaute ich das kleine Finale auf der Straße, vor »meinem« Fernsehgeschäft in der Rue de la Convention. Während ich noch am Mittwoch nach dem Ausscheiden der Franzosen gebebt hatte und zutiefst enttäuscht war, blieb ich an diesem Samstagnachmittag des 29. Juni 1958 die Ruhe selbst. Der hohe Sieg der Franzosen mit vier Toren von Just Fontaine wischte nicht nur meinen Frust hinfort, sondern löste auch eine Freude in mir aus, die sich einfach richtig anfühlte. Es war gut, dass ich sie damals ausgelebt habe, weil mir die deutsch-französischen Begegnungen seitdem nicht mehr viel Anlass zum Jubeln gaben.[2]

Als meine Mutter mit mir zu meinem Vater nach Frankfurt zog, war ich immer noch genauso vehement gegen Deutschland.

Heute ist das anders. Ich fühle mich in Frankfurt, Berlin und anderen deutschen Orten inzwischen sehr wohl. Gesellschaftlich, kulturell und politisch. Und zwar weil Deutschland das Land ist, das sich weltweit am intensivsten mit seiner Vergangenheit auseinandergesetzt hat. Für die Frauen und Männer meiner Generation war das ein entscheidender Schritt. Die Verantwortung gegenüber der eigenen Geschichte ist hier nicht einfach nur so dahergesagt, um das eigene Gewissen zu beruhigen. Sie ist gelebte Realität.

---

2  Seit Frankreichs Sieg in Göteborg standen sich die beiden Länder bisher viermal in der Endphase eines internationalen Wettbewerbs gegenüber. Deutschland gewann alle drei WM-Spiele (1982, 1986 und 2014), Frankreich nur das Halbfinale der Euro 2016.

Das heißt aber nicht, dass ich mich heute mehr mit Deutschland als mit Frankreich identifiziere – oder umgekehrt. Zwar habe ich aus Bequemlichkeit als Jugendlicher die deutsche Staatsbürgerschaft angenommen und als »Senior« meinem Stammbaum noch die französische hinzugefügt, da ich keine Lust mehr hatte, in Frankfurt der »französischste der Deutschen« genannt zu werden (und in Paris der »deutscheste der Franzosen«), doch bin ich in Wahrheit ein deutsch-französischer Bastard. Und stolz darauf!

Was den Sport betrifft, habe ich jedoch eine echte Blockade. Mein Widerwillen gegen die deutsche Mannschaft besteht immer und grundsätzlich, ein Irrsinn. Da ist auch egal, wie der Gegner heißt. Nicht nur Frankreich. Auch Brasilien – aber sicher –, Italien, Spanien, Holland, die Schweiz, England, alle feuere ich gleichermaßen an. Nur Kroatien, Serbien oder Russland nicht, ganz zu schweigen von Polen oder Ungarn – mit diesen Mannschaften habe ich ein echtes Problem, weil seit gut zehn Jahren bei manchen Spielern, Trainern und Fans ein faschistoider Hypernationalismus Einzug gehalten hat, den ich zum Kotzen finde.

1972 habe ich dann zum ersten Mal meine irrationale Haltung zum deutschen Sport infrage gestellt. Die BRD war in Brüssel durch einen Sieg gegen die UdSSR Europameister geworden. Da kam ich ins Grübeln. Denn diese Mannschaft hatte, obgleich nur während dieses einen Turniers, großartig gespielt, und ihre Auftritte hatten mir das allergrößte Vergnügen bereitet. Es war die brasilianischste deutsche Mannschaft aller Zeiten. Sie gewann ihre Spiele mit einer betörenden Anmut und Eleganz. Für mich war das *Ramba-Samba*-Fußball (übrigens eine damalige Erfindung der *Bild*-Zeitung). Warum? *Ramba* stand für eine solide gemeinschaftliche Defensive, verkörpert durch Schwarzenbeck, und *Samba* für brasilianische Kreativität und Tempo in der Offensive, verkörpert durch das magische Trio Beckenbauer, Netzer und Heynckes. Letzterer war Stürmer bei Mönchengladbach und sollte später als Trainer bei Eintracht Frankfurt krachend scheitern, ehe er 2013 mit Bayern München das berühmte Triple aus Champions League, Meisterschaft und DFB-Pokal holte.

Für die außergewöhnliche Spielweise dieser Jungs gab es indes eine ganz einfache Erklärung: Der »Kaiser« Franz Beckenbauer – Kapitän, Herr der Umkleide und rechte Hand des Trainers Helmut Schön – hatte begriffen, dass man die Hoheit auf dem Platz am besten Günter Netzer überließ, dem damaligen Spielmacher von Mönchengladbach und Mitspieler von Heynckes. Dank Netzers Ballbeherrschung, seiner grandiosen weiten Pässe, seiner Geistesblitze und Übersicht sowie Heynckes' Schnelligkeit und Intuition entwickelte diese Elf einen Spielfluss und eine Brillanz, die sie weder zuvor noch danach jemals wieder besessen hat.

Günter Netzer war für mich ganz groß. Weil er nicht in dieses Milieu passte. Mit seinen langen Haaren, seiner Lässigkeit, den Hemden mit Tortenheberkragen, dem Schmuck und seinem Ferrari verströmte er einen Glamour, der für das damalige Deutschland völlig ungewohnt war. Und er galt als Provokateur, weil er beim Training lieber Däumchen drehte und sich auch auf dem Feld kaum bewegte: Beim Fußball müsse der Ball »laufen«, nicht der Mann. In Wahrheit war Netzer einfach nur das perfekte Gegenbeispiel für alles, was uns die deutsche

Weltanschauung einzuimpfen versucht: Wer etwas werden will, muss hart dafür arbeiten. Das Talent steht erst an zweiter Stelle. Wenn überhaupt!

Dem Kaiser musste natürlich irgendwann der Kragen platzen, wenngleich auch er ein phänomenaler Fußballer war. Mit dem europäischen Titel in der Tasche hatte Beckenbauer Netzer bald auf dem Kieker. Und er machte unmissverständlich klar, dass er lieber mit Wolfgang Overath als Nummer 10 spielen würde. Schön registrierte es pflichtbewusst. Obwohl Netzer auf der Liste der zweiundzwanzig Spieler stand, die zwei Jahre später an der WM in Deutschland teilnehmen sollten, spielte er nur in einer einzigen Partie, in Hamburg. Und die ging auch noch verloren – ausgerechnet gegen die DDR! Diese Niederlage bestätigte gewissermaßen Beckenbauers Vorliebe.

Als ich im Herbst 1966 nach Paris zurückkehrte, um mich in Nanterre an der Uni für Soziologie einzuschreiben, lag der französische Fußball am Boden. Kein Verein kam über die erste Runde im Europapokal hinaus; die Nationalelf hatte die WM 1962 in Chile verpasst und war bei der darauffolgenden Weltmeisterschaft in England glanzlos in der Gruppenphase ausgeschieden. Nachdem ich seit sieben Jahren kein französisches Spiel mehr im deutschen Fernsehen verfolgt hatte, hatte ich viele Entwicklungen verpasst.

Mein Glück war, dass ich an der Uni einen Typen kennenlernte, der auf Rugby stand. Jean-Pierre Duteuil studierte Soziologie, war ein Jahr älter als ich und Anarchist. Er wurde mein bester Freund. Und er bekehrte mich im Handumdrehen zu einem Sport, der mir nicht in die Wiege gelegt worden war: Rugby. Wir sahen uns die Begegnungen der französischen Mannschaft beim

Fünf-Nationen-Turnier im Fernsehen an; sie spielte umwerfend, schön, einfallsreich, vor allem dank der Brüder Boniface und Peter Pan, wie Jean Gachassin genannt wurde.[3] Sie hatte alles, was ich am Sport so sehr liebte.

Zusammen mit Jean-Pierre arbeitete ich bei der libertären Zeitschrift *Noir et rouge* mit. Das Redaktionsteam machte alles allein. Texte, Layout, manchmal sogar Druck und Auslieferung. Die Redaktionssitzungen wurden samstagnachmittags abgehalten. An den Wochenenden, an denen das Turnier stattfand, haben wir immer geschwänzt, um uns vor den Fernseher zu setzen. Was wir auch 1968 taten, am Tag nach der Gründung unserer »Bewegung 22. März«, um dem Sieg der *XV de France* in Wales und deren erstem Grand Slam beizuwohnen. Nach diesem Triumph titelte *L'Équipe* mit der Schlagzeile: »23. März 1968: ein historischer Frühling«, was sich als prophetisch erwies – denn ehrlich gesagt spürte außer Jean-Pierre, den Mitwirkenden des »22. März« und mir kaum jemand in diesem Land, dass gerade etwas gärte. Im Gegenteil: Noch eine Woche zuvor hatte Pierre Viansson-Ponté, ein angesehener Redakteur der Tageszeitung *Le Monde*, einen inzwischen berüchtigten Artikel unter der Überschrift »Wenn Frankreich sich langweilt ...« veröffentlicht.

Das Finale des französischen Fußballpokals zwischen Bordeaux und Saint-Étienne ein paar Wochen später verpasste ich dagegen. Es fand Mitte Mai statt, zwei Tage nach

---

3 Guy Boniface (35 Spiele zwischen 1960 und 1966) und André Boniface (48 Spiele zwischen 1954 und 1966) spielten in Mont-de-Marsan auf der Position des Innendreiviertel. Jean Gachassin (32 Spiele zwischen 1961 und 1969) war Verbindungshalb beim FC Lourdes.

der ersten »Nacht der Barrikaden« in der Rue Gay-Lussac im Quartier Latin, die durch die Gewalt und die vielen verletzten Studenten zahlreiche Menschen schockierte und die Arbeiter auf unsere Seite brachte. Ich war also an diesem Finalsonntag mit der Organisation der großen Massenkundgebung am nächsten Tag beschäftigt: eine Million Menschen auf den Straßen von Paris, die von der Gare de l'Est im Norden zur Place Denfert-Rochereau im Süden marschierten.

Während der ersten fünf oder sechs Jahre meines Aufenthaltsverbots in Frankreich, das ich im Sommer 1968 bekam, verschwand der französische Fußball erneut fast völlig aus meinem Blickfeld. Gleichzeitig lag ich in dieser Zeit, was den Fußball betraf, mit Deutschland gehörig über Kreuz. Die unschöne Krönung war das Jahr 1974, als Bayern München nach einem Finalsieg gegen Atlético Madrid den Europapokal gewann und anderthalb Monate später die Nationalelf den Niederlanden den Weltmeistertitel stahl – die nicht nur meiner Meinung nach tausend Mal besser waren.

Die Monate nach diesem »Betrug« konnten die Lage nicht richten. Im Gegenteil. Im März 1975 traten die Grünen von Saint-Étienne in mein Fußballleben, als sie beim Vorläuferwettbewerb zur Champions League gegen Bayern antraten.

Ich hatte den Verein erst kurz zuvor für mich entdeckt. Vor allem hatte mich neugierig gemacht, was ich über Dominique Rocheteau las. Für mich schien er der neue Günter Netzer zu sein, wenngleich mit einem gänzlich anderen Stil. In Frankreich hieß er der »grüne Engel«, ich nannte ihn lieber den »Hippie-Fußballer«. Sein bescheidenes, unauffälliges Auftreten faszinierte mich. Er redete kaum, und wenn man sich seine wenigen Interviews durchlas, konnte man den Eindruck gewinnen, dass er meist nur widerwillig antwortete. Zugleich schien er sein eigenes Milieu mit großer Distanz zu betrachten und, wie ich zwischen den Zeilen herauslas, der Ansicht zu sein, die Ereignisse von 68 hätten den Zeitgeist doch ein wenig verändert. Überdies mochte er trotz unserer zehn Jahre Altersunterschied auch die amerikanische Countryrockband Eagles, was mich ebenfalls für ihn einnahm. An diesem Spieler gefiel mir einfach alles.

Aber das grüne Fieber packte mich auch noch aus einem anderen Grund. Saint-Étienne, das waren die Zechen, das war der berühmte Versandhandel Manufrance, das Hüttenwesen, die Maschinenfabriken. Mit einem Wort: Saint-Étienne war das Symbol der Arbeiterklasse, mit allem, was das Wort für mich beinhaltete. Und natürlich begeisterte mich der »Chaudron«, ein echter Hexenkessel, immer brechend voll, dessen 35 000 bis 40 000 Zuschauer in einer Tour durchsangen, wie man es nur von den Stadien an der Anfield Road oder der Elland Road, vom Old Trafford, vom Westfalenstadion und vom Gelsenkirchener Parkstadion kannte, in einer Zeit, da der Fußball noch ein Sport des Volkes war und Stadien noch nicht nach Sponsoren benannt wurden. Mit einem Wort: AS Saint-Étienne war für mich das Liverpool, Manchester oder Leeds der Loire, es war das Borussia Dortmund oder das Schalke 04 Frankreichs. Der Verein des Proletariats.

Zwei Saisons genügten für mich, um diesem Klub zu verfallen. Wie bei der Frankfurter Eintracht sehe ich mir heute noch an den Spieltagen der Ligue 1 immer zuerst das Ergebnis der »Grünen« an.

Im März 1975 spielte Saint-Étienne also im Halbfinale des Europapokals gegen Bayern München. Ich lebte wieder auf. Und sofort war auch der Aberglaube wieder da, der so oft in mir aufsteigt, wenn es um Fußball geht. Nachdem ich lange keine Gelegenheit mehr gehabt hatte, bei einem Spiel *für* Frankreich zu sein, hatte ich derart viele Reserven angesammelt, dass »mein Hexenkessel« natürlich platzen musste – weil Saint-Étienne verlor. Objektiv betrachtet war die Niederlage aber alles andere als ungerecht. Zumindest sage ich das heute ...

Vierzehn Monate später die gleiche Geschichte. Saint-Étienne gegen Bayern, diesmal im Finale. Seit Reims 1959 war kein französischer Verein mehr so weit in diesem Wettbewerb gekommen. Saint-Étienne hatte mir schon sehr viel gegeben, und nun führte mich diese Begegnung auch noch zurück zu meiner Jugendliebe, einschließlich der damaligen Niederlagen.

Es kam, wie es kommen musste, es ging wieder schief. Und ich war wieder außer mir. Aber ich blieb nicht der Einzige. Mit Ausnahme der Deutschen waren nämlich alle der Meinung, dass Bayern den Sieg nicht verdient hatte. Denn obwohl die Grünen ohne Rocheteau begannen, der erst in der Schlussviertelstunde eingewechselt wurde, dominierten sie das Spiel, zudem prallten zwei Schüsse von der Querlatte des Tors von Sepp Maier zurück ins Feld – wäre sie damals schon rund gewesen, hätte sie Experten zufolge zwar die Flugbahn des Balls abgebremst, aber nicht verhindert, dass er im Tor landet.

Um ehrlich zu sein, bin ich mir jetzt, zweiundvierzig Jahre später, nicht mehr sicher, ob das tatsächlich stimmte – »wären die Pfosten nicht eckig gewesen« ist übrigens seit diesem Finale in Glasgow ein geflügeltes

Wort in Frankreich. Aber damals war ich voll und ganz dieser Meinung. Wie auch die meisten anderen Europäer, vorneweg die Londoner Tageszeitung *The Sun*, die sich sonst eher nicht durch Liebenswürdigkeiten gegenüber Frankreich auszeichnete, aber jetzt mit der Schlagzeile aufmachte: »Bayern stiehlt den Franzosen den Pokal«.

Inzwischen kann ich mir eingestehen, dass dieses Urteil von haarsträubender Dummheit war und den Ruch von Deutschenhass besaß. Und ich finde es zunehmend unerträglich, wie die Londoner Regenbogenpresse vor allen Begegnungen zwischen England und Deutschland immer noch ihre ewigen »preußischen Pickelhauben« bemüht. Etwa 2006, als Jens Lehmann, der Torwart des FC Arsenal, seinen Verein durch einen gehaltenen Elfmeter gegen den spanischen Klub Villareal ins Finale brachte. Am nächsten Tag hieß es – wieder einmal – in *The Sun*: »Danke, Lehmann: der erste Deutsche seit 1940, der uns etwas Gutes will«.

Als mir Frankreich unter Giscard d'Estaing, der seit Mai 1974 Präsident war, Ende Dezember 1978 endlich wieder gestattete, das Land zu betreten, begann für mich eine Zeit mit zahlreichen Fahrten zwischen Frankfurt und Paris. Und ich brachte mich auch im französischen Fußball wieder auf den neusten Stand. Fußball ist im Grunde wie Essen. Man liebt sein Leben lang, was man als Kind besonders gemocht hat.

Die ambitionierte, offensive Spielweise von Stade Reims und der französischen Nationalmannschaft hatten mich 1958 verführt, und nun kehrte ich just in dem Moment zurück, da Michel Hidalgo den *Bleus* dieselben Prinzipien eintrichterte. Er war seit etwas mehr als zwei Jahren Nationaltrainer und sein wichtigster Spieler der noch blutjunge Michel Platini. Die neue Spielweise haute mich um.

Der entscheidende Auslöser war »Sevilla«, im Juli 1982. Dieses WM-Halbfinale hat meine deutsch-französische Fußballbeziehung für alle Zeiten neu bestimmt.

An diesem Abend standen auf der einen Seite die angriffslustigen *Bleus* – angriffslustig im positiven Sinn –, die ihr individuelles Genie in den Dienst des Kollektivs stellten, aber auch einen bisweilen selbstzerstörerischen Individualismus an den Tag legten, auf der anderen der deutsche Fußball mit der »stillen Kraft« des gut organisierten Kapitalismus.

Ich verbrachte zu der Zeit meinen Urlaub mit ein paar Freunden und deren Familien auf einem Campingplatz auf Korsika. Am Abend zuvor war ich zufällig einem Freund von Laurent Fabius begegnet, den ich kannte und der uns einlud, das Spiel bei ihm zu schauen.

Mit etwa fünfzehn Mann zogen wir los. Fast nur Papas mit ihren Kindern. Außer dem Gastgeber war ich der einzige Frankreichfan.

Als Littbarski die Deutschen in der 17. Minute in Führung schießt, springt die versammelte Runde auf und jubelt, während ich enttäuscht die Arme verschränke. Zehn Minuten später die umgekehrte Reaktion, als Platini per Elfmeter ausgleicht. Je länger dieses intensiv geführte Match dauert, umso mehr steigt die Spannung vor dem Fernseher. Doch dann kommt eine für mich unerträgliche Szene, als Schumacher in der zweiten Halbzeit Battiston ins Krankenhaus schickt. Der holländische Schiedsrichter Charles Corver pfeift nicht einmal Foul, dabei hätte die Aktion gleich eine doppelte Rote Karte verdient. Ich bin empört. Und obwohl meine Kumpel allesamt für

Deutschland sind, ist auch ihnen höchst unwohl bei der Sache. Als Frankreich dann zu Beginn der Verlängerung mit 3:1 in Führung geht, sind sie endgültig am Boden zerstört.

Jetzt kam wieder meine provokante, überhebliche Seite zum Vorschein. Mein beißender Spott und der Spielstand mussten wohl der Grund gewesen sein, weshalb die zwölfjährige Tochter eines Freundes plötzlich in Tränen ausbrach und schreiend aus dem Zimmer stürmte: »Die blöden Franzosen!« Worauf ich mich wieder ein kleines bisschen zügelte.

Im weiteren Verlauf wurde ich dann allerdings ganz still, wegen der unglaublichen Aufholjagd der Deutschen mit Toren von Rummenigge und Fischer und eines nervenkitzelnden Elfmeterschießens, das uns auf eine Achterbahn der Gefühle schickte – bis zum allerletzten Schuss der Franzosen, den Bossis in die Ränge setzte, und dem verwandelten Elfer von Hrubesch, den wir nur »das Kopfballmonster« nannten. Damit war Deutschland weiter.

Von allen Bildern, die mir von diesem Halbfinale in Erinnerung geblieben sind, kommt eines immer wieder hoch: wie Pierre Littbarski den großen Max Bossis tröstet. Eine Geste, die vielleicht sogar mehr sagte, als auf dem Bild zu sehen war – denn Littbarski, der einige Jahre später zu Racing wechselte, hat den französischen Fußball schon immer mit Wohlwollen und Respekt betrachtet. Wir haben uns darüber einmal auf dem Bahnsteig unterhalten, als wir in Frankfurt auf den Zug warteten.

Aber auch andere Spieler haben mit mir über »Sevilla« gesprochen.

Im Juli 2004 stand ich nur ein paar Schritte von Karl-Heinz Rummenigge entfernt, dem derzeitigen Vorstandsvorsitzenden des FC Bayern. Das war im Estádio da Luz in Lissabon, wo wir das Spiel Portugal gegen Griechenland sahen, das Endspiel der Europameisterschaft. Die Portugiesen waren haushoch überlegen, verloren aber trotzdem mit 0:1. Ich fand das höchst ungerecht. »Tja, das ist Fußball, Dany«, sagte »Kalle«, der Fatalist. Als ich erwiderte, dass mich das Ganze an das Halbfinale 1982 erinnerte, wurde er ein bisschen ernster. Lächelnd, aber ohne Herablassung sagte er: »Mhm, das verstehe ich, dass das für Frankreich immer noch schmerzhaft ist.«

Michel Platini hat mir einmal gestanden: »Dieses Spiel war für uns ein echter Schock. Ja, es hat bei uns definitiv eine Wunde hinterlassen, auch wenn unser Sieg bei der Euro 1984 sie ein wenig geheilt hat.« Um noch hinzuzufügen: »Weißt du, Dany, wenn du Fußball spielst, dann willst du genau solche Momente erleben, genau diese Intensität – auch wenn es nicht immer so ausgeht, wie du es dir selber wünschst.«

Für mich jedenfalls war die französische Mannschaft von 1982 mindestens genauso stark wie 1984. Deshalb habe ich »Sevilla« jahrelang als ein Martyrium erlebt, das manchmal wieder in mir aufbricht. Mag es auch vielleicht übertrieben sein, ist mir doch der Gedanke an diesen deutschen Sieg, bei dem ein schwaches Spiel von roher Gewalt überschattet war, bis heute unerträglich.

Anders erging es mir bei der nächsten Weltmeisterschaft 1986 in Mexiko. Das Viertelfinale, das Frankreich diesmal im Elfmeterschießen gegen Brasilien gewann, war ein so großartiges Spiel, dass es alles andere überstrahlte. Selbst die »Revanche« in der nächsten Runde gegen Deutschland.

Tatsächlich fand im Halbfinale aber gar kein Spiel statt. Und ich habe auch nur noch eine Aktion der *Bleus* in Erinnerung, die mich mit Bedauern erfüllt. Nach dem frühen Freistoßtor von Andreas Brehme verloren die Franzosen den Faden. Was sicher auch an der körperlichen und nervlichen Erschöpfung nach dem Brasilienspiel lag. Aber nicht nur. Denn hinzu kam noch die Erinnerung an das grausame Spiel in Spanien und ganz allgemein der Minderwertigkeitskomplex, den die Franzosen seit über einem halben Jahrhundert nicht nur im Sport gegenüber Deutschland haben. Sprechen Sie einen Franzosen auf die deutsche Nationalelf oder auf Angela Merkel an und Sie werden in große, von Entsetzen erfüllte Augen blicken.

Nur in einer Disziplin ist es den Franzosen vor zwanzig Jahren gelungen, ihre psychologische Blockade zu lösen: im Handball. Vielleicht nicht auf Vereinsebene, aber seit den »Barjots« der 1990er Jahre hat das französische Team bei den großen internationalen Turnieren so gut wie alle Spiele gegen die Deutschen gewonnen.

Nach der WM in Mexiko habe ich dreißig Jahre lang keinen derartigen Schock mehr erlebt, der mich rasend vor Wut gemacht hat. Wenn Deutschland oben war, war Frankreich unten und umgekehrt.

Aber natürlich habe ich mich über die deutschen Siege immer wieder aufgeregt, oft sehr heftig, wie 1990, als der damalige Teamchef Franz Beckenbauer nach einem mediokren Triumph bei einer unbedeutenden WM meinte verkünden zu müssen: »Auf Jahre hinaus wird unsere Nationalmannschaft unschlagbar sein.« Er stand ziemlich doof da, als sein Team vier Jahre später von Bulgarien im Viertelfinale aus dem Turnier geschossen wurde und 1998 ebenfalls im Viertelfinale von Kroatien.

Die Ironie daran ist, dass sich der Deutsche Fußball-Bund nach diesen beiden aufeinanderfolgenden Demütigungen – seit 1954, als die BRD wieder an Weltmeisterschaften teilnehmen durfte, hatte sie nie bei zwei Turnieren nacheinander das Halbfinale verpasst – genötigt sah, sich selbst infrage zu stellen. Das war ungewohnt, weil die Nationalmannschaft eigentlich eine perfekt geölte Maschine war, die von der guten Organisation in der Bundesliga, den Vereinen und ganz allgemein der deutschen Gesellschaft profitierte. Jetzt aber musste der DFB nach neuen Lösungen suchen – und er fand sie, indem er das französische Modell der Ausbildung junger Spieler kopierte.

Sicher war das nicht der alleinige Grund, weshalb die »Generation Kahn« 2002 in Japan ins Finale einzog und das Team unter Ballack 2006 in Stuttgart Dritter wurde.[4] Aber diese Ausbildung *made in France* sowie die Staatsangehörigkeitsreform vom 1. Januar 2000 mit dem neuen Ius soli – dem Geburtsortsprinzip – machte es erst möglich, dass Spieler wie Boateng, Özil, Mustafi, Khedira vor sechs Jahren in Brasilien Weltmeister werden konnten. Noch dazu nach einem Sieg gegen die Franzosen mit Varane, Pogba und Griezmann, die vielleicht nicht ganz so schlitzohrig agierten wie die Deutschen, aber doch aus demselben Holz geschnitzt waren. Was habe ich mich wieder aufgeregt!

Und ganz besonders, weil das Spiel im Maracanã in Rio ähnlich früh entschieden schien wie die Partie 1986

---

4  Die BRD unter Kapitän Oliver Kahn verlor das Finale 2002 mit 0:2 gegen Brasilien und gewann unter Kapitän Michael Ballack 2006 das Spiel um den dritten Platz in Stuttgart gegen Portugal mit 3:1.

im Estadio Jalisco in Guadalajara. Nachdem Mats Hummels in der 13. Minute – nach einem von Varane wirklich blauäugig verlorenen Duell – mit dem Kopf einnickte, sind die Franzosen eingebrochen und haben nicht mehr an sich geglaubt, obwohl sie absolut auf Augenhöhe gespielt haben. Da war er wieder, der Minderwertigkeitskomplex. Ich bin jedoch der festen Überzeugung, dass Deutschland an diesem Tag zu schlagen gewesen wäre. Mochte die Mannschaft auch die kontinuierlichste Turnierleistung erbracht haben, wirklich überragend war sie nie. Nicht einmal die Klatsche gegen Brasilien im Halbfinale kann mich vom Gegenteil überzeugen. Das war nur ein Unfall der Geschichte, der nicht auf die überragende Leistung der Deutschen zurückzuführen war.

Wie man dann auch im Finale gegen Argentinien gesehen hat. Das Ergebnis, 1:0 nach Verlängerung, hätte ebenso gut umgekehrt ausfallen können, wenn die argentinischen Stürmer nicht solche Angst vor Manuel Neuer gehabt hätten – wie übrigens jahrelang alle Angreifer der Welt. Das beste Beispiel dafür war Gonzalo Higuaín, der allein vor dem deutschen Keeper dermaßen Schiss vor einem direkten Duell hatte, dass er seinen Lauf aufs Tor abbrach und verfrüht abschloss – ins Toraus.

Aber dieser Triumph hatte eine perverse Wirkung auf die Deutschen. Sie haben ihren Erfolg derart überinterpretiert, dass sie besoffen von sich selbst in die Euro 2016 und vor allem in die WM 2018 gegangen sind.

Während der Europameisterschaft gab es dann noch ein einschneidendes Ereignis, das die Deutschen zusätzlich von ihrer Überlegenheit überzeugte. Nachdem sie zuvor viermal nacheinander in einer Endrunde gegen Italien verloren hatten – in den Weltmeisterschaften 1970, 1982 und 2006 und der Euro 2012 –, konnten sie sich diesmal in Bordeaux im Viertelfinale im Elfmeterschießen durchsetzen. Das hat ihnen vor dem Duell gegen Frankreich im Halbfinale noch mehr Selbstvertrauen gegeben.

Aber kaum zu glauben, sobald in Marseille der Anpfiff ertönte, war all das wie weggeblasen. Die deutsche Dampfwalze rollte plötzlich nicht mehr rund. Wenn man es sich genauer ansieht, gehört auch diese Begegnung zu den Antispielen, wie die Mannschaft sie normalerweise gegen Italien absolvierte, aber nicht gegen Frankreich. Man hatte das Gefühl, dass die Deutschen noch stundenlang hätten angreifen können, ohne ein Tor zu erzielen – was für sie wiederum unvorstellbar war. Trotzdem waren sie den *Bleus* nicht unterlegen, in keiner Weise, um ausnahmsweise einmal ganz objektiv zu sein.

Aber sie haben sich von Griezmann aufs Korn nehmen lassen, der direkt vor der Pause die Führung erzielte; und dann war da noch diese »herausragende Hand« von Schweinsteiger im eigenen Strafraum, die den Elfmeter zum endgültigen K.o. zur Folge hatte. Worauf Oliver Kahn nur sagte: »Mein Gott, was macht denn seine Hand da?«

Seitdem habe ich in Deutschland oft gehört, dieser Sieg der Franzosen sei ungerecht gewesen. Eins steht jedenfalls fest: Frankreich hat auf die deutsche Art gewonnen! Genau wie die BRD 1974 gegen Holland oder 1982 gegen Platini und Konsorten. Insofern mache ich mir immer einen Spaß daraus, allen Trauerklößen weiterzugeben, was mir Beckenbauer, Hoeneß oder Breitner über diese beiden Begegnungen gesagt haben: »Na und? Das ist Fußball.«

Es hat den Deutschen also immer Unglück gebracht, wenn sie sich ihrer Sache zu sicher waren, wie man noch

2018 in Russland sehen konnte. Dasselbe gilt übrigens auch für Frankreich, das als Weltmeister 1998 und Europameister 2000 bei der WM 2002 auf erbärmliche Weise in der Vorrunde ausschied. Aber wenn man sich das Ergebnis der letzten WM ansieht – und das, nachdem die Franzosen im Finale der Euro 2016 standen –, könnte man meinen, sie hätten ihre Lektion gelernt.

## Europa, Europa, Europa

**Im Frühling 2013** haben mich portugiesische Freunde gebeten, ihnen bei der offiziellen Gründung einer Partei zu helfen, die mit den europäischen Grünen in Verbindung stand. Ich erwiderte lachend: »Okay, aber nur, wenn ihr für mich ein Treffen mit Eusébio arrangiert ...«

Ein paar Tage später holten sie mich am Lissabonner Flughafen ab und fuhren mit mir ohne weitere Erklärung zu einem kleinen Restaurant in einem beliebten Viertel der portugiesischen Hauptstadt. Als wir eintraten, saß an einem Tisch in einer Ecke des leeren Saals ein alter Mann. Ich habe ihn sofort erkannt: Es war wirklich Eusébio! Mit neunundsechzig Jahren wurde ich von meinen Freunden mit einem unschätzbaren Geschenk beglückt: einer Begegnung mit einem Mann, der eines der Idole meiner Kindheit und Jugend war. Gleich hinter Puskás, Kopa und Pelé stand er in meiner Ruhmeshalle.

Wir haben uns etwa eine Stunde lang unterhalten. Er war schon sehr krank und konnte kaum noch gehen – übrigens ist er nur wenige Monate nach unserem Treffen im Alter von zweiundsiebzig Jahren verstorben –, doch trotz seiner Altersmüdigkeit war er sehr freundlich und zugänglich. Er sprach über den Fußball seiner Zeit, der 1960er Jahre, über den von heute und natürlich über Cristiano Ronaldo, wobei er ohne Bitterkeit, Neid oder Eifersucht zugab, es sei heute »eine andere Welt, denn im Vergleich zu denen sind wir damals spazieren gegangen«. Nur einmal sah ich, wie sich sein Gesicht trübte: als er mir zu verstehen gab – ohne es direkt zu sagen –, dass er »nicht immer gut« finde, was das Geld heutzutage manchmal anrichte. Als wir uns verabschiedeten, schenkte er mir noch eins seiner »echten« Trikots, und wir umarmten uns. Ich war sehr gerührt.

Ich eröffne dieses Kapitel mit meiner Begegnung mit Eusébio, weil er der Spieler war, der mir das Tor zum europäischen Fußball geöffnet hat. Nur nebenbei: Er wurde in Mosambik geboren, als es noch eine portugiesische Kolonie war, und hat sich später nie auf die Diktatur unter Salazar noch unter dessen Nachfolger Caetano eingelassen. Zwar sind mir noch einige Bilder des Spiels zwischen Reims und Vörös Lobogō von 1955 im Parc des Princes im Gedächtnis geblieben und habe ich auch noch einige vage Erinnerungen an die Rundfunkübertragung von Reims gegen Real 1956, aber das erste Europapokalfinale, das sich vollständig in meine Fußballfestplatte eingebrannt hat, ist der Sieg von Benfica Lissabon gegen Real Madrid 1962 in Amsterdam. Weil es das erste ist, das ich im Fernsehen verfolgt habe, weil Puskás' Mannschaft verlor und weil Eusébio, der damals gerade zwanzig Jahre alt war, keine drei Jahre älter als ich, an diesem Abend umwerfend spielte und zwei Tore schoss.

Der Pokal der europäischen Pokalsieger war eine fantastische Erfindung, die mich viele Jahre von Oktober bis Mai in Beschlag nahm, da die Begegnungen allesamt in K.-o.-Runden mit Hin- und Rückspiel ausgetragen und in jeder Runde neu ausgelost wurden. Dadurch kam es im Frühling zu den krönenden Spielen im Viertelfinale, Halbfinale und Finale, die immer große Spannung versprachen.

Besonders ab 1967, als der angelsächsische Fußball die südeuropäischen Vereine herausforderte – Real Madrid, Benfica Lissabon, AC Mailand und Inter Mailand hatten den Pokal zwischen 1956 und 1966 unter sich hin und her gereicht. Jetzt kamen die frechen Jungs von Celtic Glasgow, Manchester United, Feyenoord Rotterdam, Ajax Amsterdam und Bayern München und zupften einem Di Stéfano, Coluna, Maldini – dem Vater von Paolo – oder dem Spanier Luis Suárez am ergrauten Bart.

Ich muss gestehen, dass mich dieser Wettbewerb viel weniger reizt, seit er Anfang der 1990er Jahre zur Champions League umgewandelt wurde, wofür die UEFA die sterbenslangweilige Gruppenphase erfand, in der manche Nationen jetzt zwei, drei, vier oder gar fünf Vereine starten lassen dürfen, wie zuletzt England in der Saison 2016/17. Geld, immer nur Geld!

Die Folge: Seit gut zehn Jahren stehen fast immer dieselben Klubs im Viertelfinale, zwei oder drei spanische und ein oder zwei deutsche, englische oder italienische, während der Platz für die anderen Ligen immer enger wird. Noch langweiliger wird die Sache dadurch, dass man schon im Voraus weiß, was einen erwartet, wenn Real gegen Atlético Madrid spielt oder Barcelona auf einen italienischen Verein trifft: In zwei von drei Fällen qualifizieren sich Real oder Barcelona.

Natürlich kann man der Sache auch eine positive Seite abgewinnen: Die heutigen Finalisten der Champions

League und sogar die Halbfinalisten sind den Nationalmannschaften ihrer Länder taktisch und technisch klar
überlegen. Ich glaube auch, dass über die gesamte Saison
betrachtet das Durchschnittsniveau der Begegnungen
noch nie so hoch war. Was aber nicht heißt, dass man
in Jubelstürme ausbricht, wenn man sie sich anschaut.
Überirdische Spiele wie die surrealistische Aufholjagd
des FC Liverpool gegen den FC Barcelona im letzten Jahr
sind da leider die große Ausnahme, die nur die Regel bestätigt, dass die Auseinandersetzungen inzwischen vollkommen vorhersehbar sind.

Nimmt man dann noch hinzu, dass der Wettbewerb –
mit Ausnahme des Finales – in fast allen Ländern seit drei
Jahren nur noch im Bezahlfernsehen läuft, sprich: dass
er den Zuschauern vorbehalten ist, die ihn sich leisten
können, muss man sagen, dass Fußballeuropa mit dem
Feuer spielt. Die UEFA begreift nicht, dass sie mit ihrer
Aufblähung der Finanzblase der Fernsehrechte, den sie
seit Jahren unter dem verlogenen Vorwand betreibt, der
Wettbewerb werde immer besser, am Ende alles in den
Exitus treiben wird: den Wettbewerb, die Vereine und die
Spieler. Denn ganz abgesehen von dem ökonomischen
Modell, das irgendwann nicht mehr funktionieren wird,
kommt die Idee des europäischen Fußballs mit jeder
neuen Reform weiter von seinem Weg ab.

Das ist nicht mehr das Europa, das sich seine Gründer-
väter vorgestellt haben. Denn die Idee eines europäischen
Fußballs war mit dem europäischen Gedanken nach dem
Zweiten Weltkrieg aufgekommen: Die Demokratien
Europas sollten gemeinsam den Wiederaufbau unternehmen und sich gegenseitig unterstützen, damit es nie
wieder zu Konflikten zwischen den Nationen käme. Als

Robert Schuman der BRD, Italien, Belgien, Luxemburg und den Niederlanden vorschlug, die Europäische Gemeinschaft für Kohle und Stahl zu gründen, setzte er 1951 als Erster seine Unterschrift unter ein Dokument, das 1957 in die Römischen Verträge und die Entstehung der Europäischen Wirtschaftsgemeinschaft mündete. Diese supranationalen Verpflichtungen haben ein politisch-soziales Klima geschaffen, aus dem wiederum weitere Initiativen folgten.

Schon im Sommer 1954 erkannte zum Beispiel der Franzose Henri Delaunay kaum zwei Monate nach Gründung der UEFA, dass die nationalen Ligen in Europa nicht ausreichten. Daher holte er ein altes Projekt aus der Schublade, um die Meisterschaften der einzelnen Länder über deren Grenzen zu tragen: »Europapokal der Nationen« nannte sich diese Idee, die seit 1968 Europameisterschaft und heute nur noch kurz Euro heißt. Und wenngleich dieser Wettbewerb erst 1960 zum ersten Mal ausgetragen wurde, wehte sein Geist schon sechs Jahre zuvor.

Gut, es war nicht ganz leicht, die Sache ins Rollen zu bringen. Besonders amüsant ist dabei, dass Deutschland, Italien, Belgien, Holland und Luxemburg, also fünf der sechs Gründungsländer der Europäischen Gemeinschaft, nicht auf Delaunays Zug aufspringen wollten. Die Engländer übrigens auch nicht (was allerdings weniger überrascht). Zudem gab es auch zwei oder drei Fehlzündungen. Berühmt wurde der Fall, als Spanien seine Teilnahme zurückzog, da es im Viertelfinale gegen die UdSSR antreten sollte, die aber von der Franco-Diktatur nicht als Land anerkannt wurde. Der Caudillo musste sich dann vier Jahre später der UEFA beugen – obwohl er nach wie vor keine diplomatischen Beziehungen zu Moskau pflegte –, als der Verband das Finale zwischen Spanien und der UdSSR ausgerechnet in Madrid ansetzte!

Einige Monate nach Delaunays Geistesblitz entstand aus demselben Begehren – den europäischen Fußball aus den Kinderschuhen erwachsen zu lassen und aus den engen nationalen Strukturen herauszuführen – die Idee eines Europapokals der Vereine, die Gabriel Hanot zu verdanken ist. Der geistreiche Mann, der Shakespeare und Goethe im Original las, hatte Anfang des Jahrhunderts viermal für die französische Nationalelf gespielt und wurde nach dem Ersten Weltkrieg Journalist bei der Sportzeitung *L'Auto*. Als im Februar 1946 *L'Équipe* gegründet wurde, war er mit seinen fünfundfünfzig Jahren deren Spiritus Rector in Sachen Fußball, ein von allen Kollegen auf dem Kontinent geachteter scharfsinniger Analytiker.

Seine Lust auf europaweiten Fußball war Folge eines Wutausbruchs. Obwohl Hanot anglophil war, fand er es unerträglich, dass die Londoner Tageszeitung *The Daily Mail* am 14. Dezember 1954 auf ihrer Titelseite tönte: »Wolverhampton ist internationaler Vereinsmeister«, nachdem die *Wolves* als amtierender englischer Meister am Vorabend bei einem Freundschaftsspiel Honved Budapest sowie einige Tage zuvor Spartak Moskau geschlagen hatten. In einem langen Artikel wies Hanot am nächsten Tag den von der englischen Zeitung voreilig verliehenen Titel zurück und schlug vor, stattdessen einen europäischen Vereinswettbewerb ins Leben zu rufen, um »einmal im Jahr eine kontinentale Hierarchie aufzustellen«.

Jacques Goddet, der Chef und Eigentümer von *L'Équipe*, war sofort begeistert und bat seine beiden Mitstreiter Jacques Ferran und Jacques de Ryswick, sich möglichst rasch weitere Gedanken dazu zu machen. Dreieinhalb Monate später übergaben sie ein Schreiben, das in allen europäischen Ländern auf Zustimmung stieß – außer in England. Und so bestritten Sporting Lissabon und Partizan Belgrad am 4. September 1955 unter der Schirmherrschaft der UEFA, die das Projekt anerkannte, das erste Match in der Geschichte des Europapokals.

Schuman, Delaunay und Hanot waren etwa im gleichen Alter. Sie gehörten zu den Männern, die das Grauen des Ersten Weltkriegs an der Front miterlebt hatten und die nach dem Leid des Zweiten Weltkriegs ihre Stimme erhoben, um zu sagen: »Es reicht!« Für diese Generation konnte die Rettung nur in einem vereinten Europa liegen.

Ich höre oft, dass die Erfindung des Europapokals einem genialen französischen Geist entsprungen sei. Für mich handelt es sich dabei aber eher um Abenteuergeist. Denn während England die Ziehmutter des Sports ist, gab es in Frankreich seit Ende des 19. Jahrhunderts den Wunsch, große, weltumspannende Sportereignisse zu veranstalten.

So hat beispielsweise Pierre de Coubertin im großen Hörsaal der Sorbonne – übrigens einem Ort, den ich nicht so gut kenne, wie man meinen könnte, da ich meist die Hörsäle in Nanterre besuchte – 1894 die Wiederbelebung der Olympischen Spiele gefordert. *L'Auto*, der Vorläufer der *L'Équipe*, richtete 1903 die erste Tour de France aus. Und schließlich rief der damalige FIFA-Präsident Jules Rimet 1928 die Weltmeisterschaft ins Leben.

Da muss man sich schon fragen, weshalb sich England, das ja ebenfalls schwer unter den beiden Weltkriegen gelitten hat, nicht gleich den Ideen von Delaunay und Hanot angeschlossen hat.

Der Hauptgrund liegt für mich darin, dass das Prinzip der »Splendid Isolation« auch Anfang der 1950er Jahre in Großbritannien noch virulent war. Den Briten war immer am wichtigsten, was in ihrem eigenen Land geschah, in England, Wales, Schottland und Nordirland. Nach 1945 wurde das noch verstärkt durch ein gewisses Misstrauen gegenüber Europa und die tief in der britischen Seele verwurzelte Gewissheit: »Wir sind das einzige Land, auf dessen Boden Hitler keinen Fuß setzen konnte.« Infolgedessen gelangten die Engländer zu dem Schluss, sie könnten sich nur auf sich selbst verlassen. Und diese grundlegende Geringschätzung all dessen, was sich außerhalb der eigenen Grenzen abspielte, existierte im Unbewussten der Briten weiter.

Für den Fußball galt das umso mehr, als sie ihn ja erfunden hatten: nicht nur die Sportart selbst, sondern auch die internationalen Spiele.[5] Indes war die Demütigung durch Ungarn 1953 im Wembley-Stadion derart niederschmetternd, dass die Engländer nun eigentlich über den Ärmelkanal hätten blicken müssen, um sich etwas von den neuen fußballerischen Ideen abzuschauen, von denen sie offenbar keinen Schimmer hatten. Aber das interessierte sie nicht; stattdessen igelten sie sich lieber noch weiter in ihrem eigenen Heim ein.

Im Gegensatz zu den Briten haben die Spanier, Italiener und Portugiesen schnell begriffen, dass es für sie von Vorteil war, den Franzosen zu folgen. Auch wenn sie wie die Engländer immer sehr auf ihre landeseigenen Meisterschaften bezogen waren, genügte ihnen der Höhe-

---

5  Im Rugby: Schottland–England 4:1 am 27. März 1871, im Fußball: Schottland–England 0:0 am 23. November 1872.

punkt der Saison, die Coupe latine[6], schon bald nicht mehr zur Befriedigung ihres Egos.

Finanziell, aber auch in anderer Hinsicht. Denn während das Frankreich eines Jean Monnet und das Italien eines Alcide De Gasperi diesen Wettbewerb nicht brauchten, um ökonomisch wieder auf die Beine zu kommen und als Europäer der ersten Stunde wahrgenommen zu werden, konnte der Fußball den faschistischen Ländern Spanien und Portugal eine Hilfe sein, um sich aus ihrer politischen Isolierung auf dem Kontinent zu befreien.

Ich weiß nicht, ob tatsächlich die Idee durch die Köpfe der Diktatoren in Madrid und Lissabon spukte, sich mithilfe des Europapokals zumindest ein Stück weit aus der diplomatischen Marginalisierung zu manövrieren, oder ob der Wettbewerb nicht einfach eine so bedeutende Angelegenheit war, dass die beiden Länder ihre Vorbehalte überwinden mussten. Fest steht jedenfalls, dass Real Madrid die ersten fünf Pokale gewann und Benfica Lissabon die nächsten beiden! Mehr noch, die südeuropäischen Länder, die im Fußball als Erste auf die europäische Karte setzten, konnten sogar alle Endspiele zwischen 1956 und 1966 für sich entscheiden.[7]

Um ehrlich zu sein, haben diese Vereine aber nicht den Fußball gespielt, den ich favorisierte. Obwohl ich zugegebenermaßen Di Stefano, Puskás und Gento bewunderte, habe ich, seit ich im Alter von 13, 14 Jahren über Fußball

---

6 Von 1949 bis 1957 richteten die Verbände Spaniens, Italiens, Portugals und Frankreichs im Juli und August einen Wettbewerb aus, an dem die Meister der jeweiligen Landesligen teilnahmen.

7 Real Madrid (1956, 1957, 1958, 1959, 1960 und 1966), Benfica Lissabon (1961 und 1962), AC Mailand (1963) und Inter Mailand (1964 und 1965).

nachzudenken begann, Real Madrid nie als Urheber einer Fußballkultur angesehen. Dieser Klub ist weder innovativ noch ein Ausbildungsverein. Er hat vor allem ein feines Näschen für Einkäufe aus Südamerika oder Europa und spürt angelegentlich den richtigen Trainer auf, um diese Ressourcen optimal einzusetzen: Miguel Muñoz in den 1960er Jahren, Vicente del Bosque Anfang der 2000er Jahre, zuletzt Zinédine Zidane, dessen größter Trumpf vielleicht in dem Respekt besteht, den er sich durch seine Präsenz als Spieler erarbeitet hat. Ob er als Trainer eine ganze Epoche prägen wird, wie Rinus Michels in den 1960er Jahren bei Ajax Amsterdam oder Pep Guardiola bei Barça, bleibt abzuwarten.

Als Zidane das Team im Januar 2016 übernahm, war ich jedenfalls zunächst skeptisch. Und auch noch fünf Monate später, als er seinen ersten Champions-League-Titel als Trainer gewann. Doch dann änderte ich meine Meinung. Nicht nur weil er den Titel 2017 und 2018 verteidigen konnte, sondern vor allem, weil er den *Merengues* eine dezidiert offensive Spielweise eingeimpft hat. Und sie haben sich darauf eingelassen, weil dieser Typ für sie ein Prophet ist. Übrigens auch für den Präsidenten Florentino Perez, der im Januar 2018 Zidanes Vertrag bis 2020 verlängert hat, obwohl er eigentlich schon ahnen musste, dass Real den Erfolg der Vorsaison kaum würde wiederholen können, das Double aus Meisterschaft und Champions League. Doch mit dem unerwarteten dritten Champions-League-Triumph in Folge – als erster Trainer überhaupt – schien für Zidane wohl alles erreicht, was er mit diesem Verein erreichen konnte. Jedenfalls trat er Ende Mai 2018 zurück. Dass er ein Jahr später wieder zurückkehrte, ist ein Coup de Zidane der schönsten Art! Ja, vielleicht war er tatsächlich der Meinung, mit einem Umbau der Mannschaft noch einmal einen Neuanfang oder gar Epoche machen zu können. Offen bleibt, ob er mit Spielern wie Jović (von Eintracht Frankfurt) an seine ruhmreichen Zeiten anknüpfen wird. Ehrlich gesagt bin ich eher skeptisch. Wie sagt man so schön: *Never look back.*

Besonders frappierend war Zidanes offensive Ausrichtung im Champions-League-Finale 2017 gegen Juventus Turin. Vor dem Spiel gehörte ich zu den wenigen, die meinten, die Italiener würden dem Team mit Cristiano Ronaldo, Karim Benzema, Luka Modrić und Toni Kroos nicht gewachsen sein. Alle meine Freunde haben mich ausgelacht. Und was geschah? Juve ist mit 1:4 untergegangen! Was mich umso mehr gefreut hat, als in Gestalt der »alten Dame« der gesamte italienische Fußball wieder an seinen rechten Platz gerückt wurde. Ich habe nie Sympathien für diese Art von Fußball gehegt, der eine für mich verachtenswerte Strategie verfolgt. Aufbauend auf einer undurchdringlichen Defensive, spielt man im Grunde nur, um kein Tor zu kassieren, anstatt zu versuchen, ein Tor mehr zu schießen als der Gegner. Positiv ausgedrückt haben die Italiener das Verteidigen zur Wissenschaft gemacht. Negativ betrachtet haben sie das Zerstören des gegnerischen Spiels perfektioniert.

Aber manchmal gibt es glücklicherweise auch eine Gegenbewegung zum italienischen Calcio. So führte der AC Mailand 2005 in Istanbul zur Halbzeit schon mit 3:0 gegen Liverpool – um das Finale dann doch noch im Elfmeterschießen zu verlieren. Angeblich hat ein Engländer in der Pause 50 000 Pfund auf einen Sieg der *Reds* gesetzt. Der Mann muss heute noch in Geld baden! Wäre es nicht das Finale gewesen, hätte ich mir die zweite Hälfte überhaupt nicht mehr angesehen. Denn wenn Milan 3 : 0 führt, zieht man sich besser den Mantel an und geht Couscous essen, anstatt vor dem Fernseher zu sitzen und sich an einhundert Prozent garantierter Langeweile zu berauschen.

Wie dieses Spiel noch kippte, fand ich grandios. Das macht die Größe des Europapokals aus! Und des Fußballs allgemein.

Die Kehrtwende, die mich indes am meisten aus dem Häuschen brachte, sprich: am glücklichsten machte, gelang Manchester United im Finale 1999, in dem es seit der sechsten Minute gegen den FC Bayern zurücklag und erst in der Nachspielzeit noch zwei Tore schoss und den Pokal gewann – als ich jung war, hieß die Nachspielzeit in Frankreich übrigens »arrêts de jeu«, »Spielstillstand«. Trotzdem war der englische Fußball nie mein Fall; zu direkt, zu verbissen, zu einfach, zu schlicht gestrickt – mit Ausnahme des FC Arsenal unter Arsène Wenger. Sehen Sie sich nur an, wie er vor fünfzehn Jahren das Duo Dennis Bergkamp und Thierry Henry hat spielen lassen!

Selbst ManU, im Mai 1968 Europameister mit drei Spielern des Jahres im Angriff – Denis Law, Bobby Charlton und George Best –, konnte mich nie begeistern. Wobei meine Gedanken damals natürlich nicht wirklich beim Fußball waren ... Was ich dagegen an England liebte, war die Stimmung in den Stadien und auch einige Einzelspieler: Stanley Matthews, der 1956 als Erster von *France Football* zum Fußballer des Jahres gewählt wurde und der erste Brite, der nicht einfach nur einen *Kick-and-rush* spielte, sondern sein Spiel auf Dribblings und Tempo aufbaute, oder Gary Lineker, der herausragende Stürmer der

1980er Jahre, von dem ich schon gesprochen habe und der heute aufgrund seiner bestechenden Analysen weltweit als Berater geachtet wird.

Aber ich bin auch auf die durchgeknallten Typen abgefahren, etwa auf George Best, den Nordiren, der zu seiner aktiven Zeit der »fünfte Beatle« genannt wurde und mit neunundfünfzig Jahren starb, nachdem er sein Leben nach allen Regeln der Kunst verbrannt hatte. Oder ein Kerl wie Paul Gascoigne, ein Rebell, ebenfalls ein großer Trinker, ein Fantast und Genie. Auf dem Platz ein harter Knochen, der aber beim WM-Halbfinale 1990 zwischen England und Deutschland in Tränen ausbrach, als er die Gelbe Karte bekam, wodurch er bei einem etwaigen Einzug der Engländer ins Finale gesperrt gewesen wäre – auch wenn England dann ausschied.

Zuletzt Wayne Rooney, den der arrogante und verabscheuungswürdige José Mourinho bei Manchester United ein Hundeleben führen ließ. Wie sich der selbst ernannte »Special One« seinem Spieler gegenüber verhielt, war umso unerträglicher, als er meiner Meinung nach unter den großen europäischen Trainern der überschätzteste ist. Zugegeben, der geniale rothaarige Shrek – Rooneys Spitzname – führte sicher nicht die auf diesem Niveau zu erwartende »gesunde Lebensweise« (was für ein schrecklicher Begriff). Seit seinem Debüt mit sechzehn Jahren hat er auf der Waage permanent Jo-Jo gespielt. Was Alex Ferguson, seinen vorigen Coach bei Manchester, aber nie gestört hat, solange Rooney seine Tore schoss. Und wie er Tore schoss! Er ist der beste Schütze in der Geschichte von Manchester United und der englischen Nationalmannschaft.

Obwohl ich immer *gegen* Deutschland und seine Vereine war, kann ich mir doch inzwischen eingestehen, dass neben Real Madrid, AC Mailand, Barcelona und Liverpool auch Bayern München zu den fünf Dream-Teams der ehrwürdigen Geschichte des Europapokals zählt[8] – allein durch die Zahl seiner Siege, nämlich fünf, aber auch durch die fast ununterbrochene Teilnahme an der Endphase seit dem ersten Triumph 1974, durch den europäischen Weg, den Bayern dem deutschen Fußball geebnet hat und dem der HSV, Borussia Dortmund und sogar das kleine Bayer Leverkusen als Finalist 2002 gefolgt sind.

Ich will auch gern anerkennen, dass Bayern München heute als Exempel des europäischen Fußballs gelten darf. Der Verein ist ein mittelständisches Unternehmen und beruht auf dem Wirtschaftsmodell der BRD, das es deutschen Unternehmen ermöglicht, sich in Deutschland, Europa und der ganzen Welt durchzusetzen. Unter der Führung von Karl-Heinz Rummenigge, der auf den Euro genau die vom damaligen Präsidenten der UEFA Michel Platini eingeführte Financial-Fairplay-Regel einhält und mit seiner Merchandising-Politik ein groß angelegtes kapitalistisches Projekt entwickelt hat, gehört Bayern zu den wenigen schuldenfreien Klubs. Ob es einem gefällt oder nicht, sein System ist effizient und innovativ – auch wenn es mir nicht behagt, wie er seit Jahren die besten jungen deutschen Spieler ausschlachtet, ohne ihnen auch nur die geringste Perspektive bei den Bayern zu bieten, nur um sie von der Konkurrenz im eigenen Land fernzuhalten.

Aber Bayern München ist vor allem deshalb ein Paradebeispiel, weil der Verein es schafft, Spieler langfristig

---

8   Real Madrid: 13 Titel, AC Mailand: 7 Titel, Liverpool: 6 Titel, Barcelona und Bayern: 5 Titel.

an sich zu binden, die sich mit ihm identifizieren. Es herrscht fast so etwas wie ein familiäres Klima, in dem man den Spielern trotz allen Wettbewerbs einen gewissen Respekt entgegenbringt, was diese auch spüren. Das gilt im Übrigen auch für die hundertfünfzig bis zweihundert Angestellten. Diese menschliche Art der Führung hat den positiven Aspekt eines modernen unternehmerischen Paternalismus. Man ist stolz, für diesen Verein zu spielen und zu arbeiten – für das Flaggschiff des deutschen Fußballs.

Das beste Beispiel dafür ist Philipp Lahm, der mit zwölf Jahren zu Bayern kam und seine Karriere im Mai 2017 auch dort beendet hat, zwei Jahre und zehn Monate nachdem er mit der Mannschaft Weltmeister geworden war. Angesichts seines Niveaus und seiner Erfolgsbilanz fehlte es ihm nicht an Angeboten anderer Vereine. Aber er ist den Bayern treu geblieben. Wie Antoine Griezmann 2017 Atlético Madrid. Jeder wollte ihn haben, allen voran Real Madrid, wo er sicher das Zwei- oder Dreifache hätte verdienen können. Übrigens hat er wochenlang die Gerüchte um seinen Wechsel nicht dementiert. Doch an dem Tag, als die UEFA verkündete, Atlético dürfe aufgrund der berühmt-berüchtigten Financial-Fairplay-Regel – von der im selben Jahr besonders oft die Rede war wegen der unschicklich teuren Transfers von Neymar und Mbappé zu PSG – bis Januar 2018 keine neuen Spieler mehr verpflichten, entschloss sich Griezmann, zu bleiben. Seine Begründung: »Das wäre Fahnenflucht gewesen.« Ich war verblüfft. Wie auch ein Jahr später kurz vor der WM, als er seine Treue zum zweiten Madrider Klub erneuerte. Ebenso gut hätte er eine bequeme Rechtfertigung vorbringen können, die eigentlich immer funktioniert: »Leute, so ist das Leben, ich muss an die Zukunft meiner Familie denken.« Denn das ist die heutige Realität des Marktes. Während die Spieler in den 1950er und 1960er Jahren noch Sklaven ihrer Vereine waren, sind sie mittlerweile zu Söldnern geworden. Ich würde sogar so weit gehen, zu sagen, dass inzwischen jeder Spieler ein Unternehmen ist, in dem die Väter, Brüder, Onkel, Berater, Mittelsmänner und Agenten ihre Cash Machine nicht mehr aus den Augen lassen.

Um zu Bayern München zurückzukommen: Meine Bewunderung hat auch ihre Grenzen.

Zwar gehört der Verein seit vierzig Jahren zu den führenden Klubs in Europa, aber das verdankt er nicht seiner Spielweise. Denn darin ist er alles andere als innovativ. Es waren vor allem die großen Persönlichkeiten, durch die er beeindruckte und immer noch beeindruckt. Seit Mitte der 1970er Jahre sind seine Gegner schon vor dem Anpfiff eingeschüchtert. Anfangs von Spielern wie Beckenbauer, Müller, Maier, Breitner oder Hoeneß, die auch den harten Kern der Nationalmannschaft bildeten. Dann von Rummenigge, Matthäus und Brehme, Klinsmann, Kahn, Lahm und Schweinsteiger. Heute heißen sie Neuer, Lewandowski, Lucas Hernández und Philippe Coutinho. Sie alle sind überragende Spieler.

Und auch wenn Johan Cruyff, Johan Neeskens, Xavi, Messi oder Iniesta ebenfalls überragende Spieler sind oder waren, ist es doch nicht das Gleiche. Denn sie sind schlichtweg Ausnahmekicker. Fußballer, in denen ihr jeweiliger Trainer – Rinus Michels bei den beiden Holländern, Pep Guardiola bei den drei Barça-Spielern – jenes Talent erkannte, das es für eine offene, vielseitige, extrovertierte Spielweise braucht, mit einer offensiven Defensive als

Basis. Kurz gesagt: Ein freudvoller *und* effizienter Fußball, der den Spielern *und* Zuschauern Spaß macht. Nachdem Ajax Amsterdam mit Michels und Cruyff diesen Stil in der niederländischen Meisterschaft perfektioniert hatte, dominierte es Europa 1971, 1972 und 1973. Fantastisch!

Aus demselben Grund finde ich den Stil des FC Barcelona so attraktiv.

Barça ist »Ajax 73 Version 2.0«. Als Trainer hat Cruyff hier von 1988 bis 1996 das System angewandt, das Michels ihn gelehrt hatte. Und nach seinem Abschied wurde dieses System beibehalten. Einfach weil Cruyff es inzwischen allen Mannschaften eingeimpft hatte. Den kleinen Kindern, die mit acht in die Fußballschule La Masia eintraten, ebenso wie den Jugendlichen, die mit 14 oder 15 dazukamen. Vom Schüler bis zum Profi spielten alle auf derselben Klaviatur, was Cruyff einmal so zusammenfasste: »Fußball heißt für uns: eine Ballberührung. Zwei sind noch okay, aber ab dreien sollte man sich einen anderen Verein suchen oder bei uns eine andere Sportart.«

Pep Guardiola übernahm diese Spielweise von König Johan und übertrug sie auf Messi und Konsorten. Auf diese Weise rang er im Finale 2009 und 2011 Manchester United nieder und beeindruckte ganz Europa. Gut, inzwischen haben die Kontrahenten ein »Gegengift« gefunden, aber die Helden von Barça haben eben auch nicht mehr die Beine von Zwanzigjährigen, sondern kratzen oft schon an der Dreißig.

Um es klar und deutlich zu sagen: Ja, Lionel Messi ist ein großartiger Fußballer. Aber das Überragendste, was ich in meinem Leben je gesehen habe, war das Duo Xavi und Iniesta, seine beiden Mannschaftskameraden. Noch überragender als das Paar Cruyff und Neeskens bei Ajax und den Niederlanden 1974. Und wenn man sich die Ergebnisse der argentinischen Nationalmannschaft ansieht, die unter Messi weder die Weltmeisterschaft vor sechs Jahren noch die letzten drei Copa América gewinnen konnte – von der WM 2018 ganz zu schweigen –, frage ich mich, ob Messi ohne diese beiden Abschussrampen, die ihn in den Orbit beförderten, zu dem Spieler hätte werden können, der er in Barcelona geworden ist. Im Übrigen empfinde ich es als höchst ungerecht, dass Andrès Iniesta nie Fußballer des Jahres geworden ist. Zumindest 2010, als er Spanien zur Weltmeisterschaft schoss. Aber die Trophäe ging an den Argentinier, dessen Team im Viertelfinale von Deutschland gedemütigt wurde. Das ist für mich bis heute unbegreiflich.

Iniesta ist der Hamlet des Fußballs. Eine ungeheure Präsenz, verknüpft mit einer schlichten Spielweise und einer seltenen Demut, die uns sagt: »Es ist etwas faul in der Welt des Fußballs.«

Sein oder Nichtsein, diese Frage muss sich der Fußball heute dringend stellen.

Genau das tat Michel Platini, bevor und nachdem er 2007 Präsident der UEFA wurde. Ich sage das ohne Bosheit oder Ironie, denn obwohl ihn der Weltfußball 2016 entsorgt hat, hat mich dieser Mann stets verblüfft.

Als Spieler habe ich ihn bewundert. Seine »Büste« gehört für mich ins selbe Ahnenregal wie Puskás, Pelé, Kopa, Cruyff, Maradona, Iniesta und Messi. Er hat alles schneller gesehen, gespürt, erahnt als die anderen.

Als Platini seine Fußballkarriere beendete, sprach er immer häufiger darüber, wie sich sein Sport entwickelte – als Berater, aber auch, wann immer ihn jemand fragte –, und er sagte seine Meinung immer frei von der Leber weg. Auch in der Rede zu seiner Amtseinführung hat er kein Blatt vor den Mund genommen. »Der Fußball ist zuallererst ein Spiel und kein Produkt, ein Spektakel und kein Geschäft, ein Sport und kein Markt«, erklärte er. Und von Januar 2007 bis September 2015 hat er unentwegt dafür gekämpft, dass der Fußball eine kulturelle Sonderstellung erhält und von den wirtschaftlichen Reglementierungen und gesetzlichen Beschränkungen der Europäischen Union ausgenommen wird.

Dieses Programm hat mich für ihn eingenommen; ich brauchte es aber nicht, um mir eine Meinung über diesen Mann zu bilden.

Wenn wir uns über den Weg liefen, als er noch aktiver Spieler war, aber auch danach, gingen unsere Begegnungen meist nicht über ein »Hallo, wie geht's?« hinaus.

Doch am Tag des EM-Finales 2004 in Lissabon haben wir uns ein wenig näher kennengelernt. Er war zunächst mal überrascht, dass ich so fußballbegeistert bin. Wahrscheinlich dachte er, all das sei doch sehr fern von dem, womit ich mich sonst beschäftige. Aber ich habe gleich bei diesem ersten Kontakt gespürt, dass es zwischen uns funkt. Platini hatte gerade seine Kampagne für die UEFA lanciert, und ich wollte ihn gern unterstützen. In den darauffolgenden Monaten habe ich in Deutschland eine kleine »Bewegung« ins Leben gerufen, die ich »Allianz gegen Franz« taufte – gemeint war Franz Beckenbauer, der sich ebenfalls zur Wahl gestellt hatte. Es war nicht gerade ein glorreicher Triumph – aber ganz wirkungslos wohl auch nicht. Jedenfalls habe ich damals in der *taz* einen Artikel veröffentlicht, in dem ich schrieb: »Michel Platini ist der Richtige, Franz Beckenbauer wäre ein Skandal. Es geht um den europäischen Fußball und nicht um die

Partikularinteressen einiger deutscher Unternehmen.«
Damit spielte ich auf Beckenbauers diverse Geschäftsbe-
ziehungen an. Nachdem Michel Platini zum Präsidenten
gewählt worden war, ist er mehrere Male nach Straßburg
und Brüssel gereist, um das Europäische Parlament und
die Europäische Kommission davon zu überzeugen, dass
seine Idee der kulturellen Sonderstellung gut für den
Fußball sei. Der habe nämlich einen kulturellen und gesellschaftlichen »Mehrwert« – womit er recht hatte. Daher wünschte sich Platini, in die Richtlinien dieses Sports
all jene Regelungen einfließen zu lassen, die dessen Kultur unterstützten, und sie nicht allein auf die Regulierung
des Marktes zu beschränken. Insbesondere wollte er, dass
junge Spieler ähnlich wie Kulturgüter geschützt würden.
Aus diesem Grund habe ich einmal über ihn gesagt: »Platini ist eigentlich rechts, aber wenn er Fußball spielt, über
Fußball redet oder nachdenkt, ist er links.« Weil er eine
fortschrittliche, soziale Vorstellung von diesem Sport hat.
Ich habe ihn zu 200 Prozent unterstützt.

Und ich war nicht der Einzige. Seine Ausstrahlung
wirkte auch im Parlament. Zugleich hatte er ein klares
Verständnis von Politik, was es ihm ermöglichte, unabhängig von den Befindlichkeiten der Abgeordneten oder
ihrer Nationalität in alle Richtungen Kontakte zu knüpfen
und Mittler zu finden. Denn in Straßburg wie in Brüssel,
wo ich immerhin zehn Monate im Jahr drei bis vier Tage
die Woche verbracht habe, und das über insgesamt zwanzig Jahre, spielte der Fußball eine wichtige Rolle, etwa an
Europapokalabenden und mehr noch im Juni und Juli,
wenn Europa- oder Weltmeisterschaft war.

Abgeordnete, die derselben Gruppe angehörten, aber
unterschiedlicher Nationalität waren, sahen sich die Spiele

in großen, ihnen zugewiesenen Sälen an. Da können sich tiefe Gräben auftun zwischen Kollegen, die zwar politisch gleichgesinnt sind, aber als Fußballfans ganz andere Vorlieben haben. Und das gilt im gesamten politischen Spektrum.

Obwohl sie die europäischsten aller Europäer sind, haben die Grünen ebenso eine nationale Gesinnung wie alle anderen. Wenn zum Beispiel Deutschland, Bayern oder Dortmund spielten, haben sich alle Deutschen – außer mir – zusammengerottet, während die anderen sich geschlossen gegen sie stellten. Aber es war nicht nur eine Frage der Nationalität. Ich erinnere mich noch an das Spiel Barcelona gegen Arsenal 2011, bei dem ich neben meinem Freund Yannick Jadot saß, einem französischen Grünen, und ich trotz Arsenals Sieg im Hinspiel für Barça war. Yannick drückte den Engländern die Daumen, weil er immer für die sogenannten Schwächsten Partei ergreift. Die Stimmung war aufgeheizt. Und sie drohte gar überzukochen, als Yannick wegen des Platzverweises des Londoners van Persie ausrastete. Der hatte aufs Tor geschossen, obwohl der Schiedsrichter schon gepfiffen hatte, worauf ich mutwillig boshaft zu argumentieren begann, das seien eben die Regeln.

Zwar stellte sich die Kommission für Wettbewerb oftmals gegen Platinis Vorschläge, in einigen Punkten aber folgte sie ihm auch. Michels großes Verdienst bestand darin, den Finger in die Wunde des europäischen Fußballs zu legen und Erste Hilfe zu leisten.

Denn die Entscheidung des Europäischen Gerichtshofs vom 15. Dezember 1995 zum Profisport, der wie für alle anderen Berufe auch »den freien Dienstleistungsverkehr der Berufssportler zwischen den Mitgliedsstaaten«

vorsah, war eine gute Sache, weil sie Freiheiten mit sich brachte. Sie hatte aber zugleich einige Verwerfungen zur Folge, die den Fußball in Gefahr brachten. Anfangs gefiel mir das berühmt gewordene »Bosman-Urteil«. Der Sport wurde dadurch besser, da die Vereine nun so viele ausländische Spieler beschäftigen konnten, wie sie wollten. Aber es hat auch sehr bald perverse Folgen gehabt: Die Ablösesummen stiegen in wahnwitzige Höhen, und die besten Spieler Europas und der Welt begannen sich in den reichsten Klubs zu konzentrieren, was vielleicht ein gutes Dutzend war. Um derlei Auswüchse zu regulieren oder gar rechtsgültige Sanktionen zu erlassen, braucht die UEFA aber Brüssel nicht.

So geschehen 1985, als die UEFA nach der Katastrophe von Heysel – bei der durch eine von Liverpooler Hooligans ausgelöste Massenpanik neununddreißig Turiner Fans ums Leben kamen – England für fünf Jahre aus dem Europapokal ausschloss.

Ich bin damals nach diesem tragischen Ereignis für einige Zeit auf Abstand zu meinem heiß geliebten Sport gegangen. Ja, ich würde es sogar eine Identitätskrise nennen. Wie konnte ein Fußballspiel, und sei es das Finale im Europapokal, eine derartige Hysterie auslösen bei Typen, die sonst vor allem für ihre Gesänge bekannt waren – man denke nur an das erhabene *You'll Never Walk Alone* – und die als Hooligans bis dahin in keiner Weise straffällig geworden waren? Warum war der Fußball plötzlich für Leute, in denen die Gewalt brodelte, zur Waffe geworden?

Ich habe mich oft gefragt, ob es von der UEFA richtig war, das Spiel nicht abzubrechen. Angesichts der geringen Polizeipräsenz rund ums Stadion denke ich, dass es die behutsamste Art war, mit der Situation umzugehen und ein noch größeres Blutbad zu vermeiden. Andererseits ist es offenkundig, dass dieses Finale[9] aus den Ranglisten gestrichen werden muss. Genau wie die Jahrgänge der Tour de France, die Lance Armstrong gewonnen hat.

Als ich einmal vor Jahren zusammen mit Platini aus Brüssel heimfuhr, habe ich versucht, das Thema anzuschneiden. Aber da er mir keine Antwort gab und ich das Gefühl hatte, dass er das Ereignis aus seinem Gedächtnis streichen wollte, habe ich nicht weiter nachgehakt.

Die Katastrophe von Heysel hatte mich zutiefst erschüttert. Zugleich war seit einiger Zeit zu beobachten, dass bei manchen Fans irgendwas im Kopf kaputtgegangen zu sein schien. Seit Anfang der 1980er Jahre machte sich in den europäischen Stadien ein ekelerregender Nationalismus breit, der fortan am Fußball klebte. Die jungen Männer der Nachkriegsgeneration hatten plötzlich Lust, sich zu prügeln. Das war für sie offenbar eine Art Kriegssimulation; oder genauer gesagt wollten die Jungen, von der Vergangenheit enthemmt, jetzt Kleinkrieg spielen. Die auf dem Globus schwelenden Konflikte waren inzwischen weit weg, sodass man sich jetzt »alles erlauben« konnte.

Ich erinnere mich an ein Spiel zwischen Deutschland und England bei der Euro 2000 in Belgien, bei dem Charleroi verwüstet wurde. So als wollten beide Seiten an einem Nachmittag die furchtbare Schlacht an der Somme »nachspielen«, die zwischen Juli und November 1916 fast eine Million Tote gefordert hatte!

Bei diesem »Fight« waren alle sozialen Schichten beteiligt. Prolls, neureiche Kinder, Angestellte, Mittelklasse;

---

9  FC Liverpool–Juventus Turin, 0:1 durch einen von Platini verwandelten Elfmeter.

ja es wurden sogar Typen festgenommen, die für die City of London arbeiteten. Nachdem die drastischen Maßnahmen, die Margaret Thatcher nach dem Massaker von Brüssel unternahm und die ihre Nachfolger noch verschärften, bei den englischen Fans einigermaßen für Beruhigung gesorgt hatten, war damit der überhitzte Eifer, sich um des Prügelns willen zu prügeln, natürlich nicht verschwunden, weder in England noch in Deutschland noch anderswo. Fast immer stecken hinter der Gewalt übermäßiger Bierkonsum oder wiederaufkeimende faschistische Bewegungen. Aber es gibt meiner Meinung nach noch einen dritten Grund: Testosteron. Meist geht das bis 30 oder 35, aber dann kommen die meisten Schläger wieder zur Besinnung, spätestens wenn sie Familienvater werden.

Der neu aufgekommene Faschismus ist heute vor allem in ein paar Stadien des ehemaligen Ostblocks zu beobachten und setzt leider auch in Deutschland wieder ein. Dabei ist das Phänomen beileibe nicht neu. Bei der Europameisterschaft 1984, die ich für Europe 1 kommentiert habe, fuhr ich für das Spiel BRD gegen Portugal nach Straßburg. Schon tagsüber stürmten deutsche Faschos auf den Platz, um riesige deutsche Flaggen aufzuhängen. Dabei haben sie alles zu Bruch gehen lassen, was ihnen in den Weg kam, und »Occupation! Occupation!« gegrölt. Den Kern dieser Horden bildeten Neonazis. Diese Woge des Hasses war für mich unerträglich. Übrigens nicht nur für mich. Ohne sich groß bitten zu lassen, sind die CRS, Spezialeinsatzkräfte der Polizei, auf sie losgegangen. Irgendwann bin ich zu einem Polizisten hin, der einen Typen in die Mangel nahm, und sagte zu ihm: »Komm, lass gut sein, der ist ja schon halb tot.«

Ein paar Tage zuvor war ich im Basislager der Deutschen in Rueil-Malmaison in der Pariser Banlieue, als
Helmut Kohl im Hubschrauber angeflogen kam. Ich
stelle dem Kanzler ein, zwei Fragen und sehe, wie die
deutschen Reporter anfangen zu grinsen, weil Kohl offenbar nicht begreift, wer ihn da gerade interviewt. Da
fragt ihn ein Kollege: »Wissen Sie, mit wem Sie da gerade
reden, Herr Kanzler?« Da hat er mich erkannt. Ihm fiel
die Kinnlade herunter, dann hat er sich umgedreht, ist
weggegangen und davongeflogen.

Michel Hidalgo dagegen musste niemand erklären,
wer ich bin, als wir uns nach dem Finalsieg der Franzosen gegen Spanien am 27. Juni im Parc des Princes
begegneten. Dabei hatten wir uns noch nie gesehen, ja
uns noch nicht einmal beim »Klub Coca-Cola-Europe 1«
gesprochen, wo es gleich zweimal die Gelegenheit dazu
gegeben hätte. Somit waren wir füreinander zwei Unbe-
kannte – natürlich nur auf der rein persönlichen Ebene.

Etwa eine Stunde nach dem Triumph der *Bleus* laufe
ich durch die Stadiongänge und warte auf die Spieler. An
eine Wand gelehnt, diskutiert Michel mit irgendjeman-
dem. Plötzlich sieht er mich, kommt mit einem brei-
ten Lächeln auf mich zu, nimmt mich in die Arme und
sagt: »Dany, das ist besser als 68!« Ein weiterer Beweis,
dass ich für viele damals immer noch der Vorkämpfer
des Mai 68 war. Dass ich so gesehen werde, hat sich bis
heute kaum geändert, da ich zugleich zu einer Art »europäischer Ikone« geworden bin.

Ja, für die Leute bin ich nicht »grün« – im politischen
Sinne –, sondern zuerst und vor allem ein Europäer. Womit ich gern d'accord gehe, weil meine »Heimat« immer
schon Europa gewesen ist.

Das ist sicher auch der Grund, warum es mich kaltlässt, wenn in den Stadien oder anderswo die Nationalhymnen angestimmt werden. Beziehungsweise ich mich höchstens aufrege, wenn die Fans bei der Hymne des gegnerischen Teams pfeifen. Aber ich muss gestehen, dass ich zwei-, dreimal doch die *Marseillaise* mitgesungen habe. Die deutsche Hymne dagegen nie. Und ich muss auch gestehen, dass ich immer ein bisschen lächeln muss, wenn 80 000 Menschen im Wembley oder Twickenham die etwas lächerliche Lobhudelei *God Save The Queen* anstimmen.

Beim letzten Satz von Beethovens 9. Sinfonie, der *Ode an die Freude*, habe ich jedoch immer Tränen in den Augen. Weil es die offizielle Hymne der Europäischen Union ist, vor allem aber, weil es für mich die Solidarität symbolisiert, die hoffentlich einmal in Europa herrschen wird. Es ist die Hymne der Freiheit, der Einfachheit, der Aufgeschlossenheit, sie steht für die Hand, die wir dem anderen reichen. Sie ist all das, was Johan Cruyff verkörperte und wofür auch Andrès Iniesta steht.

Im Grunde kann man sagen, Beethoven hat schon vor fast zweihundert Jahren den Barça-Stil gepflegt.

# Meine Reise um die Welt in fünfund- sechzig Jahren

**Siebzehn** Weltmeisterschaften sind ins Land gegangen, seit meine Leidenschaft für den Fußball entbrannt ist. Aus dem Bauch heraus würde ich sagen, dass ich bei allen Dutzende weltbewegende erinnerungswürdige Spiele gesehen habe – oder glaube gesehen zu haben –, sei es im Fernsehen oder im Stadion. Genauer betrachtet, muss ich mir allerdings eingestehen, dass wohl zwei Hände genügen, um sie zu zählen.

Wenn ich meine instinktive Reaktion überprüfe und all die Jahre mit einem weniger »naiven«, erwachseneren Blick betrachte, muss ich zumindest sagen, dass zwar längst nicht alle Begegnungen herausragend waren, es aber dennoch in jedem Match fast alles gab, was man als Fußballfan liebt: Heldentaten, Überraschungen, Schönheit, Spannung, Enttäuschung, Ungerechtigkeit, Skandale, Gewalt, Dummheit und manchmal sogar Aberwitz.

So hellsichtig ich sein mag, ich bin kein Spielverderber. Ich bin und bleibe ein Kind: Mich können ein Spieler, ein Team, ein Spiel, eine Aktion auch heute noch genauso verzaubern wie zu der Zeit, als ich zehn, elf, fünfzehn oder zwanzig war.

Die Weltmeisterschaften 1954 und 1958 möchte ich an dieser Stelle auslassen, da ich über sie schon gesprochen habe und sie in mir nur kindliche oder jugendliche Gefühle geweckt haben. Und über die WM 1962 in Chile kann ich leider nichts erzählen, da es damals noch keine Übertragung per Satellitenfernsehen gab und man in Europa immer nur ein, zwei Tage nach der jeweiligen Begegnung kurze, nichtssagende Zusammenfassungen zu sehen bekam, die per Flugzeug über den Großen Teich transportiert worden waren.

1966 aber wurden fast alle Spiele live oder zeitversetzt übertragen. Mir war sofort klar, dass der »Champagnerfußball« der *Tricolores* oder Brasiliens »Caipirinhafußball«, wie man ihn 1958 in Schweden gesehen hatte, passé waren.

Wenn man Zeitung las, wusste man schon, dass in Chile etwas in die falsche Richtung gelaufen war. Doch jetzt konnte man das Problem dank der Bilder aus London, Liverpool, Manchester, Birmingham oder Sheffield auch in Europa in seiner ganzen Tragweite sehen.

Denn abgesehen von Nordkorea, Ungarn, Brasilien und mit Einschränkungen auch Portugal hatten acht Jahre nach dem großartigen Spektakel in Schweden alle Mannschaften die Daumenschrauben angezogen. Einige trieben es mit ihrer Härte so weit, dass sie systematisch den besten Spieler der Gegenseite metzelten, um den Gegner auf diese Weise niederzuringen. Dadurch bekam das Turnier eine unangenehme Note, die sich mit Ausnahme der WM 1970 in Mexiko noch bis zu ihrem düsteren Höhepunkt 1982 in Spanien fortsetzte. Und obwohl heutzutage wieder zivilisierterer Fußball gespielt wird, ist dieser verachtenswerte Geist noch längst nicht vollständig verschwunden.

Beim *World Cup* in England konnte man jedoch nicht mehr von spielerischer Härte sprechen, da war offene Aggression und Körperverletzung am Werk. Ja, man könnte gar von organisierter Kriminalität sprechen, denn es wurde tatsächlich Kopfgeld auf Spieler ausgesetzt. Und ganz oben auf der Liste stand Pelé.

Besonders »hervorgetan« haben sich dabei die Bulgaren und Portugiesen, die König Pelé schon in der Vorrunde fällten. Im ersten Spiel musste er deshalb ausgewechselt werden, wenngleich diese Blutgrätsche zumindest dem Ergebnis keinen Schaden antat – Brasilien gewann. Dafür musste das Fußballgenie im nächsten Spiel pausieren, das die Seleçao gegen Ungarn verlor. Die letzte Begegnung der Vorrunde bestritt Pelé nur mehr auf einem Bein, um das sich der Portugiese João Morais »kümmerte«, sodass das Fußballgenie das Match erneut nicht zu Ende spielen konnte. Brasilien wurde geschlagen und erniedrigt. Und schied aus.

Die unwürdige Art und Weise, in der mit diesem Ausnahmespieler umgegangen wurde, sorgte für die erste große Empörung in meinem Leben als Fußballfan. Ungarns Niederlage 1954 hatte mich traurig gemacht, wie ein Kind nur traurig sein kann. Etwas reifer, erschien mir das Ausscheiden der *Tricolores* im Halbfinale vier Jahre später als reine Unbill, da ich meinte, dass es ohne Jonquets Verletzung für den Einzug ins Finale »Spielraum gegeben hätte«.

Aber im Juli 1966 war ich außer mir! Ich hatte nur zehn Tage gebraucht, um zu erkennen, dass unsportliches Verhalten jetzt als Spielstrategie galt. Eine solche unbändige Wut habe ich danach nur noch ein weiteres Mal erlebt – als Toni Schumacher 1982 im Halbfinale zwischen der BRD und Frankreich in Sevilla Patrick Battiston ausgeknockt hat.

Ein Bild jedoch ist mir im Gedächtnis geblieben, das zwar nicht meine Empörung zu mildern vermochte, mir aber doch zumindest das Gefühl gab, dass noch nicht alles völlig faul war im Königreich Shakespeares: wie sich der herzensgute Eusébio über den schmerzverzerrten Pelé beugt und ganz behutsam mit den Händen seinen Kopf umfasst. So als wolle er ihm sein Bedauern und sein Mitgefühl ausdrücken. Und ihm sagen, dass es ihm selbst auch wehtue.

Nach Brasiliens Ausscheiden war ich *für* England, weil ich der Meinung war, das Land, das den Fußball erfunden hatte, hätte es wenigstens einmal verdient, die Weltmeisterschaft zu gewinnen. Zudem trafen die Engländer im Finale auf die BRD. Meine Haltung an diesem Tag fasst gut meine damalige intellektuelle Unredlichkeit gegenüber Deutschland zusammen.

Außer den elf englischen Spielern, ihren vierundvierzig Millionen Fans, dem Schweizer Schiedsrichter Gottfried Dienst, unterstützt von seinem aserbaidschanischen Linienrichter Tofik Bachramow – und mir –, war kein Mensch auf der Welt in der Lage, zu sagen, ob das dritte »Tor« durch Geoff Hurst in der 101. Minute gültig war oder nicht – obwohl es damals die ersten wackligen und verschwommenen Wiederholungen gab. Ich setze das Wort »Tor« in Anführungszeichen, denn selbst mithilfe digitaler Simulation kann bis heute, vierundfünfzig Jahre danach, niemand sagen, was die Wahrheit ist. Nachdem zwei Ingenieure des Fachbereichs Biomechanik der

Universität Oxford die »Akte« 1995 digitalisiert hatten, stellten sie fest, dass der Ball in Wembley die Linie nicht vollständig überschritten hatte. Allerdings fanden drei Jahre später ein israelischer Forscher und seine Computer das Gegenteil heraus.

Für mich ist das Entscheidende, dass dieses »Tor« am 30. Juli 1966 gegeben wurde. Ich selbst habe übrigens jahrelang die Meinung vertreten, der Ball sei drin gewesen. Mit einem Wort: Die Engländer haben womöglich ein Tor geschossen, ohne ein Tor geschossen zu haben. Je nach Tageslaune passiert es mir heute noch, dass ich mich in diese – ziemlich alberne – Interpretation verbeiße, wenn die Geschichte mal wieder aufs Trapez kommt.

In jedem Fall litt der Finalsieg der Engländer nicht an Ungerechtigkeit. Über das gesamte Turnier betrachtet, hatte das Team ordentlich gespielt – auch wenn es sehr von den Missetaten eines Nobby Stiles profitierte, des englischen Morais –, während sich Deutschland nicht gerade durch große Finesse hervorgetan hatte. Dem schönen Spiel halbwegs Ehre gemacht hatten letztlich nur die im Halbfinale vom künftigen Weltmeister geschlagenen Portugiesen meines geliebten Eusébio – mit neun Treffern Torschützenkönig –, was nicht überraschend war, da die Mannschaft zu drei Vierteln aus Spielern des brillanten Benfica Lissabon bestand.

Das Drollige an der Geschichte des »Tors« ist, dass sie sich Jahre später bei der Weltmeisterschaft in Südafrika umkehrte.

Es ist der 27. Juni 2010, die Engländer liegen im Achtelfinale gegen Deutschland bereits mit 0 : 2 zurück. In der 37. Minute gelingt ihnen der Anschlusstreffer, und nur eine Minute später prallt ein Schuss von Frank Lampard gegen die Latte, der Ball kommt 50 oder 60 Zentimeter hinter der Torlinie auf und fliegt ein zweites Mal gegen die Latte, ehe er in den Armen von Manuel Neuer landet. Ausgefuchst, wie der Schlussmann ist, bringt er ihn sofort wieder ins Spiel, als ob nichts wäre – und der uruguayische Schiedsrichter Jorge Larrionda lässt tatsächlich weiterspielen. Dabei brauchte es diesmal wirklich nicht einmal die Zeitlupe, die die Szene hochpräzise aus allen Winkeln zeigte, um das Unrecht zu beklagen, das dem Fußball hier angetan wurde. Schon die Live-Bilder hatten der ganzen Welt einschließlich der Deutschen gezeigt, dass England gerade den Ausgleich erzielt hatte. Selbst die *Bild* leugnete das in ihrer Ausgabe tags darauf nicht, schrieb aber vollkommen schamlos, man müsse diese »Tatsachenentscheidung« als die »gerechte Rache für 66« ansehen. Endlich konnte die Mannschaft, die über vierzig Jahre an nahezu jedem 30. Juli über das verlorene Wembley-Finale gesprochen hatte, ihren Frieden finden.

Denn natürlich ging Deutschland in diesem Spiel als Sieger vom Platz. Und die internationale Presse zeigte sich begeistert von der »unbestreitbaren Überlegenheit der Deutschen«. Doch wenn Lampard ausgeglichen hätte, wäre es ein ganz anderes Spiel geworden. Die angebliche Überlegenheit geriet in diesem Moment doch ziemlich ins Wanken.

Aber die Engländer protestierten nicht. Ihre Haltung hatte für mich etwas Bewundernswertes. Und die Londoner Regenbogenpresse, die sonst kein Blatt vor den Mund nimmt, wiederholt auch nicht seit zehn Jahren an jedem 27. Juni: »Deutschland hat uns in Südafrika den Sieg gestohlen.«

Jedenfalls hat diese eher ulkige Episode die FIFA dazu

veranlasst, 2014 in Brasilien den Videobeweis einzuführen – oder zumindest die Torlinientechnik[10], selbst wenn manche Menschen wie etwa Michel Platini daran festhalten, dass solche Unwägbarkeiten einfach zum Fußball gehören. Wenn man sie eliminiere, nehme man dem Fußball ein Stück seiner Magie. Ich bin da anderer Meinung, auch wenn es in den Ligen und bei den internationalen Turnieren einige Anfangsschwierigkeiten gab und Spiele zu oft und zu lange unterbrochen wurden, wie zuletzt bei der Frauen-WM im Jahr 2019.

Das Gefühl, dass einem Team der Sieg gestohlen wurde, habe ich selbst mehrmals erlebt. In manchen Fällen zu Recht.

Zum Beispiel, als sich Deutschland und Österreich in der Gruppenphase der WM 1982 in Spanien auf ein Ergebnis einigten, das zum Ausscheiden Algeriens führte.

Oder als Platinis *Bleus* in Sevilla rausflogen. In beiden Fällen zeigten die Deutschen einen schlechten Charakter und wandten alle nur möglichen Tricks an, um ihr Ziel zu erreichen.

Bei der Euro 1984 bin ich Franz Beckenbauer begegnet, der als Berater für das ZDF oder die ARD tätig war. Auf einem kleinen Platz wurde ein Spiel mit sieben Spielern veranstaltet, bei dem französische und deutsche Journalisten gegeneinander antraten. Ich war Mittelstürmer, er Verteidiger, und die Art und Weise, wie er den Gegner ausspielte, war einfach faszinierend. Aber kaum freundlicher als seine Landsleute in Spanien, verließ er nach einer halben Stunde wutschnaubend den Platz, weil wir

---

10  Ein digitales Verfahren, bei dem anhand der Videobilder festgestellt werden kann, ob der Ball die Torlinie vollständig überschritten hat.

alle »nichts vom Fußball verstehen«. Ich hatte vor dem Spiel noch versucht, ihn nach seiner Meinung zu »Sevilla« zu fragen. Er gab sich nicht einmal den Anschein, sich für die Frage zu interessieren. »Das ist Fußball«, begnügte er sich zu antworten, ehe er mir den Rücken zukehrte. »Deswegen lieben wir ihn doch alle.« Von wegen!

Das Turnier in Spanien mündete in ein Finale – Italien gegen Deutschland –, von dem kein Fußballfan je geträumt hat. Im Reich der Blinden waren die einäugigen Italiener die Könige eines jeder Dramatik entbundenen Spiels. Ein einziges erfreuliches Bild ist mir im Gedächtnis geblieben: wie der nicht mehr sehr junge, aber sehr sympathische Präsident Sandro Pertini in Jubelstürme ausbricht.

Dabei hatte diese *Mundial* ein immenses Potenzial: die Schönheit des Landes, das seit sieben Jahren in der neu errungenen Demokratie aufblühte, die großartigen Stadien, das Publikum, das zu den kenntnisreichsten der Welt zählt. Afrika war – dank Kamerun und Algerien – endlich über seine Statistenrolle hinausgewachsen, und es gab drei herausragende Mannschaften – Brasilien, Argentinien und Frankreich –, denen man den Pokal gegönnt hätte. Dazu eine ganze Reihe an Spielern, die ich verehrte: die Brasilianer Sócrates, Zico, Falcão und Éder; Platini und seine drei Kollegen des ersten »magischen Vierecks« – Giresse, Genghini, Tigana –, nicht zu vergessen Rocheteau, Six und Bossis. Und natürlich der Argentinier Diego Maradona! In jenem Sommer mit seinen einundzwanzig Jahren noch ein halbes Kind, verzauberte er mit seinem Talent bereits seit drei Spielzeiten ganz Südamerika.

Was ist mir also von dieser unvollendeten Sinfonie

außer Pertinis Jubel im Gedächtnis geblieben? Nichts als triste Bilder.

Das Erste hat gar nichts mit Fußball zu tun: Ich erinnere mich, wie die spanische Polizei die Solidarność-Banner der polnischen Fans konfiszierte, die diese im Spiel Polen gegen UdSSR in Barcelona als Zeichen der Hoffnung schwenkten.[11] Was noch? Die schändliche Tat, mit der Battiston niedergestreckt wurde, ich kann es nicht oft genug wiederholen, aber auch die Trauer der Argentinier – Maradonas Tränen – und die der Brasilianer, die in der zweiten Runde von Italien aus dem Turnier geworfen wurden. Nicht, weil sie schlechter als ihre Gegner gewesen wären. Sondern weil Italien, das die Kunst des Verteidigens in eine Kunst der Gewaltanwendung verwandelt hatte, im Überfall mit Fußwaffe noch eine Stufe weiter gegangen war. Sein Bandenchef Claudio Gentile hat in meiner Ahnengalerie des Grauens den Ehrenplatz als »Großmarschall von Rabenaas« in massivem Gold. Er bestritt diese Weltmeisterschaft, ohne einen einzigen Ball zu berühren, aber auch ohne die Knöchel, Schienbeine und Knie der gegnerischen Spielmacher zu verfehlen. Maradona sind deshalb die Sicherungen rausgeflogen; Zico wurde von ihm außer Gefecht gesetzt. Dass Gentile keine Rote Karte gesehen hat und noch dazu am Ende Weltmeister wurde, das nenne ich einen gestohlenen Titel!

Acht Jahre zuvor war ich schon einmal wegen einer schweren Ungerechtigkeit außer mir, als die BRD im Finale in München Holland schlug. Nicht durch die Art

---

11 Die im August 1980 gegründete polnische Gewerkschaft wurde im Dezember 1981 verboten, nachdem in Polen auf Anweisung des Sowjetregimes der Ausnahmezustand verhängt worden war.

und Weise des Sieges – die Deutschen haben an diesem Sonntag meisterhaft gespielt –, sondern weil bis dahin die Niederlande unter Johan Cruyff höchste Perfektion an den Tag gelegt hatten. Ihr auf der Spielweise von Ajax Amsterdam – das auch die meisten Nationalspieler stellte – basierender Stil war mitreißend und zwei oder drei Einzelspieler reinste Diamanten.

Wie alle Fans des schönen Spiels war ich also der Meinung, dass Holland 1974 genau wie Ungarn 1954 oder Frankreich 2006 gegen Italien der moralische Sieger war. Was aber niemanden glücklich macht. Denn der herrlichste Spielzug ist wertlos, wenn er keine Konsequenz hat. Und Konsequenz – das heißt Härte, Geduld, Effizienz – war an diesem 7. Juli 1974 die Spezialität der Deutschen.

Es hat ein bisschen gedauert, aber irgendwann habe ich es doch begriffen: Wenn man sich ansieht, was diese Mannschaft unter der Führung von Franz Beckenbauer in diesem Endspiel geleistet hat – und letztlich ist es das, was zählt –, dann war sie der verdiente Sieger.

Obwohl diese Weltmeisterschaft in Deutschland nicht das Turnier ist, das mich am meisten begeistert hat, erweckt sie in mir eine süße Nostalgie. Wahrscheinlich weil ich in diesem Land, in dem ich meine Jugend verbracht habe und das mich Ende Mai 1968 wieder aufnahm, »zu Hause spielte«. Sicher auch, weil sie für mich eine Auszeit war, in der ich wieder zu Atem kommen konnte, nachdem mich mein politisches Engagement vierundzwanzig Stunden am Tag und sieben Tage die Woche in Beschlag genommen hatte. Und vor allem weil sie einen Kindheitstraum wahr werden ließ: ein Spiel der Weltmeisterschaft live zu erleben, noch dazu in »meinem« Stadion, dem Frankfurter Waldstadion, der heutigen Commerzbank-Arena.

Auf einem Stehplatz in der Kurve habe ich das Spiel BRD gegen Polen gesehen. Ein Halbfinale, dessen Sieger im Finale gegen Brasilien oder die Niederlande antreten würde. Ich war mit meinen Freunden schon über eine Stunde früher dort. Da die Tribünen hinter den Toren nicht überdacht waren, haben wir den vollen Sturzregen abbekommen, der bis zum Anpfiff auf uns niederging. Der euphorischen Stimmung tat das keinen Abbruch, aber das Spiel begann mit zwei Stunden Verspätung, weil Helfer mit Saugern und riesigen Walzen das Wasser zu entfernen versuchten, das das Feld überflutet hatte. Doch trotz allem blieb der Rasen im Grunde unbespielbar. Was natürlich für die technisch überragenden Polen ein Nachteil war, für Deyna, Lato, Gadocha, Szarmach, die den Gegner mit ihrem flachen Kurzpassspiel schwindlig spielten. Trotzdem waren sie die dominierende Mannschaft. Doch dann kam wie immer Gerd Müller und schoss Deutschland ins Finale.

Abgesehen von den Jongleurskünsten eines Cruyff und seiner fliegenden Holländer, die die Massen in den Stadien zur Ekstase brachten wie nur die Beatles zehn Jahre zuvor, gab es während dieser WM noch vielfache weitere Gelegenheiten für Jubelstürme.

Eine davon hat mich sogar zum Lachen gebracht.

Wie der Zufall es will, fanden sich die BRD und die DDR in der ersten Runde in derselben Gruppe wieder. Seit der Gründung beider Staaten 1949 waren die beiden Nationalmannschaften noch nie aufeinandergetroffen. Und es sollte auch danach nie wieder passieren.

Als das Spiel näher rückte, war es irgendwann das einzige Gesprächsthema, obwohl Deutschland seit Willy Brandts Rücktritt nach der Guillaume-Affäre im Mai wirklich andere Sorgen hatte. Ich sah das Spiel am 22. Juni vor dem Fernseher in meiner Wohngemeinschaft in Frankfurt. Wir waren ein gutes Dutzend Leute, und aus Gründen, die ich schon erklärt habe, war ich als Einziger für Ostdeutschland. Einfach nur, um meine Kumpels zu ärgern. Denn ich hasste den Fußball, den die DDR fabrizierte, er war langweilig, raubeinig, Sinnbild des kommunistischen Kollektivismus. Aus buchhalterischer Sicht war das Spiel bedeutungslos, weil beide Teams schon für die nächste Runde qualifiziert waren. Aber als Symbol hatte es enorme Kraft!

Dann traf Jürgen Sparwasser in der 77. Minute, und es hieß Sieg für die DDR! Alle um mich herum machten lange Gesichter.

Obwohl ich absoluter Antikommunist war, fand ich es doch sehr lustig, dass die sogenannte »demokratische« Republik die Bundesrepublik geschlagen hatte. Und es machte mir einen Heidenspaß, nach dem Spiel auf die Straße zu gehen und zu rufen: »Ich bin Sparwasser! Ich bin Sparwasser!«

In der BRD hatte diese Niederlage weitreichende Auswirkungen. Beckenbauer sah sich veranlasst, das Team wieder unter seine Fuchtel zu nehmen. Denn der eigentliche Chef war ja wohl er, der Kaiser, nicht Helmut Schön, der Trainer. Ich habe mich manchmal gefragt, ob die Mannschaft 1974 ohne diese böse Ohrfeige in Hamburg Weltmeister geworden wäre.

Am Finalnachmittag war ich natürlich als einziger Deutscher *für* die Niederlande. Wegen meines »angeborenen Deutschenhasses«, klar, aber vor allem, weil mich Cruyff, Neeskens, Rensenbrink, Rep und all die anderen Holländer vier Wochen lang verzaubert hatten. Meine Freunde schmunzelten schon, sie kannten mich allmählich.

Mein Geschrei, als Neeskens schon in der zweiten Minute per Elfmeter nach einem Foul von Berti Vogts an Cruyff die Führung erzielte, ließ sie übrigens kalt. Denn diese zwei Minuten sollten die einzigen bleiben, in denen Johan machen konnte, was er wollte. Danach war Feierabend, *nada*! Der damalige Verteidiger von Borussia Mönchengladbach, für den ich im Übrigen keine besonderen Sympathien hege – im Gegenteil –, hat in den folgenden achtundachtzig Minuten herausragend gespielt. Ohne ein einziges Foul und fast fehlerlos, ließ er dem holländischen Genie kein einziges Mal die fünfzig Quadratzentimeter, die dieser brauchte, um seinen unvergleichlichen Antritt auszuspielen. Die deutsche Defensive insgesamt wie auch das Mittelfeld unter dem genialen Ballverteiler Beckenbauer hat beeindruckend gespielt. Kein Hass, keine Gewalt. Es fällt mir nicht leicht, das zuzugeben, aber es war große Kunst.

Die Dampfwalze der *Oranjes* lief, aber sie lief ins Leere. Ohne Cruyff, der aus dem Spiel genommen war, fehlte den Niederländern ein Plan B.

Dann hat Paul Breitner ebenfalls per Elfmeter den Ausgleich erzielt, und Gerd Müller erledigte den Rest. Ein typisches Spiel nach »Linekers Lehrsatz«.

Nachdem ich also im Laufe der Zeit anerkannt habe, dass die BRD den Niederländern den Sieg nicht gestohlen hat, gibt es aber doch eines, was ich nach wie vor nicht akzeptieren kann: das angebliche Foul an Bernd Hölzenbein, das dem Elfmeter zum Ausgleich vorausgegangen war. Für mich hat die Szene immer so ausgesehen, als habe er sich mitten im Strafraum fallen gelassen.

Hölzenbein spielte damals bei Eintracht Frankfurt. Wir sind etwa im selben Alter. Eines Tages, nach einem Freundschaftsspiel für einen Sozialfonds, an dem wir beide teilnahmen, wollte ich es wissen und habe ihn gefragt. Er hat irgendwas in seinen Bart genuschelt, gelächelt und ist in die Dusche verschwunden. Leider hatte ich danach keine Gelegenheit mehr, ihn darauf festzunageln, dass er simuliert hat. Einfach charakterlos.

Wie Ungarn 1954, wie Frankreich 1986 und Spanien 2014 hat sich Holland 1974 als haushoher Favorit die Butter vom Brot nehmen lassen.

Im Grunde gab es in über sechzig Jahren eine einzige Mannschaft, die bei einer WM bis zum Ende ihr Niveau halten konnte: Brasilien 1970.

Abgesehen davon ist die Weltmeisterschaft in Mexiko die schönste, die ich je erlebt habe. Ich habe ausschließlich wunderbare Momente in Erinnerung. Diese WM ist eine süße Ausnahme in einer brutalen Welt, wie sie seit der *Mundial* in Chile herrschte.

Großen Anteil daran hatte König Pelé.

Zum einen, weil seine Aura – er war neunundzwanzig Jahre alt und auf dem Gipfel seiner Kunst – den Ton des Turniers vorgab. Diesmal wagte es nicmand, ihn anzurühren. Und selbst in den Spielen ohne brasilianische Beteiligung verhielten sich alle friedlich. Ergebnis? In zweiunddreißig Spielen gab es nicht einen einzigen Platzverweis. Das ist seither nie wieder vorgekommen.

Zum anderen, weil Pelés Genie nicht nur auf seine Mitspieler ausstrahlte, sondern weil er Volten vollführte, die niemand für möglich hielt. Etwa, als er sah, dass der tschechische Torwart Ivo Viktor den Strafraum verlassen hatte, und den Ball aus der eigenen Hälfte über Viktor hinweglupfte und nur knapp die Querlatte verfehlte. Oder als er im Finale gegen Italien einen blinden Pass auf seinen Kapitän Carlos Alberto spielte, der von irgendwo aus dem Hinterhalt auftauchte, einen satten Schuss in die Menge feuerte und aus zwanzig Metern das vierte Tor für Brasilien erzielte. Mit einem Wort: Pelé war fulminant, und diese Endrunde adelte ihn als einen der besten Fußballspieler aller Zeiten. Das gilt bis heute.

Aber die WM 1970 in Mexiko wird mir auch auf alle Zeiten im Gedächtnis bleiben aufgrund der drei Spiele, die als Klassiker Eingang in meine Ruhmeshalle gefunden haben:

Das Spiel Brasilien gegen England in der Gruppenphase, in dem Pelé mit dem Kopf »ein Tor erzielt, das Gordon Banks, der englische Keeper, märchenhaft verhindert hat«, wie der König höchstselbst es formulierte.

Dann das Viertelfinale zwischen der BRD und England, das die Deutschen trotz eines 0:2-Rückstands bis zur 70. Minute noch für sich entschieden.

Und schließlich das berühmte Halbfinale zwischen der BRD und Italien – eines der vier oder fünf herausragenden Spiele in der WM-Geschichte –, das durch die immense Spannung in der Verlängerung auf alle Zeiten herausragen wird.

Ich habe mir das Spiel vor zwei, drei Jahren noch einmal angesehen. Um ehrlich zu sein, habe ich meinen Augen nicht getraut, es wirkte wie ein Spiel unter Amateuren, unter »Senioren«, die Langsamkeit verblüffte mich. Zudem waren die ersten neunzig Minuten tatsächlich extrem langweilig. Aber dann, die letzte halbe Stunde: eine faszinierende Verlängerung, in der die Spieler die Anweisungen der Trainer in den Wind schossen, ein unablässiges Hin und Her, Chaos als Taktik. Alles, was ich an diesem Sport so liebe!

Erst der Schlüsselbeinbruch von Beckenbauer, der die Verlängerung mit dem Arm in einer Schlinge vor der Brust absolvieren musste. Dann die Führung für Deutschland in der 94. Minute, nachdem Karl-Heinz Schnellinger unmittelbar vor dem Abpfiff den Ausgleich erzielt hatte, als das Spiel eigentlich schon entschieden war. Dann das 2:2 und schließlich sogar das 3:2 durch Italien, ehe Müller seine Kameraden in der 110. Minute wieder zurück ins Spiel bringt. Als krönender Abschluss das Tor von Rivera, der die Seinen nur sechzig Sekunden später ins Finale katapultiert – 4:3. Und das alles auf 2250 Meter Höhe und bei 40 Grad in der Sonne! Wahnsinn!

Deutschland hatte mutig gespielt, aber ich habe in diesem Spiel zum ersten und einzigen Mal erlebt, dass Italien – und sei es nur für eine halbe Stunde – seine grundlegenden Überzeugungen über Bord wirft. Die Italiener haben nicht mehr wie Italiener gespielt: Dieses eine Mal ging Gespür über Doktrin.

Ich weiß nicht, ob die Atmosphäre in Mexiko dazu beigetragen hat, jedenfalls gehört die zweite WM, die sechzehn Jahre später im Land stattfand, ebenfalls zu meinen Favoriten. Weil diesmal Diego Maradona, wie Pelé 1970 und Johan Cruyff bis zum Halbfinale 1974, sein Genie zeigte. Und weil ich seitdem nichts Schöneres mehr gesehen habe. Selbst Messi hat für meine Begriffe nie dieses Niveau erreicht.

Ein Spielzug und eine schlagfertige Antwort sind mir von diesem fulminanten Diego besonders in Erinnerung geblieben: der Slalom über 50 Meter, bei dem er sechs Engländer ausdribbelte, bevor er Shilton überwand. Und seine zum geflügelten Wort gewordene Erwiderung – »es war die Hand Gottes« –, die er, ohne mit der Wimper zu zucken, bei der Pressekonferenz gab, als ihn ein Journalist nach dem ersten, mit der Hand erzielten Tor fragte. Was die gesamte Welt mit Ausnahme des Schiedsrichters gesehen hatte. Das Schlimme daran ist, dass Maradona es anscheinend selbst glaubte. In seinem Größenwahn hat sich dieser Mann für die Inkarnation Gottes auf dem Spielfeld gehalten.

Ein paar Monate später schickte mich der *Spiegel* nach Neapel, um eine Reportage über ihn zu schreiben. Zwar konnte ich ihn leider nicht persönlich treffen, aber ich habe ihn beim Training verfolgt. Sein Geschick war ohnegleichen. Er legte sich den Ball auf den Eckpunkt und versuchte, am Torwart vorbei ein Tor zu erzielen. Was ihm in zwei von drei Fällen gelang. Das machte er 10-, 20-, 30-, 40-mal. Dann schoss er ebenso viele Elfmeter. Als die anderen Spieler schon seit einer Stunde Feierabend hatten, stand er immer noch auf dem Platz und jonglierte mit dem Ball. Jahre später, als jemand über ähnlich artistische Einlagen von Zidane beim Training schwärmte, sagte Platini, der in der Nähe stand, spitz: »Ja, schon nicht schlecht. Aber ich habe gesehen, wie Maradona das Gleiche mit einer Orange gemacht hat.«

Ich habe Diego immer bewundert, mehr noch, er hat mich bewegt und gerührt. Durch seine Extravaganzen, seine Brüche im Leben, seine zweifelhaften Verbindungen zu Fidel Castro, Hugo Chávez und Nicolás Maduro, aber auch durch die schwachen Seiten dieses Meisters aller Klassen – seine Tränen 1982 wie auch 1990 nach Argentiniens Niederlage im Finale gegen die schlimmste deutsche Mannschaft aller Zeiten – trainiert von Franz

Beckenbauer –, ebenso wie jene, die er mutmaßlich vergoss, als ihn die FIFA 1994 aus den USA jagte, weil er bei einer Dopingkontrolle erwischt wurde.

Drei Jahre vorher hatte er sich schon eine Sperre wegen Kokainkonsums eingehandelt. Aber in den Staaten wirkte er geläutert, fröhlich, körperlich und geistig fit, um schlussendlich ein wahrer »Heiliger« zu werden – nach seinem Traumtor gegen Griechenland und dem anschließenden besessenen Jubel. Doch wenige Tage später wurden in seiner Urinprobe Spuren von Ephedrin gefunden. Das war das Ende für *El Pibe de Oro*[12]! Ich kann kaum in Worte fassen, wie leid er mir tat.

Ich war immer der Meinung, der Weltfußballverband habe an ihm – genau wie das Olympische Komitee im Falle Ben Johnsons[13] bei den Olympischen Spielen 1988 in Seoul – ein Exempel statuieren wollen. Nur um zu zeigen, dass er seinen Job macht und niemanden verschont, nicht einmal den größten Spieler aller Zeiten. Als würde das irgendetwas an den illegalen Praktiken ändern, die im Sport allgemein und im Fußball im Besonderen vor sich gehen.

Ich habe die Weltmeisterschaft 1986 auch deshalb geliebt, weil drei oder vier Begegnungen herausragend waren, darunter das famose Viertelfinale, in dem die Franzosen in Guadalajara in einem unerträglich spannenden Elfmeterschießen Brasilien niederrangen. Ein Spiel, das sich in meine Historie der großen Kämpfe zwischen

---

12 »Der goldene Junge«, Maradonas Spitzname.

13 Dem kanadischen Sprinter und amtierenden Weltmeister wurde drei Tage nach seinem Sieg im 100-Meter-Lauf die Goldmedaille wieder abgenommen.

Frankreich und Brasilien einreihte, die 1958 begann, sich 1998 fortführte und deren viertes und bislang letztes Kapitel 2006 bei der WM in Deutschland geschrieben wurde.

Besonders zwiespältig habe ich dabei das Match 1986 erlebt. Wie übrigens auch meine damalige Wohngemeinschaft in Frankfurt.

In Spanien sah ich Brasilien, wie es mir immer gefallen hatte: offensiv, strahlend, verführerisch, fröhlich. Auf der anderen Seite standen aber jene *Bleus*, die ich seit »Sevilla« innig liebte, mit Platini, dem damals besten Spieler der Welt, und meinem Liebling Rocheteau.

Dieses Viertelfinale, bei dem der amtierende Europameister auf die aktuell beste Mannschaft Südamerikas traf, wurde wieder einmal als »Jahrhundertspiel« angekündigt. Doch diesmal war es das tatsächlich! Trotz der Hitze, der geografischen Höhe, der körperlichen Belastung in der Verlängerung und des elenden Stresses beim Elfmeterschießen. Denn im Gegensatz zum Spiel Italien – BRD 1970 währte die Begeisterung von der 1. bis zur 120. Minute. Und noch darüber hinaus.

Aber was mir vor allem im Gedächtnis geblieben ist, sind die Kraft und die Feinfühligkeit zweier wunderbarer Spieler: Platini und Zico. In der ersten Halbzeit bringt Michel Frankreich in Führung, während der Brasilianer in der zweiten Hälfte einen Elfer verschießt, der die Partie noch hätte drehen können. Das Gleiche, nur umgekehrt, beim Elfmeterschießen: Zico verwandelt, während Platini den Ball übers Tor zimmert! Ich erinnere mich noch, wie niedergeschlagen er war ... und wie er drei, vier Minuten später wieder aufstand und Luis Fernandez in die Arme sprang, der Frankreich in die nächste Runde geschossen hatte. Das beste Beispiel dafür, dass selbst die größten Spieler an dieser psychologisch heiklen Übung scheitern können.

Am Ende konnte ich mich also freuen – was ich aber auch im umgekehrten Fall getan hätte.

Ich gebe zu, bei meiner dritten Telenovela, dem Finale von 1998, war die Sache für mich deutlich klarer: Ich schwärmte für das junge Fußballwunder Ronaldo und seine Kumpanen. Ein Rückfall in alte Verhaltensmuster. Für einen Monat war ich wieder zum Brasilianer geworden; nicht aus Widerspruchsgeist oder aus irgendeiner Antipathie gegen Frankreich, nein, das ist nun wirklich nicht meine Art ...

Am 12. Juli, dem Finaltag, war ich zwar nicht im Stade de France, aber ich hatte fünf Tage zuvor das Halbfinale zwischen Brasilien und den Niederlanden im Stade Vélodrome in Marseille verfolgt. Zusammen mit Niko, dem ältesten Sohn meiner Frau Ingrid, der damals zwanzig Jahre alt war und mit uns 1983/84 nach Brasilien geflogen war, wo er den Fußball für sich entdeckte. Wir waren mit Haut und Haaren für die Seleçao. Und hatten einen wunderbaren Tag. Nicht nur weil unser Team gewann, sondern auch, weil wir den Traum einer jeden Weltmeisterschaft erlebten: herrliches Wetter, eine grandiose Stimmung – schon mittags tanzten Brasilianer und Holländer gemeinsam am Alten Hafen, im Vélodrome antworteten sie sich gegenseitig mit Gesängen –, ein aufregendes Spiel von hohem Niveau, obwohl kein einziges Tor fiel, und ein großartiger Abend, an dem sich die Fans beider Lager beim Konzert von Gilberto Gil in den Armen lagen.

Eine einzige Sache irritierte mich. Ich hatte gesehen, dass sich Ronaldo nach jedem Lauf ein paar Sekunden lang das Knie massierte. Da habe ich zu Niko gesagt:

»Wenn das bis Sonntag so bleibt, dann spielt er nicht.« Aber er hat gespielt. Mit 20 Prozent seiner Möglichkeiten; und Brasilien verlor. Diesmal hat es mir einen echten Schlag versetzt.

Im Gegensatz zu Platinis Mannschaft hatte mich dieses französische Team nie begeistert, ja nicht einmal wirklich interessiert. Weder bei dieser Weltmeisterschaft noch in den drei, vier Jahren zuvor. Bei der Euro 1996 hat sie mich sogar außerordentlich erzürnt mit ihrem elend langweiligen defensiven Stil. Und das, obwohl sie das Halbfinale erreichte.

Am Tag vor der Eröffnung der Weltmeisterschaft 2006 in Deutschland hat *Le Monde* – für die ich während des Turniers eine Kolumne schreiben sollte – Aimé Jacquet und mich zu einem großen gemeinsamen Interview eingeladen. Für mich die Gelegenheit, ihm meine Enttäuschung über die *Bleus* zehn Jahre zuvor zu gestehen.

»Ich habe nicht verstanden, warum du ohne Cantona, Ginola und Papin nach England gefahren bist«, habe ich zu ihm gesagt. »Man hatte fast den Eindruck, du willst gar nicht gewinnen.«

»Ich habe«, erwiderte er, »vor dieser Euro entschieden, dass ich das Team 98 um Zidane herum aufbauen will, obwohl er damals nach seinem Verkehrsunfall noch nicht wieder in Topform war. Es schien mir das beste Mittel und der beste Moment, das vorzubereiten.«

Das heißt, Jacquet hat die Euro mit voller Absicht an die Wand gefahren. Und der Sieg vom 12. Juli 1998 gegen Brasilien hat ihm recht gegeben. Ein wahres Meisterwerk.

Heute behaupten in Frankreich alle, sie hätten damals nie an diesem Sieg gezweifelt. Wer's glaubt, wird selig! Die meisten Medien und Fans haben Jacquets Weitsicht damals völlig unterschätzt. Nur *L'Équipe* hat es vor und auch noch während dieser WM gewagt, Vorbehalte an der Finalteilnahme zu äußern. Natürlich war das Blatt dann hinterher ein willkommener Sündenbock.

Doch wenn es eine Weltmeisterschaft gegeben hat, bei der das Glück eine große Rolle spielte, dann diese. Den *Bleus* ist es einfach immer vor die Füße gefallen. Inzwischen werde ich, wenn ich das im Fernsehen, Radio oder den französischen Zeitungen sage, sogleich als Neider oder Streithahn abgekanzelt.

In der Gruppenphase trafen die Franzosen auf die denkbar leichtesten Gegner: Südafrika, Saudi-Arabien und Dänemark. Als im Achtelfinale ihre Angst vor dem Elfmeterschießen gegen den monströsen paraguayischen Torwart Chilavert mit fortschreitender Verlängerung ins Unermessliche wuchs, legte Trezeguet mit einem genialen Kopfball für Blanc auf, der das Golden Goal erzielte. Ähnlicher Dusel im Viertelfinale, das Frankreich im Elfmeterschießen gegen Italien gewann, weil Di Biagio seinen Schuss an die Latte setzte. Vom Halbfinale gegen Kroatien ganz zu schweigen, in dem Lilian Thuram mit links zwei wunderschöne Tore erzielte – Thuram, der Verteidiger und Rechtsfüßer!

Wenn ich an dieses Turnier in Frankreich zurückdenke, überfällt mich unweigerlich eine gewisse Unruhe. Vielleicht ist es Zufall. Jedenfalls ist es so. Es geht um die erstaunliche Fähigkeit des Fußballs, vor dem Schlimmsten und Verachtenswertesten die Augen zu verschließen. Diese Fähigkeit ist grenzenlos. Bis heute hat sich in dieser Sportart niemand ernsthaft mit dem Thema Doping auseinandergesetzt. Die FIFA ist noch auf dem Stand der Radfahrer vor über zwanzig Jahren, bevor der Festina-

Skandal die Tour de France erschütterte. Das war ein dermaßen großer Schock, dass der internationale Radsportverband die Sache endlich ernst nahm und Maßnahmen ergriff, mit denen zwar nicht alle Schuldigen, zumindest aber die großen Fische dingfest gemacht werden konnten. Angefangen beim größten aller Fische: Lance Armstrong.

In all den Jahren hat der Weltfußballverband keinen Finger gerührt. Offiziell gab es bei den letzten sieben Weltmeisterschaften einen einzigen Dopingfall: Maradona 1994, wegen Koks. Kein EPO, keine Amphetamine oder Kortikoide, kein Testosteron, kein Nandrolon, all die Substanzen, mit denen man sich üblicherweise so »stärkt«. Ja, es wurde nicht einmal ein Spieler erwischt, der einen Joint geraucht hätte, obwohl sich Spuren von Cannabis – das ebenfalls als »Dopingmittel« gilt – noch dreißig Tage nachdem man es inhaliert hat, im Blut nachweisen lassen! Offenbar haben die Verantwortlichen der Welt-Anti-Doping-Agentur[14] selbst so einige Tüten durchgezogen, dass sie zu dem Schluss gekommen sind, Cannabis als Dopingmittel einzustufen.

Wie dem auch sei, von den 6384 Fußballern, die seit 1994 an einer Weltmeisterschaft teilgenommen haben, soll sich also allen Ernstes ein einziger erwischt haben lassen. Will hier irgendwer irgendwen aufs Korn nehmen? Nur ein Beispiel: 2004 hat die italienische Justiz bewiesen, dass die Spieler von Juventus Turin, die 1998 im Viertelfinale zwischen Italien und Frankreich auf dem

---

14  Die WADA, die zu gleichen Teilen vom Internationalen Olympischen Komitee (IOC) und den dem IOC angehörenden Regierungen finanziert wird, gibt einmal im Jahr eine aktualisierte Dopingliste mit verbotenen Substanzen heraus.

Platz standen – darunter Pessotto, Del Piero, Di Livio, Inzaghi, Deschamps und Zidane –, auf EPO »liefen«.

Ob beim Radsport oder im Fußball, Italien war damals sehr »auf Zack«, was das Thema anging. In einem hohe Wellen schlagenden Buch[15] erzählt Walter Casagrande, der ehemalige Stürmer der Corinthians São Paulo, der nach der WM 1986 sechs Saisons in Europa gespielt hat, dass ihm von Turin folgender »Deal« vorgeschlagen wurde: »Entweder du nimmst diese Ampullen oder du spielst nicht.«

Nein, die höheren Instanzen des Weltfußballs haben in dieser Hinsicht nie Haltung bewiesen. Was umso verstörender und beunruhigender ist, als auch bekannt ist, dass die Urinproben der Franzosen und Brasilianer in den Wochen nach dem Finale 1998 auf Verlangen der FIFA vernichtet wurden – zur großen Enttäuschung von Marie-George Buffet, der damaligen Ministerin für Jugend und Sport im Kabinett Lionel Jospin unter Präsident Chirac.

Vor ihren Augen hat die französische Mannschaft am 12. Juli ihr einziges gelungenes Spiel gezeigt, das eines Weltmeisters würdig war. Ein bisschen wie die BRD 1974. Und wie damals waren meine Idole – und ich – erneut die Gelackmeierten.

Seit diesem Abend ist Jacquet der heilige Aimé in alle Ewigkeit, zumindest in Frankreich. Trotzdem glaube ich, dass die Sache ohne das Duo Deschamps und Zidane anders gelaufen wäre. Als Kapitän und Herr der Umkleide sowie dank seines Überblicks im Spiel war Deschamps der strategische Taktgeber, den ein Team auf diesem Niveau braucht. Er gewann keine Spiele, er sorgte dafür,

---

15 »Casagrande e Seus Demônios« (dt. »Casagrande und seine Dämonen«), Globo Editoria 2011.

dass Frankreich keine Spiele verlor. Bei Zidane sagen seine beiden Kopfballtore im Finale schon alles: Er hatte bis dahin in dreiunddreißig Länderspielen nur neun Tore erzielt – allesamt mit dem Fuß.

Übrigens merkte schon bald alle Welt, wie wichtig dieses Tandem für die Mannschaft war. Ohne Deschamps, der zurückgetreten war, und mit einem lädierten Zidane, der nur ein Spiel bestritt – auf einem Bein –, konnte man vier Jahre später in Südkorea dem Verfall des amtierenden Weltmeisters förmlich zusehen. Das Symbol dieser Auflösung sind die Bilder von Desailly, der auf jedem Foto außerhalb des Trainings oder der Spiele das Handy am Ohr hat und sich um seine Geschäfte kümmert. Diese Typen übertrieben es mit ihrer Selbstgefälligkeit; sie waren die Rentner ihres eigenen Ruhms. Ihre Haltung hatte etwas von hochnäsigen Emporkömmlingen, das mir gar nicht gefiel. Sie wirkten wie Geschäfte machende Fußballer, die zwischen zwei Werbeverträgen noch rasch eine Weltmeisterschaft dazwischenschieben müssen.

Ich war nicht als Einziger entsetzt darüber. Bei ihrer Rückkehr stand das ganze Land Spalier und verlangte Rechenschaft von ihnen. Wie 2010 nach dem »Streik von Knysna«.

Eine wahnwitzige Sache. Allerdings ist für mich die Situation in Südafrika auf ganz andere Weise ausgeartet, auch wenn sie dieselben Konsequenzen hatte: das Ausscheiden in der Vorrunde und eine weitere Staatsaffäre.

Im Gegensatz zu 2002 war die französische Mannschaft diesmal allerhöchstens mittelmäßig. Die Spieler undiszipliniert und glanzlos, dazu kam noch eine Rudelbildung. Und zu allem Überfluss geriet just zu dieser Zeit ein gewisser Kommunitarismus in Mode. Endgültig zum

Eklat kam es dann zwischen den widerstreitenden Mei-
nungen, als Anelka aus dem Team geschmissen wurde,
weil er Raymond Domenech beleidigt hatte.

Als die Jungs daraufhin das Training boykottierten, war
meine erste Reaktion ziemlich typisch für mich: Ich habe
nicht den Stab über sie gebrochen. Denn warum sollten
sich Spieler nicht für ihre Belange einsetzen dürfen? Warum sollten sie nicht auch einmal auf die Barrikaden gehen? Sie unterstützten einen der ihren: okay. Wenigstens
dafür legten sie sich ins Zeug. Außerdem haben auch
im echten Leben die Gewerkschaften nicht immer gute
Gründe, wenn sie einen Streik anzetteln.

Doch als dann mehr über die Hintergründe bekannt
wurde, vor allem über die selbstzerstörerische Stimmung,
die in der Gruppe herrschte, schwand mein Wohlwol-
len. Naiv, wie ich bin, dachte ich, der Fußball sei eine
Möglichkeit, den Kommunitarismus zu überwinden. In
Wahrheit war dieses Team ein Spiegelbild der vergifteten
Gesellschaft, in die sich ein Bruch zu ziehen begann. Die
Spieler hatten ihre eigene Unreife zum System erhoben,
Individualität mit Egoismus verwechselt und partikularis-
tische Solidarität über das sportliche Kollektiv gestellt.

Wie dem auch sei, sehr lustig fand ich dann, wie Thierry
Henry gleich nach der Rückkehr aus Südafrika, quasi aus
dem Flugzeug, von Nicolas Sarkozy »gekidnappt« wurde.
Für ein gemeinsames Mittagessen im Élysée-Palast. Ty-
pisch Sarkozy! Er wollte immer über alles informiert sein.
»Um alle Probleme zu lösen«, wie er sagte. Das ist ihm
übrigens mit fast allen Präsidenten seit de Gaulle gemein.
So sieht die französische Geschichte aus!

Bevor ich zum – vorläufig? – letzten Kapitel meiner
Saga zwischen Frankreich und Brasilien komme, dem

Viertelfinale in Frankfurt vor vierzehn Jahren, möchte ich noch sagen, dass die Weltmeisterschaft 2006 für mich sehr emotional begann: wegen der Fanzonen, die in den jeweiligen Austragungsorten eingerichtet wurden. Das waren wunderbare Stätten der Begegnung, einfach eine großartige Idee. Alle Fans trafen aufeinander und sahen sich die Spiele auf riesigen Leinwänden an, sie feierten ein großes gemeinsames Fest. Die Engländer waren – im Gegensatz zur Euro 2016 – einigermaßen zivilisiert, die russischen Hooligans hatten sich nicht »qualifiziert«, und trotz der Anschläge im Bahnhof Atocha zwei Jahre zuvor in Madrid mit über zweihundert Toten gab es keine Angst vor weiteren Attentaten. Und so wurden es zwei wunderbare Monate.

Völlig zu Recht trägt diese Zeit in Deutschland bis heute den Titel »das Sommermärchen«. Denn es war tatsächlich wie im Märchen. Die Stimmung, das Wetter, die Spiele, die Qualität der deutschen Mannschaft unter Jürgen Klinsmann, deren wahrer Chef und Stratege schon damals Jogi Löw war. Dass sie im Halbfinale ausschied, zum dritten Mal Opfer des »italienischen Syndroms«, fand ich diesmal wirklich traurig. Denn die Deutschen hatten seit 1972 nicht mehr so gefällig und inspiriert gespielt.

Das Viertelfinale zwischen Frankreich und Brasilien habe ich wieder einmal in der Kurve des Waldstadions erlebt. Diesmal aber mit Überdachung. Zusammen mit Niko und Bela, meinem Sohn, den ich 1990 mit Ingrid bekommen habe. Ich hatte ein neutrales T-Shirt an und war eigentlich eher für die Franzosen. Niko trug ein brasilianisches Trikot. Sein kleiner Bruder hatte sich als Sohn einer deutschen Mutter, der selbst Deutscher war, in Deutschland zur Schule ging und mit mir die Tollheiten des Fußballs kennengelernt hatte, die Haare blau-weiß-rot gefärbt, er trug das blaue Trikot und schmetterte, die Hand auf dem Herz, die *Marseillaise*! Ich frage mich bis heute, woher er das hat.

Dann endlich der Anstoß. Ähnlich wie Jacquet ist Domenech etwas gelungen, womit keiner gerechnet hatte. Die Franzosen sind nicht wiederzuerkennen, das schwache, stotternde Spiel ist passé. Nachdem sich die *Bleus* schon im Achtelfinale gegen Spanien deutlich gesteigert haben, zeigen sie jetzt in Frankfurt eine großartige Leistung. Und Zidane absolviert für mich das Spiel seines Lebens. An diesem Abend hat er mit seinen präzisen langen Bällen die Rolle des Fußball-Quarterbacks erfunden. Und dabei seine Mitspieler mit den Händen dirigiert.

Am Ende gewinnt Frankreich mit 1:0 und wirft Brasilien aus dem Turnier.

Bela hat Niko immer bewundert und Niko Bela. Aber jetzt spielt plötzlich der große Bruder die beleidigte Leberwurst und spricht nicht mehr mit dem Kleinen, wobei der zugegebenermaßen in einer Tour brüllt: »*Wir* haben gewonnen! *Wir* haben gewonnen! *Wir* haben gewonnen!«

Ich versuche die beiden wieder zu beruhigen und schlage vor: »Sollen wir was essen gehen?«

»Nein, mit euch gehe ich nicht essen«, knurrt Niko – und verduftet!

Eine Woche später gehen wir ins Olympiastadion, um uns das Finale anzusehen: nur wir beide, Bela und ich.

Die zweite Halbzeit ist für uns die reine Qual. Wieder einmal hat Italien nach allen Regeln der Kunst eine undurchdringliche Mauer vor Buffon errichtet, passenderweise in Berlin. Eine blaue Welle nach der anderen kommt herangerollt und zerschellt.

Ich mag Raymond Domenech. Deshalb habe ich ihm auch gesagt, was ich von dem Spiel gehalten habe:

»Du hättest Trezeguet vor der Verlängerung einwechseln müssen. Die Italiener standen kurz vor dem K. o. und du brauchtest keine drei Mittelfeldspieler mehr. Ich bin mir sicher, dass er sie geknackt hätte.«

»Das hätte nichts gebracht«, erwiderte er. »David hätte auch kein Tor geschossen.«

Tja, und dann traf Trezeguet beim Elfmeterschießen nur die Latte, Zidane war schon vom Platz geflogen, Italien holte seinen vierten Weltmeistertitel, und Bela und ich waren am Boden zerstört.

Vor ungefähr drei Jahren hat mir ein Junge in einem Satz Zidanes Karriere erklärt: »Drei Kopfstöße in zwei Endspielen!« Gut gebrüllt. Wobei ich denke, dass der Kopfstoß gegen Materazzi in Berlin der berühmteste bleiben wird. Oder zumindest der Legendenbildung zuträglicher als die beiden Tore am 12. Juli 1998.

Damals im Stadion wusste aber erst einmal niemand, was los war. Die Italiener zogen gerade ihren nächsten Spielzug auf, als der Schiedsrichter plötzlich das Match unterbrach. Alle haben sich verwundert angesehen, ich rief einen Freund an. Er erklärte mir, dass im Fernsehen eine Zeitlupe in Schleife lief, die das Vorkommnis zwischen Zidane und Materazzi zeigte. Dabei gab es aber *zwei* Sachen, die nicht in Ordnung waren: der Kopfstoß, klar, so was macht man nicht. Aber er wurde von keinem der drei Schiedsrichter auf dem Feld angezeigt, sondern nur vom Videoschiedsrichter. Das war ein Skandal! Das war – zumindest damals – schlicht und einfach nicht erlaubt!

Ich habe keine Ahnung, was passiert wäre, hätte Frankreich das Spiel mit elf Mann beendet. Sicher aber bin ich mir, dass es grandios ist, seine internationale Karriere auf eine solche Art und Weise zu beenden. Eine wahrhaft griechische Tragödie! Binnen Sekunden hat sich Zidane an diesem Abend in das Marseiller Viertel zurückgebeamt, in dem er aufgewachsen ist; so spielt man dort Fußball, so verschafft man sich dort Respekt. Damit war der Kreis geschlossen.

Für mich hatte sich die Sache damit noch lange nicht erledigt. Bela war dermaßen niedergeschmettert, dass er das Stadion gar nicht mehr verlassen wollte. Nach einer Stunde sind wir schließlich gegangen. Außer uns war keiner mehr da, fast hätten wir tatsächlich noch das Licht ausgemacht. Dann hat mich mein Sohn zum Hotel der Franzosen geschleppt, um ihnen bei ihrer Rückkehr zu applaudieren. Wo dann schon eine Handvoll italienischer Idioten stand, um die französischen Fans zu verhöhnen.

Dieser 9. Juli 2006 war der definitiv letzte Abend, der in mir das ganz große WM-Fieber entfacht hat.

Die sechs Wochen, die ich 2014 in Brasilien verbracht habe, um für Arte eine Dokumentation zu drehen, haben mir zwar viele schöne Momente beschert, allerdings auf einer ganz anderen Ebene. Selbst das surrealistische Halbfinale, in dem Deutschland David Luiz und seine Mannen 7:1 gedemütigt hat, hatte für mich nichts mit dem Finale 2006 gemein.

Von den Weltmeisterschaften 2010 und 2014 – von der WM in Russland erzähle ich später noch – sind mir im Grunde nur einige wenige Bilder von Spielern in Erinnerung geblieben, die wahrhaft brillierten.

2010 war es das »magische Viereck« Iniesta – Xavi – Busquets – Xabi Alonso, das die Holländer im Finale nicht an die Kugel ließ und sie schwindlig spielte.

2014 dann Manuel Neuer, ohne den Deutschland in Rio nicht gegen Argentinien gewonnen hätte. Im Gegensatz zu vielen anderen finde ich allerdings nicht, dass die Deutschen in Brasilien besonders überragend gespielt haben. Sie waren einfach die stabilste Mannschaft. Punkt. Und sie hatten Neuer, der mit seiner beeindruckenden Präsenz und seinem Spiel außerhalb des Sechzehners alle gegnerischen Stürmer in Angst und Schrecken versetzte. Ein bisschen wie der Russe Lew Jaschin[16], der in den 1950er und 1960er Jahren die Herrschaft des Torwarts über seinen Strafraum ausgerufen hatte.

Aber das ist lange her, zu einer Zeit, als es im Fußball wie in allem anderen »nicht besser war, sondern anders«. Ich glaube, so sollte man es formulieren.

Obwohl ...

---

16 Er war 1963 der erste Torwart, der als Fußballer des Jahres ausgezeichnet wurde.

**Ich gebe es zu,** ich bin süchtig nach brasilianischem Fußball, obwohl er seit über einem Vierteljahrhundert nicht mehr der Fußball ist, der mich bei der Weltmeisterschaft 1958 so tief bewegt hat. Aber ansonsten ist das Klischeebild, das ich mir in den 1970er Jahren angeeignet habe, nicht vergilbt. In diesem Land wird einfach überall gespielt; in den Favelas, am Strand, an jeder Straßenecke. Brasilien ist das Königreich des Dribbelns, der Finte, des freudestrahlenden Gegnerausspielens, der Leidenschaft, von Musik und Tanz nach jedem erzielten Tor. All das durfte ich in den sechs Wochen erleben, in denen ich 2014 dort war. Während in der Gesellschaft noch immer große soziale Ungleichheit herrscht und der Rassismus unerträglicher denn je ist, sind die Strände der demokratische Ort par excellence. Ob schwarz oder weiß oder gemischt, sobald irgendwo ein Ball auftaucht, ziehen Männer wie Frauen – die Frauen spielen meistens Footvolley – ihre Schuhe aus, ihre Shorts an und beginnen barfuß wilde Partien.

Zum ersten Mal hat mich dieses Land Anfang der 1980er Jahre verführt. Manchmal gibt es solche Momente,

# Brasilien, mon amour

in denen die eigene Geschichte und die große Geschichte aufeinandertreffen. Aus reinem Zufall. Mir selbst ist das 1980 passiert. Ich bin damals einer Frau begegnet, die einen Sohn hatte, Niko, und verheiratet war. Es war Liebe auf den ersten Blick. Diese Frau hieß Ingrid. Die Sache war ziemlich kompliziert. Ingrid hat sich von ihrem Mann getrennt und ich mich von meiner damaligen Lebensgefährtin. Um von alledem Abstand zu gewinnen, haben wir 1983 beschlossen, eine große Reise zu machen. Ingrid wollte nach Afrika, ich in die USA. Daher haben wir uns auf einen »historischen Kompromiss« geeinigt: Brasilien, weil wir meinten, jeder würde dort etwas für sich finden. Zuerst sind Ingrid und ich allein durchs Land gereist. Dann kam Niko dazu, der damals fünf Jahre alt war. In den Überlandbussen, den sogenannten *leitos,* sind wir von Norden nach Süden gereist, Tausende von Kilometern über oftmals arg lädierte Straßen, wir aßen in den merkwürdigsten Tankstellenrestaurants *baurus,* brasilianische Sandwiches, und machten dabei viele überraschende Bekanntschaften. Mit einem Wort: Wir haben Land und Leute kennengelernt. Wo wir auch hinkamen, an der Küste, in den Megalopolen ebenso wie in den Kleinstädten spielten Kinder, Jugendliche und Erwachsene auf improvisierten Feldern Fußball. In Amazonien sind wir auf dem Fluss von Belém bis nach Manaus gefahren. Einmal haben wir mitten im Urwald in einem Dorf mit vielleicht zweihundert Einwohnern geschlafen. Und was sehe ich da: natürlich einen Fußball, halb platt, ein paar Zweige als Tore und Blätter, die auf dem abschüssigen Gelände der roten Erde das Seitenaus markierten. Meine Mit- und Gegenspieler waren zwischen zehn und sechzig Jahre alt. Natürlich bin ich so gut wie nie an den Ball gekommen.

Aber ich habe trotzdem zwei Tore geschossen – womit ich die legendäre deutsche »Effizienz« bis in den hintersten Winkel der Welt getragen habe.

Da wir nun schon einmal in Südamerika waren, wollten wir uns auch Buenos Aires ansehen. Das war Anfang 1984. Das Militärregime lag noch nicht lange zurück. Wir erlebten eine glückliche Stadt, in der langsam die Demokratie in Gang kam. Nach einer knappen Woche sind wir dann weiter nach São Paulo gezogen.

Es war eine Zeit, in der sich große Teile Lateinamerikas von der faschistischen Unterdrückung zu befreien begannen. Die Militärjunta, die Brasilien seit 1964 unter ihrer Fuchtel hatte, begriff allmählich, dass sie die Zügel lockern musste, weshalb sie im November 1982 die ersten annähernd freien Wahlen abhielt. Sodann versprachen die Generäle, spätestens 1985 die Macht abzugeben und den neuen Präsidenten der Republik wählen zu lassen. Wobei es einen Haken gab. Nicht das Volk würde ihn wählen, sondern die Mitglieder des Kongresses, der den Generälen unterstand.

Als wir in São Paulo ankamen, war die ganze Stadt in Aufruhr. Die Bevölkerung demonstrierte jeden Tag mit der Losung: »Allgemeine Präsidentschaftswahlen, sofort! *Diretas Já*!« Als Zeichen des Zusammenhalts trugen die Demonstranten ein gelbes Band am Handgelenk. Ich sah mir das alles genau an, wenngleich ich mein politisches Engagement in den Hintergrund gestellt hatte, um mein neues Leben mit Ingrid zu genießen. Aber der innere Drang war stärker. Also bat ich meine brasilianischen Freunde, mir den Kontakt zu einem Journalisten zu vermitteln, der im Thema steckte. Er hat mir alles erklärt und mir Lula vorgestellt, der drei Jahre zuvor den Blaumann der Gewerkschaftsbewegung gegen Hemd und Hose aus Leinen getauscht hatte, um die Arbeiterpartei zu gründen, eine demokratische Bewegung, die sich selbst als die »Partei für jeden Tag des Jahres« bezeichnete.

Und weil ich auch gern ein großes Spiel erleben wollte, ist mein Freund mit Ingrid und mir ins Estádio do Pacaembu gegangen, um eine Partie der Corinthians São Paulo des großen Sócrates zu sehen, den ich bei der WM 1982 in Spanien so sehr bewundert hatte.

Ein magischer Moment, als die Spieler des Klubs im Gänsemarsch auf den Rasen kamen, mit einer riesigen Banderole in den Händen, auf der in Großbuchstaben stand: »Gewinnen oder verlieren, immer für die Demokratie«. Auch trugen alle das kleine gelbe Armband. Eine Fußballmannschaft, die eine politische Forderung unterstützte, noch dazu in Südamerika, das hatte es noch nie gegeben. Wobei ganz so neu war das auch wieder nicht. In den drei Wochen vor der Wahl am 15. November 1982 waren die Corinthians mit einem Trikot aufgelaufen, auf dem der Slogan »Am 15. wählen gehen!« stand. Für die damalige Zeit war das verblüffend. Denn während es heute zumindest einige Stars gibt, die lauthals ihre Meinung sagen, wie etwa die US-amerikanischen Sportler, die sich offen gegen Trumps befremdliche Ansichten stellen, wagten das damals nur wenige Athleten – vor allem nicht in Südamerika.

Mich hat das Ganze so sehr bewegt, dass ich unbedingt mehr darüber erfahren wollte. Da hat mir mein Freund eine Geschichte erzählt, die mich wirklich überraschte. Die politische Bewusstwerdung hatte im Verein etwa zwei Jahre zuvor begonnen, als mit Adilson Monteiro Alves ein neuer Präsident an die Spitze gelangte. Alves war ein fünfunddreißigjähriger Soziologe, der sich gleich nach dem Putsch gegen das Regime gestellt hatte und dafür im Gefängnis gelandet war. Als erste Amtshandlung schlug er den Spielern vor, ihnen keine Siegprämien mehr auszuzahlen – die damals lächerlich gering waren –, sondern am Monatsende die Einnahmen aus dem Verkauf der Eintrittskarten und der Fernsehrechte unter allen Angestellten des Vereins zu verteilen. Dazu änderte er die Organisation des Klubs, wie sie seit Jahrzehnten bestanden hatte: Fortan konnten Beschlüsse nur noch einstimmig gefällt werden. Die Spieler zögerten anfangs noch, aber Sócrates konnte sie schließlich von dem Konzept überzeugen. Ich wollte ihn unbedingt kennenlernen!

Gleich am nächsten Tag sind wir zum Trainingsgelände gefahren. Und da läuft mir der Mann, dem ich bis dahin noch nie begegnet bin, förmlich entgegen. Und erzählt mir die ganze Geschichte vom Mai 68 in Paris, die er in- und auswendig kennt. Später bin ich dann noch auf etwas Erstaunliches gestoßen, was mich betrifft. Sócrates hat sein Leben lang geschrieben. Zeitungsartikel, Bücher, sogar ein Märchen für Kinder. Aber sein letztes Manuskript ist bis heute nicht erschienen, weil sich seine Familie und seine letzte Frau nicht über die Modalitäten der Veröffentlichung einigen können. Immerhin wurden für mich ein paar Auszüge übersetzt, in denen er unter anderem sagt: »Ich habe zwei politische Idole: Che Guevara und Cohn-Bendit.«

Natürlich wusste ich von alledem nichts. Und dann sagt mir Sócrates bei unserer ersten Begegnung: »68 hast du die Revolution erdacht, Dany. Heute tun wir es.« Um mir dann noch etwas zu gestehen, was mich sprachlos machte: »Bei den Corinthians funktioniert die Selbstverwaltung, weil bei uns alle Entscheidungen gemeinsam gefällt werden, egal, worum es geht. Wir wollten unsere Position als einfache Spieler, als einfache Arbeiter ändern und uns an der gesamten Ausrichtung des Vereins beteiligen. Deshalb haben wir uns die Beziehung zwischen den Spielern und der Führung angesehen. Alles, was von kollektivem Interesse ist, wird jetzt untereinander beraten.« Die Spieler sind aus dem Schatten getreten und haben beschlossen, selbst zu entscheiden, wie sie sich auf die Spiele vorbereiten, selbst ihre Fahrten zu organisieren und neue Mitspieler oder Trainer zu holen. Nur über einen Punkt wird nicht diskutiert: die Mannschaftsaufstellung. Das ist und bleibt Aufgabe des Trainers, den die Spieler 1982 gewählt haben, wobei sie sich symbolisch für eine interne Lösung entschieden, indem sie ihren Kameraden Zé Maria bestimmten, einen geschätzten und bewunderten Demokraten und Weltmeister von 1970.

In dem Roadmovie *On the Road with Sócrates*, das ich während der WM 2014 gedreht habe, hat mir Wladimir – Anfang der 1980er Jahre Kapitän der Corinthians und Sócrates' Alter Ego – eine Anekdote erzählt, die die Selbstverwaltung wunderbar veranschaulicht: Die Corinthians sind für einige Freundschaftsspiele in Japan. Nach zwanzig Stunden Flug ist Casagrande ziemlich mieser Laune. Er ist frisch verliebt und will am liebsten direkt wieder zurückfliegen. Und so kommt es zu einer Mannschaftsversammlung. Sócrates spricht sich als echter Romantiker dafür aus, dem Stürmer seinen Wunsch zu erfüllen. Mehrere Mitspieler halten dagegen, dann hätten auch sie gute Gründe, wieder abzureisen. Wladimir zum Beispiel ist gerade Vater geworden. Am Ende wird per Hand abgestimmt. Und Casagrande muss bleiben.

Ein paar Tage nach meiner ergreifenden Begegnung mit diesem außergewöhnlichen Fußballer findet in São Paulo eine riesige Demonstration statt. Das Elend ist hier so groß, dass keine Woche vergeht, in der nicht mindestens ein Supermarkt geplündert wird. Fast eine Million Menschen sind auf der Straße. Auf dem großen Platz, wo die Demo enden soll, ist eine Tribüne aufgebaut. Zu den Rednern gehört auch Sócrates, der zugleich als Repräsentant der sogenannten »Demokratie von Corinthians« und als Intellektueller auftritt, immerhin hat er einen Doktortitel in Medizin. Als ihm das Wort erteilt wird, verspricht er, nicht ins Ausland zu gehen, wenn die Verfassung geändert und der Präsident der Republik in einer direkten allgemeinen Wahl gewählt wird. Das war schon eine Ansage, da Sócrates seit der WM 1982 von den größten italienischen Vereinen umworben wurde. Aber der brasilianische Kongress stimmt gegen das Gesetz. Und im nächsten Sommer spielt O Doutor – der Doktor, wie er auch genannt wird – beim AC Florenz.

Sein Schicksal und das seiner Familie ist kaum zu glauben. Sein Vater war bis zum zwölften Lebensjahr Analphabet. Dann erst lernte er lesen, schreiben und rechnen und wurde schließlich Buchhalter. Mit fünfzig besuchte er einen Kurs an der Uni und beendete seine Karriere als Dozent für Buchführung an der Fakultät für Wirtschaftswissenschaften in Ribeirão Preto im Bundesstaat São Paulo. Er verschlang die antike Literatur, weshalb er seine ersten drei Söhne zu Ehren eines Philosophen, eines griechischen Dramatikers und eines mazedonischen Politstrategen Sócrates, Sófocles und Sóstenes nannte, in brasilianischer Schreibweise. Seine sechs Jungs mussten daheim immer erst ihre Hausaufgaben machen, bevor sie Fußball spielen durften. Mit fünfzehn Jahren setzte sich Sócrates – der ein exzellenter Schüler war, die Bücher seines Vaters las und bereits hervorragend Fußball spielte – in den Kopf, Fußball und Lernen zu vereinen. Sein *vestibular* (die Hochschulberechtigung) in der Tasche, schrieb er sich an der medizinischen Fakultät ein und unterzeichnete mit zwanzig Jahren einen Profivertrag bei Botafogo SP, dem wichtigsten Verein in Ribeiro. Noch während des Studiums ging er vier Jahre später zu den Corinthians, wofür er zweistündige Autofahrten in Kauf nahm.

Bei den Corinthians war der Fußball also hochpolitisch, die Politik stand gleichsam im Zentrum des Mittelkreises. Damit spaltete der Verein das Land. Alle Demokraten waren Fans, während alle anderen ihn verachteten. Wladimir hat mir erklärt, wie es damals weiterging: »Es war eine Zeit, in der die Leute mitbestimmen wollten, welche Entscheidungen für das Leben in ihrem Land gefällt werden, und das Modell der Teilhabe, das es bei Corinthians gab, war für sie ein Demokratiemodell.« Die Fußballer wussten selbst, dass sie die politische Avantgarde eines um Demokratisierung bemühten Landes verkörperten. Phänomenal. Damit lieferten sie mir, der seit Ende der 1960er Jahre über die Beziehung zwischen Fußball und Politik nachdenkt, die Antworten auf meine Fragen auf dem Silbertablett! Für meinen vierteiligen Film *Nous l'avons tant aimée, la révolution* (»Wir haben die Revolution so sehr geliebt«), den ich 1985 in allen Teilen der Welt drehte, bin ich nach Brasilien zurückgekehrt, um zwei Ex-Guerilleros der 1960er und 1970er Jahre zu interviewen. Der eine, Fernando Gabeira, der 1969 an der Entführung des amerikanischen Botschafters Charles Elbrick in Brasilia beteiligt gewesen war, saß inzwischen für die Grünen im Parlament. Ein paar Jahre später verfehlte er die Wahl zum Bürgermeister von Rio nur um knapp 50 000 Stimmen, »ein Viertel Maracanã«. Der andere, Alfredo Sirkis, der schon als Schüler in den Untergrund gegangen war, dann nach Frankreich auswanderte und nach dem Amnestiegesetz von 1979 nach Brasilien zurückkehrte, war mittlerweile ein anerkannter Journalist. Beide hatten ihren Werdegang als Intellektuelle ausführlich und mit kritischem Blick geprüft. Und mussten sich schließlich eingestehen, dass sie im Kampf gegen die faschistische Diktatur selbst militaristische und totalitaristische Methoden angewandt hatten, worin die Demokratie nicht sonderlich viel Platz hatte. Sie gestanden mir, dass die Demokratie von Corinthians sie sehr geprägt und ihnen bei ihrer Suche geholfen hatte. Denn für sie war der Fußball immer ein wichtiger Teil ihres Lebens gewesen. Das spürt man auch, wenn man das Herz dieses Landes schlagen hört: die enge Verbindung zwischen Fußball, Volk, Intellektuellen, Künstlern und Musikern, den verschiedenen Gemeinschaften und allen Schichten der Gesellschaft. Sie alle sind in einer großen, allumfassenden Blase vereint. Und zwar zehn-, hundert- oder tausendmal mehr, als man es sich hier in Europa vorstellen kann. Die brasilianischen Intellektuellen sind verrückt nach Fußball. Zum Beispiel hat mein Freund Gilberto Gil ein Lied zu Ehren der Corinthians geschrieben. Vinícius de Moraes, der Dichter und Diplomat, den die Junta 1968 von seinem Posten in der amerikanischen Hauptstadt jagte, kommentierte das Erlebnis mit einer Pirouette: »Ich hatte sowieso die Nase voll davon, am Wochenende in Washington keinen Fußball gucken zu können.«

Je mehr Jahre ins Land gehen, umso intensiver lebt

in mir die Erinnerung an meinen Freund Sócrates, der Ende 2011 verstorben ist. Ein herzensguter Mensch. Und das absolute Gegenteil dessen, wie sich heute die meisten Spieler gebärden. Obwohl er im Gegensatz zu ihnen geraucht hat wie ein Schlot und getrunken wie ein Loch. Mir wurde einmal erzählt, wie er an einem Sonntag zwei Stunden vor dem Spiel unauffindbar war. Eine Stunde später immer noch kein Sócrates. Da bittet Zé Maria Wladimir, ihn dort abzuholen, wo man ihn vermutete: in seinem Hauptquartier, der Bar da Torre. Da saß er und hatte schon einige Biere intus. Es heißt, dass er bis zu sechzig Gläser trinken konnte. Der Kapitän sammelt ihn also ein, der Doktor spielt und schießt zwei Tore und die Corinthians gewinnen das Spiel.

Nach seinem Karriereende sagte er einmal zu Juca Kfouri, einem der berühmtesten Sportjournalisten Brasiliens und seinem Vertrauten: »Wir haben uns benommen, wie wir wollten, solange es dem Team oder dem Verein nicht geschadet hat. Wir haben unseren Beruf mit größerer Freiheit, mit mehr Freude und auch mehr Verantwortung ausgeübt. Wir waren eine große Familie, mit Frauen und Kindern. Jedes Spiel war wie ein Festtag. Auf dem Platz kämpften wir für die Freiheit, um unser Land zu verändern. Und die Atmosphäre, die dadurch entstand, hat uns wiederum Selbstvertrauen für unsere Kunst gegeben.«

Ich habe ihn noch ein Mal gesehen, als er in Florenz spielte. Wir haben einen Abend miteinander verbracht, und ich habe gespürt, dass es ihm nicht gut ging, dass ihm der italienische Fußball nicht gefiel und vor allem, dass ihm Brasilien fehlte. Aber gut, *basta*! Danach haben wir uns aus den Augen verloren ... Auch 2003 hatten wir keinen Kontakt, als ich erfuhr, dass er nach Lulas Wahl zum Präsidenten auf der Liste der möglichen Minister stand. Aber davon hat er sich rasch selbst wieder gestrichen, mit der Begründung, er würde »nicht besonders an die institutionelle Politik glauben«.

Als 2007 die Weltmeisterschaft 2014 an Brasilien ging, kam mir die Idee des Roadmovies. Zwei oder drei Jahre später meldete ich mich bei ihm. Er war inzwischen Fachmann in Sportmedizin und politischer Journalist. Ich schlug ihm vor, während der WM mit ihm durch Brasilien zu reisen. Mit Niko, der Regisseur geworden war, hinter der Kamera. Worauf er sagte: »Großartig, ich kann's kaum erwarten!« Aber als ich ihn Anfang 2011 wieder anrief, um die Reise zu organisieren, war er schon sehr krank und mehr im Krankenhaus als daheim. Wir haben uns nicht wiedergesehen. Am 4. Dezember desselben Jahres raffte ihn eine Leberzirrhose dahin, ausgerechnet an dem Sonntag, an dem die Corinthians ihre fünfte brasilianische Meisterschaft gewannen.

Sein Tod hat mich so tief getroffen, dass ich das Vorhaben fast aufgegeben hätte. Aber nach ein paar Monaten begriff ich, dass ich die Idee weiterführen musste. Als Hommage an ihn. Also habe ich das Konzept überarbeitet und beschlossen, auf meiner Reise durch Brasilien herauszufinden, was dreißig Jahre danach von der Demokratie von Corinthians und von Sócrates' Schatten geblieben war. Ich wollte in alle Winkel des Landes fahren, aber niemals einen Fuß in ein Stadion setzen, in dem die Seleção spielte. Während des Gruppenspiels zwischen Brasilien und Kamerun stand ich vor dem Nationalstadion von Brasília und filmte, um die Reaktionen der Massen zu zeigen, die kein Ticket hatten, aber trotzdem so nah wie möglich bei ihrer Mannschaft sein wollten.

Die Orte und Menschen, die ich für meine Doku besuchen wollte, habe ich 2013 ausgesucht. Ich hatte einige Ideen und wollte schauen, ob sie etwas taugten. Zum einen wollte ich zu Paulo André, der von 2006 bis 2010 bei Le Mans gespielt hatte und danach zu den Corinthians wechselte. Er war von der Demokratie von Corinthians sehr angetan und zeigte sich höchst kritisch gegenüber dem modernen Fußball und der Gesellschaft. Noch dazu nutzte er seine Freizeit, um zu malen. Er war damals der Chef des Bom Senso Futebol Clube, einer Initiative, die die Misswirtschaft in den Vereinen anprangerte und sich auf eine ähnliche Bewegung in den 1980er Jahren berief. Aber der brasilianische Fußball hatte sich inzwischen sehr gewandelt, und wer sich gegen ihn stellte, hatte keine guten Karten. Ob André deshalb einige Wochen vor der WM nach Schanghai verfrachtet wurde? Man wüsste es gern.

Eine andere Spur führte mich zu Afonsinho, einem Spieler, der noch vor Sócrates der erste Fußballdissident Brasiliens gewesen sein soll und der im Übrigen auch Arzt wurde. Nach dem Tod des *O Doutor* übernahm er dessen Kolumne in einer Wochenzeitung. Afonsinho spielte zur Zeit der Beatniks, Ende der 1960er, Anfang der 1970er Jahre, und zeigte sein Dissidententum, indem er sich einen Bart wachsen ließ, für die Militärs ein echter Affront. Für sie waren Männer mit Bart Sittenstrolche, Nichtsnutze, Antichristen und Kommunisten!

Während ich mich weiter umhörte, erfuhr ich auch, dass mehrere große brasilianische Fußballer Stiftungen gegründet hatten, in die sie viel Geld steckten, um ihren Mitbürgern etwas von dem zurückzugeben, was der Fußball ihnen gegeben hatte. Meist Spieler, die in den Favelas aufgewachsen waren. Das ist dort Tradition. Sogar

Neymar hat sich in diese Riege eingereiht. Vor fünf Jahren hat er an der Küste des Staates São Paulo, wo er einen Großteil seiner frühen Jugend verbrachte, ein Institut eingeweiht, in dem benachteiligte Kinder an außerschulischen Angeboten teilnehmen können, um zu lernen oder Sport zu machen.

So bin ich also 2013 zusammen mit Niko zu diesen Einrichtungen gefahren. Zuerst waren wir in Porto Alegre, wo Ronaldinho[17] ganz in der Nähe des Elendsviertels, in dem er aufgewachsen ist, ein Zentrum eröffnet hat, in dem die Kinder Fußball spielen und sich weiterbilden können. Ich wusste, dass auch Raí – der selbst nicht aus einem solchen Getto stammt – ein ähnliches Zentrum eingerichtet hatte, Gol de Letra in São Paulo. Dort haben wir ihn getroffen. Er ist elf Jahre jünger als sein großer Bruder Sócrates, weniger aufmüpfig und auch unkomplizierter, vielleicht weil er als Kind nicht mehr die Schrecken der Diktatur erlebt hat. Ebenfalls ein außergewöhnlicher Mensch. 1994 wurde er Weltmeister, er war zeitweilig Kapitän der Nationalelf und hat ebenfalls solide Studien absolviert. Als er Mitte der 1990er Jahre bei Paris Saint-Germain spielte, besuchte er an der Sorbonne Vorlesungen in Philosophie und Kulturwissenschaft.

Ein, zwei Monate bevor ich am 30. Juni 2014 meinen Posten als Abgeordneter in Straßburg aufgab, haben die europäischen Grünen zu meinem Abschied ein großes Fest veranstaltet. Dabei wurde auch debattiert. Ein Thema lautete: Europa in der Außensicht. Dazu habe ich Raí

---

17 Ronaldinho hat von 2001 bis 2011 bei Paris Saint-Germain, Barcelona und dem AC Mailand gespielt und wurde 2002 mit Brasilien Weltmeister.

eingeladen. Als er das Wort ergriff, hat er uns ziemlich schnell auf den Boden der Tatsachen zurückgeholt: »Ihr solltet euch glücklich schätzen, dass es Europa gibt. Was ihr seit 1979 erreicht habt, ist etwas ganz Besonderes.« Um noch hinzuzufügen: »Europa ist für mich zuallererst eine gesellschaftliche Idee. Ich möchte euch erklären, wie ich zu diesem Gedanken gekommen bin. Als ich nach Paris zog, habe ich meine Familie mitgebracht und auch ein Kindermädchen, das selbst ein Kind hatte. Zwei Erlebnisse haben meine Weltsicht verändert. Erstens hatten wir denselben Kinderarzt. Das wäre in Brasilien undenkbar. Zweitens sind unsere Kinder in dieselbe Grundschule gegangen. Auch das wäre bei uns nicht vorstellbar, ob in Rio, São Paulo oder anderswo.« Seine einfache, direkte Art, mit der er über diese Dinge sprach, hat uns damals alle sehr berührt.

Als er nach Brasilien zurückkehrte, gründete er also Gol de Letra für Kinder zwischen sechs und vierzehn Jahren. Angeboten werden dort Theater, Musik, Malen und Sport. Zum Lesen stehen den Kindern die modernsten Technologien zur Verfügung. Für Raí ist Bildung etwas, worin alles inbegriffen sein muss. Die Kinder sollen nicht nur lesen und schreiben können, sondern auch lernen, sich künstlerisch auszudrücken. Er will ihnen einen Ausweg aus ihrem Milieu bieten. Sein Engagement hat mich enorm beeindruckt. Stellen Sie sich nur einmal vor, ein Spieler von Bayern München oder irgendeinem anderen Verein würde mit Ihnen über kindliche Pädagogik diskutieren ...

Nun könnte man meinen, Typen wie Sócrates, Raí, Ronaldinho oder Neymar seien Ausnahmen. Ja, vielleicht. Aber in Brasilien gibt es nun einmal die meisten dieser Ausnahmen! Weil sich dort viele große Fußballspieler in das gesellschaftliche und politische Leben ihres Landes einmischen, nachdem sie ihre Schuhe an den Nagel gehängt haben. Nehmen Sie zum Beispiel Romário, einen Kumpel von Raí, selber Jahrgang, Weltmeister 1994 und in einer Favela aufgewachsen. Als er nach Brasilien zurückkehrte, engagierte er sich gegen Korruption und dann in der Politik, bis er 2010 zum Abgeordneten gewählt wurde. Seit 2015 ist er Senator.

Musik war eine andere Möglichkeit, sich gegen den Totalitarismus zu stellen. Die Anführer dieser Rebellion waren Milton Nascimento und Gilberto Gil, mit dem mich Fernando Gabeira bekannt machte. Gilberto Gil ist wie ich: Wenn er Leute Fußball spielen sieht, wird er wieder zum achtjährigen Kind. Sei es im Maracanã, am Strand oder in einer Baulücke. Einmal hat er zu mir gesagt, wenn der Ball rollt, dann muss man ihm gehorchen. Man muss der »Diktatur des Balles« folgen, wie er es in aller Zärtlichkeit formulierte ... Denn wenn der Ball rollt, kümmert man sich um nichts anderes mehr. Schon gar nicht um Politik. Und damit ich auch wirklich begriff, was er meinte, erzählte er mir, was im Juni 1970 geschah.

Seit anderthalb Jahren war die Unterdrückung immer schlimmer geworden: Auflösung des Kongresses, Aufhebung der Verfassung, Zensur, Einschränkung der persönlichen Freiheitsrechte, unzählige Ermordungen von Oppositionellen durch die Todesschwadronen. Das waren die sogenannten »bleiernen Jahre«. Wobei die Leute an der Macht zwar blutrünstig, aber nicht dumm waren, denn natürlich wussten sie, dass ihr Vorgehen vor allem in der europäischen Öffentlichkeit und bei den Intellektuellen Nordamerikas für Unruhe sorgte. Wie die argentinische Junta acht Jahre später instrumentalisierten sie daher die Nationalelf, um die Aufmerksamkeit von ihren Verbrechen abzulenken. Die Linksextremen des Landes forderten, bei der anstehenden Weltmeisterschaft in Mexiko für die Gegner der Seleçao zu sein, um ein deutliches Zeichen gegen die Militärdiktatur zu setzen. Doch daraus wurde nichts. Das Volk widersetzte sich ihrer Idee. Wahrscheinlich, weil die Nationalmannschaft damals das beste Team aller Zeiten war, der Zeitpunkt also denkbar schlecht. Vielleicht aber auch, weil die Spiele den Menschen trotz allen Leids zumindest einen Monat lang die Möglichkeit boten, Luft zu holen, gemeinsam durch die Straßen zu ziehen, zu schreien, zu tanzen und zu singen, ohne dafür gleich beschossen oder getötet zu werden. Vor allem aber gibt es eine Linie, und sei sie blutrot, die in diesem Land nicht überschritten werden darf: Man stellt sich nicht gegen den Fußball. Schon gar nicht, wenn es sich um die Nationalelf handelt.

Dank der Aura, die Pelé in Brasilien und in der ganzen Welt besaß, hätte er nach seinem dritten Weltmeistertitel vielleicht nicht unbedingt die Massen mobilisieren können, aber doch zumindest das Regime und dessen Repressionen anprangern. Aber das tat er nicht. Weder 1970 noch später. So ließen ihn die Generäle friedlich seinen einträglichen Geschäften nachgehen. Das war der Grund, warum ich zu Beginn der Dreharbeiten an meinem Film sehr kritisch über ihn gesprochen habe. Aber ich habe die Szenen dann beim Schnitt wieder herausgenommen. Weil ich nach mehreren Gesprächen mit Gilberto Gil, der unter Lula Kulturminister war, begriffen habe, dass Pelé in Brasilien bis heute als Halbgott gilt und unantastbar ist. Für Linke wie für Rechte. Ein bisschen wie Zidane in Frankreich. Wobei für die Linken, die vielleicht ihre eigene Bewunderung für diesen »König« problematisch sehen – er wird in Brasilien *O Rei* genannt –, gleich nach ihm Garrincha kommt. Er hat eine Saison bei Corinthians gespielt und wurde 1958 und 1962 Weltmeister. Pelé haben alle bewundert, aber nie wurde ein brasilianischer Spieler so sehr von seinem Volk geliebt wie Garrincha. Seine Beliebtheit drückt sich auch in seinem Spitznamen aus, *Alegria do Povo*, »Freude des Volkes«. Mit seinen Finten auf dem rechten Flügel hat dieser Stürmer die Abwehrspieler aller Welt dermaßen schwindlig gespielt, dass er bis heute als bester Dribbler der Fußballgeschichte gilt. Als die FIFA die beste Mannschaft des 20. Jahrhunderts kürte, gehörte er zu den elf Nominierten.

Sein Schicksal indes war tragisch. Obwohl er Pelé vier oder fünf Jahre lang ebenbürtig war und Brasilien 1962, als dieser verletzt war, in Chile zum Weltmeistertitel führte, bekam der Stürmer des Botafogo FR[18] von der brasilianischen Diktatur weder die Anerkennung, die er verdient hätte, noch das Geld, das damit einhergegangen wäre. Als er 1983 vom Alkohol ruiniert mit neunundvierzig Jahren starb, saß er allein, elend, mittellos in einem winzigen Haus, das ihm der Staat Rio aus Mitleid zur Verfügung gestellt hatte, in unmittelbarer Nähe zum Maracanã, dessen Umkleiden seitdem die Namen zweier Unsterblicher tragen: Pelé und Garrincha.

Wenn ich an Garrincha denke, kommt mir oft auch Sócrates in den Sinn. Mögen sie intellektuell auch das größte Gegensatzpaar gebildet haben, so hatte ihre Laufbahn doch gewisse Schnittpunkte. Das fußballerische Genie, das Auf und Ab im Leben, das tragische Ende und die

---

18 Botafogo FR ist ein Verein im Bundesstaat Rio.

Liebe zu den Frauen. Garrincha hat fünfmal geheiratet, Sócrates sogar achtmal!

So hing also in Brasilien vierzig Jahre lang alles mit allem zusammen, Fußball, Diktatur, Demokratie, Gesellschaft und Musik. Bis hin zum Sieg von Lula, dem größten Fan der Corinthians. Ein Mann, der jahrelang Großes für sein Volk und seine Nation geleistet hat. Unter seiner Führung begann Brasilien etwas in der Welt zu gelten, sodass es heute zu den fünf Schwellenländern der sogenannten BRICS-Staaten[19] gehört. Nur leider wurde der ehemalige Gewerkschafter wegen Korruptionsvorwürfen und einer Reihe von Skandalen gestürzt.

Zurück zu Raí. Als Brasilien die Ausrichtung der WM 2014 zugesprochen wurde, gründete der Pariser Spieler einen Verein, in dem er die berühmtesten Sportler seines Landes versammelte, unter anderem den Tennisspieler Gustavo Kuerten[20], um mit ihnen eine veritable Tournee zu unternehmen. Er wollte die Bürgermeister der Städte besuchen, in denen die WM-Spiele ausgetragen werden sollten. Sein Thema: Wenn Sie schon die *Copa do mundo* empfangen, da wäre es doch schön, bis dahin – und gern auch darüber hinaus – die Sportstunden in den Schulen zu verdoppeln. Das gehörte für ihn zur Demokratisierung des Sports. Er wurde tatsächlich gehört – und seine Idee wurde umgesetzt!

Das Verrückte aber ist, dass von dem Moment an, in dem die brasilianische Gesellschaft auseinanderzubrechen begann – etwa 2013 und damit zwei Jahre vor der

---

19  BRICS ist ein englisches Akronym für die Staaten Brasilien, Russland, Indien, China und Südafrika.

20  Kuerten gewann drei Grand-Slam-Titel, 1997, 2000 und 2001.

Wahl von Dilma Rousseff, Lulas politischer Schwester, zur Präsidentin der Republik –, das kollektive Gedächtnis des Landes in wenigen Monaten ausgelöscht wurde. Im Handstreich waren zwanzig Jahre Kampf gegen den Faschismus und zwanzig Folgejahre Demokratie vom Tisch gefegt. Der Bürgermeister von Rio ist heute ein evangelikaler Fundamentalist! Und Carlos Nuzman, bis 2016 Präsident des Organisationskomitees der Olympischen Spiele, sitzt seit Herbst 2017 in Haft. Fast alles, was die großen Sportler an Engagement einbrachten, ist wieder verschwunden. Angefangen beim Ethos, das dem Sport im Laufe der Jahre eingegeben wurde. Gut zu sehen an den Anklagepunkten gegen Nuzman: Korruption, Geldwäsche und Teilhabe an einer kriminellen Vereinigung.

Obwohl es sicher keinen ursächlichen Zusammenhang gab, ist es dennoch eine Tatsache, dass der brasilianische Fußball genau in dem Moment, als die Demokratie von Corinthians ihren Anfang nahm, von Europa ausgeblutet wurde. Denn dort war ganz einfach viel mehr Geld zu verdienen. Während die erste Welle von Legionären wie Falcao, Zico, Junior, Alemão oder Edinho erst kurz vor ihrem dreißigsten Lebensjahr über den Großen Teich geschippert kam, hatte die nächste Generation weniger Geduld. Zu verlockend waren die Angebote. Ronaldo – Ronaldo Luiz Nazário de Lima, wie er mit vollem Namen heißt – zählte noch keine achtzehn Lenze, als er zu PSV Eindhoven ging. Können Sie sich vorstellen, was es für einen Jungen aus Rio bedeutet, den Winter in Eindhoven zu verbringen? Das Gleiche galt für Romario, der immerhin schon ein bisschen älter war. Rivaldo[21] kam

---

21  Spieler des Jahres 1999.

mit einundzwanzig Jahren nach Valencia, Ronaldinho ging im selben Alter nach Paris, ebenso Kaká[22] zum AC Mailand und Neymar zum FC Barcelona. Als die Sache einmal eingerissen war, setzte in Brasilien eine Dynamik ein, die die Familien dazu trieb, ihre Kinder so früh wie möglich an ausländische Vereine zu vermitteln. Dadurch wurde dem brasilianischen Fußball letztlich seine Identität geraubt, und es entstand eine problematische Situation. Die Jungs, die am Strand das schnelle Spiel mit ein, zwei Ballberührungen gelernt hatten, vergaßen im europäischen Fußball schnell ihre natürlichen Talente, was sich wiederum auf das Spiel der Nationalelf auswirkte. Und alles, was ich treuen Herzens am brillanten Spiel der Brasilianer liebte, vor allem ihre Dribblings, hat ihnen ein für alle Mal ein gewisser Dunga ausgetrieben!

Trotzdem ist Dunga kein unbeliebter Mann. Er hat sich unter den jungen Spielern schnell einen Namen gemacht, durch seine Persönlichkeit, seine Spielhärte und einen Charakter, der den Italienern sofort gefiel. Nachdem er mit vierundzwanzig Jahren dem Calcio zusprach, wechselte er nach fünf Saisons für zwei Spielzeiten nach Stuttgart. Die Anlage dazu besaß er, sodass er den europäischen Stil problemlos verinnerlichen konnte. Das alles wäre nicht weiter schlimm, wenn er nicht als Mittelfeldspieler der entscheidende Mann in der Seleçao gewesen wäre und ihr nicht seinen Spielstil auferlegt hätte. Damit machte er aus ihr eine Art südamerikanische Variante der Deutschen. Aber er erzielte eben auch die gewünschte Wirkung, indem er Brasilien 1994 zum Weltmeister machte – mit einem ähnlich faden Team wie Deutsch-

---

22 Spieler des Jahres 2007.

land unter Beckenbauer vier Jahre zuvor. Und fast hätte es 1998 ein zweites Mal geklappt.

Als Trainer hat Dunga diesen Stil dann von 2006 bis 2010 sowie 2014 bis 2016 gnadenlos weiterverfolgt. Fast wäre das Elend noch in Russland weitergegangen, doch zum Glück wurde er vor vier Jahren nach der nieder-schmetternden *Copa América* entlassen. Im Grunde ist Dunga in seinem Fußballerleben nur eines wirklich ge-glückt: dass seine Mitspieler ihre Befindlichkeiten und ihre Nerven in der Kabine ließen, als er 1994 Kapitän war. Denn der Brasilianer kann sehr wankelmütig sein, wenn er das gelbe Trikot mit den fünf goldenen Ster-nen über dem Herzen trägt. Man denke nur daran, wie Thiago Silva plötzlich abtauchte, als bei der WM 2014 im Achtelfinale gegen Chile die Schützen für das Elfmeter-schießen bestimmt werden sollten. Oder wie die Spieler vor dem Match gegen Deutschland beim Singen der Na-tionalhymne wie in Trance schienen. 2014 war Neymar der einzige Spieler mit halbwegs klarem Kopf – und viel-leicht der einzige, der die Jungs ins Finale hätte führen können, wäre ihm nicht im Viertelfinale ein Kolumbianer beinhart in den Rücken gesprungen. Denn das Land war im Wahn. Und der Druck, den die zweihundertzehn Mil-lionen Brasilianer ihrer Mannschaft machten, war für die Spieler einfach zu viel. Das ganze Land wollte Revanche, wollte seine eigene Geschichte auslöschen, die Niederlage gegen Uruguay, das den Brasilianern im Jahr 1950 den ihnen versprochenen Pokal aus den Händen schnappte – mit einem 2:1 im Maracanã. Als Ghiggia das Siegtor schoss, war es im mit 200 000 Zuschauern besetzten Stadion mucksmäuschenstill. Nur die Fliegen hörte man summen und die Seelen weinen. Eine Assistentin von

Gilberto Gil hat mir erzählt, dass ihr Vater selbst Jahrzehnte danach immer noch in Tränen ausbrach, wenn er von dem Spiel erzählte, und die Geschichte nicht ein einziges Mal zu Ende brachte.

Das irreale Halbfinale zwischen Deutschland und Brasilien habe ich in einem Café am Stadtrand von Rio verfolgt. Je mehr Tore die Deutschen erzielten, am Ende sieben an der Zahl, umso mehr fielen die Gesichter der Männer, Frauen und Kinder in sich zusammen. Der Wahnsinn, wie die Spieler komplett einbrachen. Fußballer, die in den besten Vereinen Europas spielten und jede Saison dem Druck der Champions League standhielten. Doch jetzt, in diesem Halbfinale, waren sie eben nicht mehr in Chelsea oder Barcelona, im Parc des Princes in Paris oder in Madrid. Sondern in Belo Horizonte. Und sie wurden von der eigenen Angst erdrückt. Ja, ohne Neymar hatten sie Angst: vor der deutschen Mannschaft, vor Neuer, dem Schiedsrichter, den Journalisten, der Öffentlichkeit, vor dem ganzen Land. Sogar vor ihrem eigenen Schatten. Das Erstaunlichste ist im Nachhinein, dass kein einziger Brasilianer vor dem Spiel daran gezweifelt hat, Deutschland zu schlagen. Aber dann geschah etwas noch Außergewöhnlicheres: Eine einzige Nacht genügte, um die Verzweiflung eines ganzen Volkes hinwegzufegen. Denn nun hieß es wieder aufstehen – und bedingungslos Deutschland unterstützen, das vier Tage später im Finale gegen den Erzfeind der Brasilianer spielen würde, gegen Argentinien.

In jedem Fall war dieser Mittwoch, der 8. Juli 2014, ein ergreifender Tag. Für alle. Auch für mich: Denn ich hatte miterlebt, wie ein Mythos starb, der vor sechsundfünfzig Jahren vor einem Fernseher in einem Geschäft in der Rue de la Convention in Paris geboren worden war.

Nach der WM begann sich die durch Deutschland er-
littene Demütigung in die Gemüter einzugraben. Ich
glaube, mit ihr ist etwas an ein Ende gekommen: die
Hoffnung, der Glaube, die Freude, die Brasilien über vierzig Jahre lang geholfen haben, zu leben und zu überleben.
Dieser Bruch hat das gesellschaftliche und politische Auseinanderdriften des Landes noch beschleunigt, das in die
Machtergreifung des Faschisten Jair Bolsonaro im Oktober 2018 mündete.

Da mir so viel an diesem Land liegt, das ich leidenschaftlich liebe, möchte ich am Ende noch eine kurze,
aber sehr hübsche Geschichte erzählen, weil in ihr für
einen Augenblick Sócrates »wiederauferstanden« ist. Vor
dem Anstoß des Eröffnungsspiels zwischen Brasilien
und Kroatien ereignete sich eine kleine Nebensächlich-
keit, von der niemand auf der Welt etwas mitbekommen
hat und worüber die Medien Stillschweigen bewahrt
haben. Außer auf der Website von *Le Monde*, wo ich am
nächsten Tag auf eine Kurzmeldung stieß. Nur wenige
Minuten vor dem Anstoß ließen drei Kinder, ein schwar-
zes, ein weißes und ein Indio, aus ihren Händen Tauben
in den Himmel aufsteigen. Das haben alle Fernsehzu-
schauer der Welt gesehen. Dann sind die Kinder vom
Platz gegangen. Auch das hat man gesehen.

Aber was kein Fernsehsender ausgestrahlt hat, war die
Geste des jungen Indios, der, nachdem er das Symbol des
Friedens hatte davonfliegen lassen und auf die Seitenli-
nie zuging, eine kleine Banderole aus der Hosentasche
zog und ausrollte. Darauf stand: »Grenzziehung jetzt!«.
Damit protestierte er gegen den Landraub der Guarani
und forderte die Anerkennung ihrer Bodenrechte. Diese
Männer und Frauen werden von dem Grund und Boden

vertrieben, auf dem sie seit Hunderten von Jahren ange-siedelt sind, nicht nur in Amazonien, sondern auch hundert Kilometer vor São Paulo, wo Farmen und Zucker-rohrplantagen hochgezogen werden. »Zuflucht« finden sie in überfüllten Reservaten oder heruntergekommenen Lagern am Rande der Landstraßen, wo Unterernährung und Krankheiten an der Tagesordnung sind.

Dank unserer Verbindungsfrau in Brasilien fanden wir zwei Tage später den vielleicht elf oder zwölf Jahre alten Jungen, Jeguaka Mirim, in seinem Dorf unweit von São Paulo. Er lebte dort nicht unbedingt im Überfluss, aber auch nicht im Elend. Sein Vater, der indigene Schriftsteller Olivio Jekupé, erklärte uns, die Idee zu dieser mutigen Forderung sei ein paar Wochen zuvor aufgekommen und mit der Gemeinschaft abgestimmt worden, nachdem Jeguaka vom Organisationskomitee der WM als Repräsentant für sein Volk auserkoren worden war. Uns gegenüber gestand der junge Mann, er habe »ein bisschen Angst« gehabt, als er die Banderole ausrollte, und auch, als er aus dem Blickfeld der Welt verschwand. »Aber«, fügte er hinzu, »keiner hat etwas gesagt oder getan. Und ich konnte mit allen anderen, die auch an der Eröffnungsfeier teilgenommen haben, das Spiel ansehen.«

Tja, so war also dank dieses Kindes dreißig Jahre nach Sócrates die Politik aufs Fußballfeld zurückgekehrt. Und nicht irgendwo und irgendwann! Sondern in dem Stadion und an dem Tag, an dem das Eröffnungsspiel der Fußballweltmeisterschaft ausgetragen wurde! Der Kampf geht weiter!

Ich hoffe, dass er niemals aufhören wird. Nach allem, was im Herbst 2018 nach Bolsonaros Wahl passiert ist, erscheint mir die Lage im Land politisch, gesellschaftlich, wirtschaftlich und ökologisch alarmierend – arbeitslose Männer und Frauen, Kinder ohne jede Unterstützung, stigmatisierte Gemeinden, verwüstete Gebiete. Schuld sind die multinationalen Konzerne, die keinerlei Beschränkungen mehr unterliegen, die regionalen Oligarchien, die sich nach Herzenslust gütlich tun, und die Mittelschicht, die – man fragt sich nur, wie lange noch – die Krümel aufsammelt, die die Finanzmächtigen ihr übrig lassen. Ja, alle diese Leute haben das Land in die Misere gestürzt. Aber nicht nur sie allein.

Denn während Raí und Juninho die zwei einzigen großen Spieler sind, die sich ihren Anstand bewahrt und der populistischen Welle widerstanden haben, tragen Neymar, Ronaldinho oder Alves eine große Verantwortung im moralischen Tsunami, der Bolsonaro an die Macht gespült hat. Als ich das Foto sah, das Ronaldinho vor der Präsidentschaftswahl von sich gepostet hat, mit der Nummer 17 auf dem Rücken – der Nummer von Bolsonaros Liste –, dachte ich, der Mann ist verrückt geworden. Noch dazu hat er ein halbes Jahr später eine Platte aufgenommen, auf der er sich über »die Korrumpierten, die so viel Geld haben und denen, die es brauchen, nichts abgeben«, beschwert. Als hätte er seine unerträgliche Wahlwerbung einfach vergessen. Dabei gehören der Mann, dem er auf den Thron verholfen hat, und sein Sohn zu den größten »Räubern« des Landes!

Jetzt kann man sich fragen, warum diese Fußballer plötzlich das Lager gewechselt haben. Die einzig mögliche Antwort ist meiner Meinung nach, dass sie wie viele Brasilianer glauben, nur ein autoritäres Regime könne dafür sorgen, dass die Armen zumindest so viel bekommen, dass sie einigermaßen passabel leben können. Was einen in gewisser Weise sehr an 1933 erinnert.

Hinzu kommt, dass die Spieler, von denen ich hier rede, evangelikale Fundamentalisten sind, ultrareaktionäre religiöse Fanatiker, die Bolsonaro im Wahlkampf mit allen Mitteln unterstützt haben und sich auch »das Glück der Armen« wünschen, wie sie selbst sagen. Nur habe ich Angst, dass sie die Leute am liebsten zu Tausenden in ihre Sekte holen würden, anstatt ihnen die Mittel zur Verfügung zu stellen, um ein anständiges Leben zu führen. So konnte diese anfänglich kleine Bewegung vor zwei Jahren größer und größer werden, bis sie einen Mann an die Spitze brachte, der seine dreckige große Tatze auf alles legte, was das Land zu bieten hatte, und zwangsläufig auch den Fußball infizierte. Während in den 1970er und 1980er Jahren Sócrates und seine Corinthians wie auch einige andere Leute dem unterdrückten Volk im Widerstand gegen die Militärdiktatur beistanden, helfen die Stars der Seleçao heute eifrig mit, dass das Volk betäubt und betrogen wird.

Manchmal frage ich mich, ob »Brasilien, mon amour« für mich langsam zu »Brasilien, je t'aime ... moi non plus« wird.

# Ein Spiegel der Gesellschaft

**Für einen »normalen« Linken** ist der Profisport und natürlich ganz besonders der Fußball eine Art Opium fürs Volk, wie Karl Marx die Religion genannt hat. Die Massen einschläfern, damit sie nicht aufbegehren. Wenn nun engagierte Linke versuchen, ihre Faszination für diese »Droge« zu verstehen, dann ist das intellektuell wie moralisch ein echtes Martyrium. Dazu fällt mir ein hübsches Zitat aus der Zeitschrift *Quel Sport?* ein, in der Sportereignisse kritisch unter die Lupe genommen werden. Sie deklarierte im Mai 2016: »Fußball ist freiwillige Knechtschaft.« Der Titel des Leitartikels ist ebenfalls beredt: »Fußball, das Opium der Intellektuellen«.

Dass Menschen heute immer noch so denken, erscheint mir ziemlich surreal. Aber vor fünfzig Jahren war diese Rhetorik unter Linksextremen sehr populär.

Ein Freund von mir, der genauso fußballverrückt ist wie ich, hat zum Beispiel drei, vier Jahre lang seine Leidenschaft ad acta gelegt, nachdem er 68 Maoist geworden war, und dadurch die WM 1970 verpasst. Das ist doch schade! Andererseits habe ich mir etwa zur gleichen Zeit die Frage gestellt, ob es mit der Gesellschaft, wie ich sie mir vorstellte, »vereinbar« war, diesen Sport zu lieben. Dabei hielt sich meine Leidenschaft noch im Rahmen. Aber in meinem Milieu wirkte meine Begeisterung für den Fußball doch deplatziert. Denn in der Pariser Studentenwelt rümpfte man damals die Nase, sobald von solchen Dingen die Rede war. Aber zusammen mit meinem Kumpel Jean-Pierre Duteuil konnte ich das ertragen. »Wir wissen, dass ihr gegen Sport seid«, sagten wir zu unseren Freunden, »ist uns egal.« Wir haben Tag und Nacht Politik gemacht, die ganze Woche, jeden Sonntag, selbst im Urlaub. Permanent. Aber wenn's »um Sport ging«, wollten wir gefälligst in Ruhe gelassen werden. Den inneren Widerspruch, den uns unsere ideologisch bornierten Kritiker als »Verhalten entfremdeter Kleinbürger« vorhielten, konnten wir ertragen. Gehobenen Hauptes und mit einem Lächeln auf den Lippen genossen wir unsere köstliche »Entfremdung«.

Als ich Ende Mai 1968 in Frankreich zur *Persona non grata* erklärt wurde und nach Frankfurt zurückkehrte, hatte ich mit dem Sport weder ein ethisches noch ein philosophisches Problem. In Deutschland sah man das aber auch anders. Die Intellektuellen zeigten keine Herablassung gegenüber dem Sport. Und so konnten wir, die Spontis[23], am Samstag- oder Sonntagmorgen auf einem von der Stadt gemieteten Gelände 11 gegen 11 oder 10 gegen 10 oder weniger spielen, ohne uns schuldig zu fühlen. Helle gegen dunkle Trikots, kein Schiedsrichter, keine Umkleide ... und kein Abseits. Wir schrien, wir tobten uns aus, das Fußball-

---

23 Eine politische Strömung mit libertärer, antimarxistisch-leninistischer und antikapitalistischer Ausrichtung.

feld war unsere Therapeuten-Couch. Mit den Jahren wurde dieses Ritual für uns zu einem absoluten Muss. Und wie wir uns politisch öffneten, ließen wir allmählich auch andere Leute mitspielen. Angefangen bei Joschka Fischer, meinem Freund, der bei seiner Vereidigung als Umweltminister im Landtag in Jeans und Turnschuhen erschien. Joschka ist ein bisschen jünger als ich und wohnte damals auch in Frankfurt. Aber obwohl ich ihn seit ewigen Zeiten kenne, ist und bleibt er für mich ein Rätsel: Er ist Fan der Frankfurter Eintracht *und* von Bayern München! Doch von dieser Geschmacksverirrung abgesehen, brennt er so leidenschaftlich für den Fußball, dass er von Oktober 1998 bis November 2005 immer zu unseren Spielen kam, wenn er gerade in Frankfurt war. Was sicher nicht ganz leicht war für ihn als Vizekanzler und Außenminister der rot-grünen Koalition unter Gerhard Schröder. Und wir haben noch gespielt, als wir schon weit über sechzig waren ...

Albert Camus, der Literaturnobelpreisträger von 1957 und großer Fan des Racing Club de Paris, hat einmal behauptet: »Alles, was ich über Moral gelernt habe, verdanke ich dem Fußball.« Aber Parallelen zwischen Fußball und dem Leben zu ziehen ist vielen seit jeher suspekt. Das kann man nicht vergleichen! Der Allgemeinplatz »Der Sport ist in seiner eigenen Welt, die nichts mit der Realität zu tun hat« ist tief in unserm Denken verankert. Ein Beispiel aus dem Herbst 2016: Ein Foto, das beim Champions-League-Spiel zwischen PSG und Bayern München aufgenommen wurde, zeigt François Hollande und Nicolas Sarkozy vergnügt nebeneinander im Parc des Princes sitzen, als wären sie ihr Leben lang beste Freunde gewesen. Die Aufnahme bekam Kommentare en masse. Weil ein derartiges Verhalten dieser beiden Herren außerhalb des Stadions undenkbar wäre. Wie vor vierzig oder fünfzig Jahren nehmen es alle als gegeben an, dass uns der Fußball zusammenbringt und für den Moment des Spiels alle Widersprüche der Gesellschaft aufgehoben sind. Etwas Wahres ist da schon dran. Wenn ich auf der Tribüne stehe, diskutiere ich mit meinen Nachbarn nicht über Politik. Wir reden darüber, was wir gerade auf dem Platz sehen, eventuell noch über das letzte Spiel im Europapokal oder der Nationalelf. Früher habe ich es geliebt, mit meinen Kumpels im Waldstadion hinter dem Tor auf der Tribüne zu stehen. Es herrschte immer eine Wahnsinnsstimmung. Dabei spielte das gemeinsame Erlebnis eine entscheidende Rolle. Wenn 50 000 Leute im Stadion sind, sind alle gleich. Man lebt nur noch für das, was da unten auf dem Rasen geschieht. Man fragt seinen Nachbarn nicht, wo er herkommt, was er macht oder wie viel er verdient. Man zieht sein schwarz-weißes Trikot über und gehört zum Stamm der Frankfurter Eintracht. Wer gelb ist, gehört zu Borussia Dortmund. Die Roten sind Bayern München. Und wenn man sich über den Weg läuft, beschimpft man die anderen oder macht seine Späße, aber das ist alles harmlos, alle sind glücklich dabei ... Die Ultras will ich an dieser Stelle ausklammern. Fundamentalismus ist, ob religiös, nationalistisch, laizistisch oder ökologisch, Quatsch mit Soße.

Übrigens markierte 68 still und leise einen Wendepunkt in der Beziehung zwischen Sport und Gesellschaft. Natürlich haben Tommie Smith und John Carlos die gesamte Welt erschüttert, als sie auf dem Siegerpodest der Olympischen Spiele in Mexiko die schwarz behandschuhte Faust in die Höhe reckten – um am nächsten Tag mit Waffengewalt aus dem Olympischen Dorf getrieben zu werden. Schon Monate vorher hatte sich der Gedanke in die Köpfe geschlichen, dass auch der Sport auf den Zug aufspringen musste, wenn die Gesellschaft sich ändern sollte. Ich erinnere mich noch an die Banderole mit der Forderung »Fußball den Fußballern«, die französische Spieler der UNFP im Mai 68 an den Balkon der Gewerkschaft gespannt hatten.

Der Geisteswandel geschah natürlich nicht von heute auf morgen, aber mir kommen zwei Beispiele in den Sinn, die für mich sinnbildlich für diese Entwicklung stehen.

Bis Ende der 1960er Jahre wurde der Fußball von paternalistischen Vereinen beherrscht. Sie wurden nach der Art mittelständischer Familienbetriebe geführt und waren stark in ihrer eigenen Geschichte verwurzelt. Diese Mentalität war im Übrigen so stark, dass ein brasilianischer Vereinspräsident zuweilen seinen Spielern verbot, einen Bart zu tragen. Mögen die Fußballer sich dessen auch nicht unbedingt bewusst sein, so hat die kulturelle Revolution von 1968 auch dazu beigetragen, dass sich die Einstellungen im Fußball gewandelt haben, wodurch sich auch das Klima in den Vereinen veränderte. Ich würde sogar so weit gehen, zu sagen, dass diese gesellschaftliche Umwälzung dazu geführt hat, dass Bayern München zum Beispiel vom Familienunternehmen unter Papas Führung zu einem modernen kapitalistischen Verein geworden ist. Parallel zu dieser Entwicklung haben einzelne Spieler, die vielleicht dem echten Leben zugeneigter waren als andere, den Aufstand geprobt. Ab 1971 waren Günter Netzer und Paul Breitner die herausragenden Figuren, die das System ablehnten, wenngleich sie sich in ihrer Art und Weise diametral gegenüberstanden. Netzer zeigte seine »Rebellion«, indem er in seinem Ferrari posierte, was in diesem Land hochprotestantischer Kultur im Norden und

»autoritär-christlicher« Erziehung im ultrakonservativen Bayern ein absolutes No-Go war, wie man neudeutsch sagen würde. Der Urbayer Breitner wiederum, der als linker Außenverteidiger bei den von der CSU geprägten Münchner Bayern spielte, ließ sich einmal bei sich zu Hause im Wohnzimmer im Schaukelstuhl vor einem Bild von Mao fotografieren. Er las Lenin und Marx, wie er selbst sagte, hegte Sympathien für den im Oktober 1967 gestorbenen Che Guevara und hoffte, dass die Amerikaner den Vietnamkrieg verlieren. Alle haben ihn klar links eingeordnet. Die deutschen Medien nannten ihn einen »rebellischen Intellektuellen«, während die *New York Times* ihn zum Helden der deutschen Gegenkultur machte. Und wenn er nicht einfach nur dem Zeitgeist entsprach, könnte man ihn durchaus auch als Kind der 68er bezeichnen: nonkonformistisch, provokant, freigeistig. Aber die Revolte eines Fußballers ist eben doch noch etwas anderes als der Aufstand eines politisierten Studenten oder Arbeiters, ob in der Gewerkschaft oder nicht. Zudem standen sein Privatleben und sein Sinn für Luxus ab 1974/75 im völligen Gegensatz zu seinen angeblichen Überzeugungen.

Das andere Beispiel, das ich mit den in Europa und auf der ganzen Welt stattfindenden Umwälzungen dieser Zeit in Verbindung bringen möchte, ist Ajax Amsterdam. In diesen Jahren keimte die Hoffnung von einer etwas spielerischeren Gesellschaft auf. Und es ist vermutlich kein Zufall, dass sich gerade in Amsterdam der Fußball mit dieser Lust auf eine neue Welt verband. Es war damals die avantgardistischste Stadt Europas, ähnlich wie Barcelona während der *Movida* Ende der 1980er, Anfang der 1990er Jahre. Ab der Saison 1968/69 konnte man zusehen, wie sich Ajax mit den neuen Bestrebungen in der

Stadt gemein machte. Zwar verloren die Holländer im Mai 69 das Europapokalfinale gegen den AC Mailand und fünf Jahre später das WM-Finale gegen Deutschland, aber ab 1971 hauchten Johan Cruyff und seine Mannen dem europäischen Fußball eine Kreativität und Frische ein, mit der sie drei Saisons in Folge die überragende Mannschaft waren. Damit haben sie unauslöschliche Spuren hinterlassen, die manche Trainer wie etwa Pep Guardiola bis heute weiterverfolgen. Wie Ajax und die Oranjes nach 68 Fußball spielten, war im Grunde die Weiterführung einer ersten soziokulturellen Bewegung, die Anfang der 1960er Jahre mit der englischen Popmusik begann. So wurde aus dem Slogan »*Sex, Drugs and Rock 'n' Roll*« in den 1970ern »*Sex, Drugs, Football and Rock 'n' Roll*«.

Aufgrund meiner politischen Neugier und meiner Beobachtungen dieser neuen Spielweise sowie der unterschiedlichen Persönlichkeiten, die sich im Fußball zeigten, wollte ich gern verstehen, inwiefern die Entwicklung der Gesellschaft und die Entwicklung des Fußballs und der Spieler miteinander zusammenhingen. Allgemein gesagt wollte ich herausfinden, warum die Gefühle, die bei bestimmten Spielen in mir aufkamen, nicht mit meiner ästhetischen Vorstellung vom Leben korrespondierten. Darum habe ich mir eine fundamentale, existenzielle Frage gestellt: Kann man, wenn man sich die Spielkultur einer Mannschaft ansieht, von linkem oder rechtem Fußball sprechen?

César Luis Menotti, der Trainer der argentinischen Weltmeister von 1978 und Idol von Guardiola, hat diese Frage theoretisch zu fassen versucht und ist zu einer Formel gekommen, mit der ich mich arrangieren kann: »Der linke Fußball ist so organisiert, dass man am Ende mehr Tore geschossen als kassiert hat.« Um das zu erreichen, muss man Menottis Ansicht nach offensiv spielen, der physischen Auseinandersetzung möglichst aus dem Weg gehen und schnelle kurze Pässe spielen. Aber er ging noch weiter. Einmal erklärte er gegenüber dem französischen Journalisten Francis Huertas, dass er sich weigere, »Anweisungen zu geben, die die eigene Freiheit einschränken, zum Beispiel die Manndeckung, weil sie die Möglichkeiten des Einzelnen in Ausdruck, Teilhabe und Verantwortung beschneidet«. Unter den Stollen liegt der Strand. Und er fügte noch hinzu: »Der linke Fußball ist Abenteuer«, will heißen, man spielt mit offenem Visier und macht nicht »hinten dicht«. Man ist in der Lage, sich »vorn« durchzusetzen. Eine solche These vorzubringen, während das eigene Land unter der Diktatur von Videla und Konsorten am Boden lag, war tollkühn. Einige Monate vor der *Mundial* in Argentinien spielte die Junta übrigens mit dem Gedanken, Menotti des Landes zu verweisen. Aber ihr wurde dann schnell klar, dass sie sich damit nur selbst eine Kugel in den Fuß jagen würde. Jahre nach seinem Triumph hat Menotti gesagt, sein größter Stolz sei, trotz Angst und Ausgangssperre, trotz des Versammlungsverbots von Gruppen über drei Personen zwanzig Millionen Menschen auf die Straßen geholt zu haben. Es würde sicher zu weit gehen, zu sagen, dass der Fußball den unterdrückten Völkern eine Atempause bietet, aber zumindest verschafft er ihnen eine kurze Flucht vor dem Alltag. Und in Zeiten einer Diktatur bildet sich im Stadion eine Gemeinschaft, die nicht unbedingt etwas mit Politik zu tun hat – obwohl die Politiker den Fußball bis zum Erbrechen instrumentalisieren –, aber in der Einverständnis herrscht und alle für einen Moment die gesellschaftliche Realität vergessen.

In einem westeuropäischen Land hatten die Umwälzungen von 68 allerdings überhaupt keine Auswirkungen auf den Fußball: in Italien. Dort wird heute noch gespielt wie vor fünfzig Jahren. Während sich die Gesellschaft auch hier öffnete, wankte der Catenaccio, der Goldstandard des »rechten Fußballs«, nicht. Ich meine inzwischen zu wissen, warum das so ist. Dieses Land ist unerschütterlich, es ist bis heute dogmatisch, mafiös, konservativ und verschlossen, weil es sich seit ewigen Zeiten nur auf sich selbst bezieht. Und obwohl es den Historischen Kompromiss gab[24], die Operation *Mani pulite*[25] und echte Fortschritte im Kampf gegen die Mafia, blieben zwei Säulen des Konservatismus unangetastet: die Kirche und der Fußball. Beide haben sich hinter ihren Mauern verschanzt, denen des Vatikan, des Calcio oder der Squadra Azzurra, und glauben nach wie vor, nichts zu befürchten zu haben.

Und so hat der italienische Fußball durch die Verweigerung einer Entwicklung, die die Gesellschaft nach 1968 nahm, eine gute Gelegenheit vertan, die Herzen der Menschen für sich zu gewinnen. Was ihn aber nicht davon abhielt, zwei weitere Weltmeistertitel zu erringen.

Apropos verpasste Gelegenheiten, auch die Entwicklung der französischen Nationalelf, jenes multikulturellen

---

24 Eine in den 1970er Jahren getroffene Abmachung zwischen den italienischen Christdemokraten und der kommunistischen Partei, um der Zweiteilung des Landes ein Ende zu setzen.

25 Eine Reihe juristischer Untersuchungen, die in den 1990er Jahren in italienischen Unternehmen und politischen Parteien durchgeführt wurden, um die Korruption zu bekämpfen.

Teams, für das der Ausdruck »black-blanc-beur« geprägt wurde, nach dem Finalsieg 1998 steht im Großen und Ganzen mustergültig für historisches Versagen. Denn wenn eine Million Franzosen ohne Unterscheidung von Hautfarbe, Religion oder sozialer Klasse auf den Champs-Élysées den Titel feiern, dann ist das Fakt und Realität. Ja, seit den »Trente Glorieuses«, einer Periode mit starkem Wachstum und Vollbeschäftigung in Frankreich, die von den 1950er Jahren bis Anfang der 1980er Jahre andauerte, ist die französische Gesellschaft sehr viel bunter geworden. Und die Weltmeister waren ein Spiegel dieser Realität. Sie verstanden sich gut untereinander, und dieses gegenseitige Verständnis führte zum Sieg über Brasilien. Zwölf Jahre später wurde ein ähnlich multikulturelles Nationalteam von einem schleichenden Kommunitarismus unterminiert, was zu der jämmerlichen Farce von Knysna geführt hat.

Aber wenn es einen Ort gibt, an dem die Werte der Republik ganz und gar verinnerlicht sind, dann ist das die französische Nationalmannschaft. Hier musste man nicht bis 1998 warten, dass Jacquets Team eine Art europäische Regenbogennation repräsentiert. Nein, schon 1954 waren bei der WM in der Schweiz unter den zweiundzwanzig Spielern vier Söhne von Polen, ein auf Martinique geborener Spieler und drei Fußballer mit italienischen, marokkanischen und algerischen Wurzeln. Vier Jahre später in Schweden trat ein ähnliches Patchworkteam an, das sogar eine noch buntere Mischung ergeben hätte, wären nicht drei Algerier[26], die wahrscheinlich auch nominiert worden wären, einen Monat zuvor klammheimlich aus

---

26 Zitrouni, Ben Tifour und Mekhloufi.

Frankreich verschwunden, um das Team der Nationalen Befreiungsfront (FLN) zu gründen.

»98« hätte die Wende sein müssen. Denn es war die einzige friedliche Demonstration, zu der die »Banlieues« nach Paris gekommen sind. Weil sie glücklich waren. Die Kinder, ihre Schwestern, ihre großen Brüder und ihre Eltern sind auf die Champs-Élysées gegangen, um zu verkünden, wie stolz sie auf *ihre* Mannschaft waren. Sie waren »alle Zidane«. Diese Menschenmenge stand sinnbildlich für die Möglichkeit, eine neue Gesellschaft zu erfinden. Aber leider haben die Politiker nicht begriffen, wie viel Hoffnung in diesem Moment lag und dass man eine solche Gelegenheit nicht verpassen darf, um zu festigen und zu zementieren, was da gerade im Begriff war zu entstehen. Jetzt hätte man all den jungen Leuten, die darauf brannten, sich in das Frankreich des »black-blancbeur« zu integrieren, eine gemeinsame Zukunft eröffnen können. Aber die Zeit verstrich, und nichts geschah ... Und da wir eine leicht erregbare Gesellschaft sind, hat »man« drei Jahre später den ersten Vorwand genutzt, um mit den Wölfen zu heulen. Auslöser war eine Nichtigkeit, eine winzige Provokation: Am 6. Oktober 2001 läuft eine größere, aber nicht aggressive Gruppe von Jungen beim Freundschaftsspiel zwischen Frankreich und Algerien eine Viertelstunde vor Schluss aufs Feld und schwenkt die algerische Flagge. Notgedrungen muss der Schiedsrichter die Begegnung vorzeitig abpfeifen. Und weil »man« den Freudentanz auf den Champs-Élysées noch immer nicht begriffen hat und der 11. September gerade vier Wochen zurücklag, hat »man« den Zwischenfall in Saint-Denis bis zum Gehtnichtmehr aufgebauscht. Im Fernsehen, in den Zeitungen, in der Nationalversammlung. Und dabei alles auf hirnrissige Weise in einen Topf geworfen. Es fehlte nicht mehr viel und man hätte die Jungs als »Gesindel« bezeichnet, manche nannten sie tatsächlich potenzielle »Terroristen«. Fatalerweise hat diese unpassende Reaktion den Graben nur vertieft. Was schließlich zu den Ausschreitungen im Herbst 2005 führte[27] und im Juni 2010 zur »Knysna-Affäre«, benannt nach dem Ort in Südafrika, in dem die Franzosen ihr Lager aufgeschlagen hatten. Alle Welt konnte im Fernseher verfolgen, wie die Spieler das Training boykottierten, um dagegen zu protestieren, dass drei Tage zuvor Nicolas Anelka nach Hause geschickt wurde, weil er in der Halbzeit des am Ende verloren gegangenen Spiels gegen Mexiko Raymond Domenech beschimpft hatte. Die Gruppenbildung im französischen Nationalteam steht für das Versagen nach 98.

Heute besteht eine Kluft zwischen der Mehrheitsbevölkerung und den Banlieues, seien sie muslimisch oder black-blanc-beur. Das liegt zum einen daran, dass Frankreich seine eigene Geschichte nicht anerkennt. Seit den Verträgen von Evian im März 1962 und dem Ende des Algerienkriegs ist der Streit immer noch nicht beigelegt. Bewusst oder unbewusst ist es vielen Franzosen nach wie vor ein Dorn im Auge, aus Nordafrika verjagt worden zu sein. Was man kurz vergisst, wenn ein Zidane für sie den Weltmeistertitel holt, aber sechs Monate später ist alles wieder beim Alten.

Es gibt für dieses Auseinanderdriften aber auch noch

---

27 Der Tod zweier Jugendlicher, die auf der Flucht vor einer Polizeikontrolle in Clichy-sous-Bois durch einen Stromschlag starben, hat dazu geführt, dass es neun Tage lang in zahlreichen französischen Banlieues brannte.

andere, sagen wir »konjunkturelle« Gründe. Denn die muslimische Bevölkerung ist das erste Opfer der Arbeitslosigkeit und des weltweit aufkommenden Islamismus. Ihre Kinder können sich mittlerweile nur noch zwei Möglichkeiten vorstellen, um die gesellschaftliche Leiter zu erklimmen: Fußball und Rap. Vor vierzig oder fünfzig Jahren hat ein bekannter Marxist gesagt: »Dein Alltag strukturiert deine Gedanken.« Das kann man heute in den Banlieues sehen, wo die Satellitenschüsseln die Welt verändern. Einerseits können die Kids vierundzwanzig Stunden am Tag Fußball oder Videoclips ansehen. Und sie erleben live, was in New York, Moskau oder Peking passiert, vor allem aber im Gazastreifen, im Westjordanland, in Syrien, Irak oder auf Mali. Die französischen Moslems, vor allem die Jugendlichen und ihre kleinen Brüder, fühlen sich – zu Recht oder zu Unrecht – von unserer Gesellschaft verfolgt und ausgeschlossen und überidentifizieren sich mit dem Geschehen im Mittleren Osten, in der Golfregion oder im subsaharischen Afrika. Und dieselben Jungs ziehen nicht mehr das blaue Trikot über, wenn sie ins Stadion gehen oder vor ihrem Wohnsilo Fußball spielen, sondern die Farben von Algerien, Marokko oder Tunesien, ja sogar von PSG, was durchaus Sinn ergibt, da »Paris« für sie »Katar« ist.

Gleichzeitig heißt es in der französischen Provinz, in der man auch ohne Satellitenschüsseln auf allen Kanälen rund um die Uhr die gleichen Bilder sieht: Was »da unten« passiert, darf auf keinen Fall zu uns herüberschwappen. Und diese Stimmung bekommen jetzt Anelka, Nasri und Benzema zu spüren, die halal essen und berechtigterweise die Nase voll davon haben, dass sie ständig beweisen müssen, Frankreich zu lieben, und dem Land Treue schwören sollen, indem sie lauthals die *Marseillaise* schmettern. Doch da sie sich nicht unbedingt wie »brave Franzosen« benehmen – was ihre Sache ist und worüber ich kein Urteil fälle –, wurden sie mehr oder weniger mit den Kids, die sich Tag für Tag danebenbenehmen, auf eine Stufe gestellt. Noch schlimmer wird es natürlich dadurch, dass sie im Gegensatz zu Zidane keine Weltmeisterschaft für Frankreich gewonnen haben. Als Anelka nach einem Tor austickt und den sogenannten Quenelle-Gruß[28] von Dieudonné nachahmt, einem rassistischen und antisemitischen »Komiker«, findet die Ablehnung ihm gegenüber eine unverhoffte Legitimation.

Das Erstaunlichste daran ist, dass zwei der drei Jungs mit zwei der symbolträchtigsten und beliebtesten Immigranten in Frankreich eng befreundet sind, wahren »Modellimmigranten«. Anelka ist seit seiner Kindheit mit dem großartigen Schauspieler Jamel Debbouze befreundet, Benzema wurde bei Real Madrid jahrelang von Zidane verhätschelt. Debbouze ist alles andere als arrogant. Er ist lustig, was jeden Würgereflex unterdrückt. Und Zidane pflegt mittlerweile ein derart zivilisiertes Image, dass der Kopfstoß von Berlin seit Langem vergessen ist und ihn sich alle Mütter als Schwiegersohn erträumen.

1998 hat sich aber auch in Deutschland einiges bewegt. Nur in die entgegengesetzte Richtung. Denn in diesem Jahr sind zwei Ereignisse zusammengekommen.

Erstens: die katastrophale WM, bei der die Mannschaft

---

28 Eine aus Frankreich stammende Geste, bei der ein Arm gerade vor der Brust gekreuzt wird. Sie wird auch als »umgekehrter Hitlergruß« bezeichnet und wurde vor Anelka auch schon von anderen französischen Sportlern verwendet.

im Viertelfinale gegen Kroatien rausfliegt, einer noch jungen Nation in Ex-Jugoslawien. Eine Schande, die das Land tief getroffen hat.

Zweitens: Nach fünfzehn Jahren unter Helmut Kohl kommt im September eine rot-grüne Regierung an die Macht, worauf ein umfassendes Nachdenken über die künftige Gesellschaft einsetzt.

Zwei Entwicklungen werden somit zur selben Zeit in Gang gesetzt, indes ohne dass sich Verband und Regierung abgestimmt hätten. Der Deutsche Fußballbund ändert von Grund auf die Ausbildung junger Spieler, während das Team Schröder/Fischer unter anderem über ein neues Zivilrecht nachdenkt. Zwei Jahre später gibt es schließlich ein neues Gesetz, sodass die Nationalität nicht mehr auf dem Blut-, sondern auf dem Bodenrecht fußt. Kinder, deren Eltern in der Türkei oder einem anderen Land geboren wurden, können jetzt für die Nationalmannschaft spielen – was einiges ändert. Denn in Deutschland sind heute genau wie in Frankreich 70 bis 80 Prozent der jungen Fußballer Kinder von Immigranten der zweiten oder dritten Generation.

Vor dieser enormen gesellschaftlichen Errungenschaft konnten Spieler wie Mehmet Scholl, Miroslav Klose oder Lukas Podolski nur in der Nationalelf spielen, weil ihre Väter, Türken beziehungsweise Polen, die deutsche Staatsbürgerschaft beantragt hatten. Das neue Gesetz aus dem Jahr 2000 machte sich sehr bald bemerkbar. Und seit gut fünfzehn Jahren ist die deutsche Mannschaft tatsächlich sehr viel bunter geworden. Angefangen mit Odonkor und Asamoah bei der WM 2006, dann folgten 2010 und 2014 Aogo, Cacau, Boateng, Gómez, Tacsi, Khedira, Özil und Mustafi; heute heißen sie Rüdiger, Gündoğan, Can und seit zwei Jahren Sané, Gnabry und Kehrer. Weil das Land schon seit Langem nicht mehr ausschließlich aus Weißen besteht, aus »Biodeutschen«, sondern auch aus Türken, Afrikanern, ehemaligen Balkanbewohnern, Migranten aus dem ehemaligen Ostblock und Südamerikanern, ist Deutschland im Fußball wie in anderen Gebieten heute multikulturell. Und das, obwohl gerade eine Gegenbewegung einsetzt, da die jungen, in Deutschland geborenen Spieler merken, dass sie auf höchstem Niveau nicht mehr weiterkommen und deshalb lieber in den Heimatländern ihrer Eltern spielen, in der Türkei, Albanien oder den Staaten des ehemaligen Jugoslawien.

Aber ganz so einfach ist das alles auch wieder nicht.

Schon vor ein paar Jahren nahm die Zahl der Leute rapide zu, die sich daran störten, dass Mesut Özil die Nationalhymne nicht mitsingt. Insofern versteht man vielleicht auch, warum die AfD in manchen Regionen Hochkonjunktur hat. Denn obwohl Neonazis seit Anfang der 1980er Jahre immer wieder versucht haben, die Vereine und die Nationalmannschaft zu infiltrieren – was mich bei der Euro 1984 auf den Straßen von Straßburg schwer schockiert hat –, blieb dieses Phänomen doch stets marginal. Aber am Freitag, dem 1. September 2017 haben viele »Fans«, die »stolz« auf sich sind, im Spiel gegen Tschechien in Prag bei der gegnerischen Nationalhymne gepfiffen, faschistische Grüße gezeigt und Nazigesänge angestimmt. Nach dem Spiel sind die Spieler entgegen einer seit Jahrzehnten geltenden Tradition, die nach Siegen wie Niederlagen gepflegt wird, nicht zur Kurve gegangen, um sich bei den Fans zu bedanken. Das geschah auf Initiative von Mats Hummels. Am nächsten Tag haben Mannschaft und Mitarbeiter in einer Pressemitteilung erklärt, solche

Personen hätten in den Stadien nichts zu suchen. Diese traurige Anekdote und die erschreckenden zwölf Prozent der AfD scheinen zu zeigen, dass die deutsche Sonderstellung bei der Aufarbeitung des Zweiten Weltkriegs und des Faschismus wohl noch fortdauert.

Auf der anderen Seite errichtet der Sport gerade ein Bollwerk gegen den Rassismus. Nach den ausländerfeindlichen Ausschreitungen in Rostock im August 1992 haben die Fußballer sofort reagiert.[29] Und das tun sie auch heute. Wie eine spontane Reaktion eines Einzelnen, die im Kollektiv erlebt wird: Stopp! So was wollen wir nicht! Auf europäischer Ebene unterstützen die Fußballer nachdrücklich die Kampagne »No to Racism«, die FIFA und UEFA vor mehreren Jahren lanciert haben. Ich denke oft an das Spiel, in dem Gianluigi Buffon, die Ikone von Juventus Turin und der Squadra Azzurra, die angeblichen italienischen Fans zum Schweigen brachte, als sie die *Marseillaise* auspfeifen wollten – indem er ihr applaudierte. Oder an die Geste von Lilian Thuram, der sinnbildlich für alle in dieser Hinsicht besonders aktiven Sportler steht: Als er im Herbst 2016 in Stockholm eingeladen ist, um einen Preis für sein Engagement entgegenzunehmen, kniet er nieder. Als Zeichen der Solidarität mit den amerikanischen Sportlern und mit allen Schwarzen, die von Donald Trump beschimpft worden sind.

Auf der anderen Seite erfasst der Rassismus, der überall seine Fühler ausstreckt, sicher auch manche Sportler –

---

29 Zwischen dem 22. und 26. August 1992 haben rechte Krawallmacher ein Wohngebäude mit Dutzenden vietnamesischen Immigranten in Rostock-Lichtenhagen belagert.

und natürlich einige Sportbegeisterte, die selbst gar keinen Sport treiben. Während er Anfang der 1980er Jahre am Boden lag, ist er langsam, aber sicher wieder salonfähig geworden, sodass heute in den Niederlanden, Dänemark, Frankreich, Österreich, Deutschland, Tschechien, Polen, Ungarn und Italien (die Liste ist hier leider noch längst nicht zu Ende) wieder Rechtsextreme oder Rechtsradikale gewählt werden. Und einige dieser Wähler stehen auch im Stadion. Deshalb war es eine gute Sache, als der Frankfurter Präsident Peter Fischer laut und deutlich gesagt hat, Mitglieder und Wähler der AfD hätten in der großen Eintracht-Familie nichts zu suchen.

In England ist die Sache allerdings komplizierter. Denn obwohl die British National Party und die United Kingdom Independence Party, die der AfD und dem Front National ähneln, bei den Wahlen im Juni 2017 lächerlich niedrige Ergebnisse erzielten, grassiert der Rassismus im englischen Fußball seit über vierzig Jahren. Die Fans des FC Chelsea – die übrigens als erste mit riesigen aufblasbaren Plastikbananen wedelten und Primatenschreie ausstießen, um einen gegnerischen schwarzen Spieler zu beleidigen – haben sich vor ein paar Jahren wieder etwas Neues ausgedacht: Immer wenn Tottenham, der Verein der jüdischen Gemeinde in London, an der Stamford Bridge spielte, stimmten sie Gesänge gegen die »Yids« an, wie sie sie abschätzig nennen. Zum Glück hat die Vereinsleitung diese Gesänge untersagt und allen, die damit weitermachten, mit Stadionverbot gedroht. Aber irgendwas kommt immer nach ...

Eine Demonstration von Antisemitismus in den Stadien, die die ganze Welt in Aufruhr brachte, fand im Herbst 2017 statt. Beim Spiel zwischen den beiden römischen Klubs haben die Ultras von Lazio ein Porträt von Anne Frank im Trikot ihres Erzfeinds AS Rom als Sticker auf Hunderte Sitze geklebt. Weil die Roma zugleich die Linke und die jüdische Bevölkerung Italiens repräsentiert. Zum Zeichen der Reue hat der italienische Verband einige Tage später in allen Stadien vor dem Anstoß einen kurzen Auszug aus dem *Tagebuch* der jungen holländischen Märtyrerin verlesen lassen. Worauf gleich der nächste Affront folgte: Die Ultras der Vereine haben sich mit dem Rücken zum Platz gestellt und faschistische Gesänge angestimmt.

Aber die Schändlichkeiten hören mit derlei offen rassistischen Gesängen beileibe nicht auf. Bei Manchester United etwa sind die Fans auf die geschmacklose Idee gekommen, dem Belgier Lukaku zu huldigen, indem sie einen Text singen, der sich ungefähr so übersetzen lässt: »Seiner hat sechzig Zentimeter, und er spielt für uns.« Auch in diesem Fall musste der Verein eingreifen und das Lied verbieten.

Die Beziehung zwischen Fußball und Gesellschaft ist bei den Engländern umso komplizierter, als das Land mit dem Einzug von Margaret Thatcher in die Downing Street im Mai 1979 ein »umgekehrtes 68« erlebt hat. Der Ultraliberalismus, den Thatcher der englischen Gesellschaft aufzwang, hat die gesellschaftlichen Beziehungen verhärtet. Es kam zu steigender Arbeitslosigkeit und zur Ausgrenzung von Teilen des Proletariats. Um noch gesellschaftlich wahrgenommen zu werden, sind nicht wenige der aufs Abstellgleis gestellten Fans dem Hooliganismus und der Gewalt verfallen. Sei es, wenn sie ihren Klubs in England nachreisten oder der Nationalmannschaft ins Ausland. Trotzdem haftet der Beziehung zwischen Fußball und Thatcherismus etwas Paradoxes an. Denn gerade

Thatcher hat ja den Hooliganismus nach der Katastrophe von Heysel 1985 mit der harten Hand des Gesetzes auszumerzen versucht. Und man sollte sich auch vor Klischees hüten: Die Typen, die sich da die Köpfe einschlugen und alles niedermachten, was ihnen in den Weg kam, waren nicht nur Prolls im Blaumann, sondern es gab auch Täter mit weißem Kragen. So widersinnig es klingen mag, sind dieses Verhalten in den Stadien und die Prügeleien auf Demonstrationen eine Folge der Befriedung der Gesellschaft. Wie ich schon gesagt habe, halte ich das ganz einfach für den Ausdruck einer toxischen Männlichkeit bei jungen Männern zwischen fünfzehn und dreißig Jahren.

Aber der Rassismus ist nicht der einzige Makel, der dem Fußball anhaftet. Seit Anfang der 1990er Jahre zeigt ein anderer Auswuchs seine Fratze: der Nationalismus. François Mitterand hat schon bei seiner Abschiedsrede vor dem Europäischen Parlament in Straßburg im Januar 1985 davor gewarnt. »Nationalismus heißt Krieg!«, rief er. Aber da war es schon zu spät.

Mich persönlich stört es nicht, wenn jemand im Sport als Fan »nationalistisch« ist. Wenn er mit dem Trikot seiner Nationalelf ins Stadion geht und zusammen mit seinen Kindern kleine Fähnchen in den Farben seines Landes schwenkt, ist das doch eine schöne Sache. Problematisch wird es dann, wenn einer sich nicht damit begnügt, seine Spieler zu unterstützen, sondern Hass auf den Gegner entwickelt. Einfach nur, weil er der Gegner ist. Wo man blind wird und eine harmlose Art von Patriotismus in einen aggressiven, erbitterten, kämpferischen Nationalismus kippt.

Das ehemalige Jugoslawien ist dafür ein trauriges Beispiel. Ich kenne dort eine große Anzahl von Menschen meines Alters mit zwei Staatsangehörigkeiten. Menschen, für die es nie ein Problem war, jemanden zu heiraten oder mit jemandem zusammenzuwohnen, der aus einer anderen Gemeinschaft stammte, was es zum Beispiel in der ehemaligen UdSSR nicht gab, weil sich die Menschen verschiedener Nationalitäten in der Sowjetunion nicht »mischten«.

Als »gutem internationalistischen Proletarier«, um den schulmeisterlichen linken Jargon der 1960er und 1970er Jahre zu karikieren, war es Marschall Tito in den dreißig Jahren seiner rigiden autoritären Herrschaft gelungen, seinen Genossen zu vermitteln, dass sie zuallererst Jugoslawen waren und dann erst Serben, Kroaten, Slowenen, Bosnier, Montenegriner, Kosovaren oder Mazedonier. Und diese kulturelle Durchmischung hat dem Land außergewöhnliche sportliche Erfolge beschert. Über Jahrzehnte hat Jugoslawien im Fußball, Basketball, Volleyball und Wasserball bei den Olympischen Spielen und bei Weltmeisterschaften bis einschließlich 1990 unzählige Titel und Medaillen geholt – bis zu dem Jahr, als im Land der Krieg und das Grauen ausbrachen.

Denn zehn Jahre nach dem Tod des »Marschalls« war die jugoslawische Identität aus den Köpfen verschwunden. Weshalb im Mai 1990 bei der Begegnung zwischen Dinamo Zagreb und Roter Stern Belgrad etwas völlig Verrücktes passierte. Das Spiel endete mit einer Massenschlägerei unter Spielern, Spielleitern, kroatischen und serbischen Fans auf dem Rasen. Fast zweihundert Personen wurden durch Kugeln oder Messerstiche verletzt. Zvonimir Boban, der geniale Spielmacher von Dinamo und der Nationalmannschaft – er ist heute ein enger Berater von FIFA-Chef Infantino –, musste einen kroatischen Jungen mit Fäusten und Stollentritten aus den Händen der mehrheitlich serbischen Polizisten entreißen, die auf den am Boden Liegenden einprügelten. Boban wurde umgehend aus der Nationalelf geworfen, dem besten jugoslawischen Team aller Zeiten. Einen Monat später brach sie dann bei der WM unter den aufkommenden Streitigkeiten zwischen den Spielern auseinander.

Dieser im ehemaligen Jugoslawien auf die Spitze getriebene Nationalismus war aber kein plötzliches kurzes Strohfeuer. Er hat sich zu einer Krankheit ausgewachsen, die uns heute ebenso unheilbar scheint wie im Mittelalter die Pest. Nehmen wir zum Beispiel Mihajlović. Er war als Spieler schon kein angenehmer Kerl. Als Trainer von Serbien wurde es dann noch schlimmer. Er hat seinen Spielern die kranke Mentalität eingeimpft, die er sich selbst fünfzehn Jahre vorher bei Lazio Rom angeeignet hatte. Dort lief er im Olympiastadion nach jedem Tor zur Kurve der Ultras und feierte den Treffer mit dem faschistischen Gruß.

Das Beunruhigende daran ist, dass dieses Übermaß an nationalistischer Energie den aus dem Zusammenbruch des jugoslawischen Staatenbunds hervorgegangenen Nationen einen enormen Schub verlieh. So kam Kroatien gerade einmal vier Jahre nach der Anerkennung durch die internationale Gemeinschaft im Januar 1992 mit Boban, Šuker, Prosinečki und Jarni bei der EM bis ins Viertelfinale und bei der WM 1998 sogar bis ins Halbfinale. Und man denke auch an die ungeheuer nationalistische Art und Weise, in der Novak Djoković in Belgrad den Sieg »seiner« Serben im Davis-Cup-Finale 2010 gefeiert hat.

Dieses Krebsgeschwür in den Köpfen, das sich nicht

auf den Sittenverfall im Fußball beschränkt und sich in ganz Osteuropa ausgebreitet hat, wurde sicher vom Fall des Eisernen Vorhangs im November 1989 und dem zwei Jahre später folgenden Zusammenbruch der Sowjetunion begünstigt. Dabei kann der Wahnsinn dort sogar Züge eines »faschistisch-sozialistischen Nationalismus« annehmen. Denn diese Länder waren ein halbes Jahrhundert lang in einem riesigen kommunistischen Eiswürfel gefangen, in dem man den »Volksmassen« – wie veraltet auch dieser Begriff inzwischen ist! – beigebracht hat, dass der zu bekämpfende Feind der Kapitalismus ist. Nicht mehr der Faschismus, den die Rote Armee ja im Mai 1945 ein für alle Mal ausgerottet hatte. Aber diese Indoktrination hatte mitnichten den gewünschten Effekt. Denn als das Eis schmolz, kam alle in ihm gebundene Niedertracht wieder zum Vorschein.

Was den Fußball betraf, so war er im Osten durch den Kollektivismus gründlich verdorben. Individuelle Unvernunft wurde nicht mehr geduldet, nachdem die genialen aufständischen Ungarn 1956 niedergeschlagen worden waren. Und obwohl das Kominform schon im Frühjahr desselben Jahres aufgelöst worden war, hat das »Kominform des Fußballs« nach dem XX. Parteitag der KPdSU noch weitere dreißig Jahre überlebt. Das war ein dialektisches Phänomen. Von Ostberlin bis Moskau, von Warschau bis Sofia, von Prag bis Budapest und Bukarest pflegte man einen Dampfwalzenstil, der zwar durchaus erfolgreich war – die UdSSR wurde 1960 Europameister und kam 1964 und 1972 bis ins Finale –, aber beim Zusehen wehtat! Und wenn nach dem Russen Lew Jaschin, dem Aushängeschild auf dem offiziellen Plakat zur WM 2018, auch der Tscheche Josef Masopust, der

Ungar Flórián Albert, die Ukrainer Oleh Blochin und Igor Belanow ebenfalls Fußballer des Jahres wurden, obwohl sie hinterm Eisernen Vorhang spielten, waren sie nur die Ausnahmen, die die Regel bestätigten.[30] Was im Übrigen auch für die großartigen Polen gilt, die bei der WM 1974 und 1982 Dritte wurden.

Überraschenderweise hat sich dieser engstirnige Fußball Mitte der 1980er Jahre mit einem Schlag »entstalinisiert« und von Grund auf verändert. Vermutlich gab es keinen direkten Zusammenhang, aber es war genau die Zeit, als Gorbatschow an die Macht kam und seine Ideen von Glasnost und Perestroika in die Welt setzte. Von einer Saison auf die andere sah man plötzlich auf den europäischen Bühnen den mitreißenden Fußball von Dynamo Kiew und der sowjetischen Nationalmannschaft, die beide von dem geheimnisvollen und hochintelligenten Walerij Lobanowski trainiert wurden.

Die nationalistischen Tendenzen, die seit einigen Jahren unter dem Deckmantel wirtschaftlicher Erwägungen auch in westeuropäischen Ländern aufkommen, sind nicht weniger beunruhigend. In Schottland mag es noch verständlich sein, dass man sich von London lösen will, weniger aus Ablehnung gegenüber den »Engländern«, sondern aus ökonomischen Gründen – in einem Land, wo die Meeresgründe seiner Hoheitsgewässer nur so von Erdöl sprudeln. Wenn die Abspaltung kommt – und sie wird kommen –, dann ändert das für den Fußball gar

---

30 Der Bulgare Christo Stoitschkow, der Tscheche Pavel Nedvěd und der Ukrainer Andrij Schewtschenko bekamen den Ballon d'Or während ihrer Zeit beim FC Barcelona, bei Juventus Turin und beim AC Mailand.

nichts. Denn obwohl die UNO nur das Vereinigte Königreich Großbritannien und Nordirland anerkennt, sind
Schottland, England und Wales seit 1905 in der FIFA.[31]

Bei Flandern, das ebenfalls seine Unabhängigkeit re-
klamiert, Venetien und der Lombardei, die eine erwei-
terte Autonomie anstreben, ist das weitaus verwerflicher.
Denn diese Abspaltung unter dem Vorwand der regionalen Identität, die zudem von Rechtsextremen instrumentalisiert wird, ist nichts anderes als der Egoismus reicher
Regionen.

Damit sicher nicht zu vergleichen ist die Bewegung,
die vor ein paar Jahren Barcelona und die gesamte auto-
nome Region Katalonien ergriffen hat. Sie mag einem
zunächst auch sympathischer erscheinen, ist aber darum
nicht weniger problematisch. Denn es handelt sich hier –
und ich weiß, dass es politisch inkorrekt ist, das zu sagen – um eine sehr unangenehme Art des Populismus.
Der FC Barcelona steckt mittendrin, weil er in Spanien
und in Europa Kataloniens Aushängeschild ist. Was dem
Clásico Madrid–Barcelona sehr lange zusätzliches Feuer
verliehen hat. Aber die separatistischen und leider oftmals
grob vereinfachenden Positionen, die vor allem Gerard
Piqué seit einigen Jahren vertritt, und die ebenso unpas-
senden Erwiderungen von Sergio Ramos, seinem Partner
in der Nationalelf und Madrider Rivalen, überschatten
diesen Gipfel des Weltfußballs auf unangenehme Weise.
Ich muss zugeben, mich hat es lange amüsiert, wie der
FC Barcelona immer wieder seine »Sonderstellung« be-
tont, ähnlich wie Athletic Bilbao auf seinem Baskentum
besteht und nur Spieler engagiert, die baskische Wurzeln

---

31  Der Fußballverband Nordirlands ist 1911 der FIFA beigetreten.

haben oder im Verein ausgebildet wurden. Heute betrübt es mich. Schlimmer noch: Es erschreckt mich. Auf rein sportlicher Ebene würde Barcelona ziemlich doof dastehen, wenn sich seine »Meisterschaft« auf ein Hin- und Rückspiel zwischen Barça und Espanyol und einen Ausflug nach Girona beschränkte; ähnlich im Baskenland, wo der Titel unter Bilbao und Real Sociedad San Sebastián ausgemacht würde.

Dass Spanien zumindest in Bezug auf die Nationalelf immer noch ein geeintes Land ist, finde ich dagegen einigermaßen beruhigend. Angefangen bei den Spielern. Nach der Demütigung 2014 in Brasilien, wo die *Roja* als amtierender Welt- und Europameister in der Vorrunde ausschied, hat keiner die Schlappe auf Streitigkeiten zwischen Katalonen und Madrilenen zurückgeführt. Die Fans sehen das Ganze mit Humor, der bisweilen bissig, aber nie bösartig ist. Wenn Spanien gewinnt, heißt es in Barcelona, das verdanke man Iniesta, Piqué, Busquets und Konsorten; wenn es verliert, liegt es an den Typen von Real. So einfach ist das. Und in Madrid verhält es sich natürlich umgekehrt.

Letzten Endes bietet der Fußball eine Möglichkeit, bei den Massen Emotionen für eine Person oder eine Sache zu mobilisieren. Das kann natürlich zu Nationalismus führen. Aber im Guten, und das sind doch zum Glück die überwiegenden Fälle, zeigen sich darin die Freude am Leben und das Recht, zu träumen. Eigentlich müsste man dafür ein neues Wort erfinden. Mein bescheidener Vorschlag: »Fanismus«.

**Nachdem ich mich** Ende der 1960er Jahre für die Wechselbeziehung zwischen Fußball und Gesellschaft zu interessieren begann, war mir der Einfluss des Geldes im Fußball lange Zeit gleichgültig. Wahrscheinlich, weil es damals in dem Milieu keine große Rolle spielte. Was Pelé, Beckenbauer, Cruyff oder Platini verdienten, ging uns nichts an.

# Das Gift des Geldes

Das Gleiche galt übrigens für die gesamte Öffentlichkeit. Wenn jemand im protestantischen Deutschland reich war, zeigte er es nicht. In Frankreich breitete das seit Jahrzehnten etablierte ultrakatholische Großbürgertum seinen Reichtum ebenfalls nicht aus, und das neue Bürgertum, das dank des Wirtschaftsaufschwungs nach dem Zweiten Weltkrieg zu Geld gekommen war, traute es sich nicht. Anerkennung bekam man nicht dadurch, dass man ein gut gefülltes Bankkonto besaß. »Bling-Bling« gab es damals noch nicht. Verglichen mit dem Gehalt eines Normalverdieners in Frankreich, Deutschland oder England war selbst das, was sich die Fußballstars in die Tasche steckten, bescheiden und nichts gegen die unschicklichen Summen, die mich seit fünfzehn, zwanzig Jahren empören. Mit den Prämien, die Georg Schwarzenbeck für den Europapokal mit Bayern München und den Weltmeistertitel mit der BRD bekam, konnte er sich gerade mal einen kleinen Kiosk in einem Arbeiterviertel in München kaufen. Auch später noch, als Ende der 1970er, Anfang der 1980er Jahre die ersten aufsehenerregenden Transfers stattfanden – man denke nur an Trevor Francis, der 1979 in England als Erster die Eine-Million-Pfund-Marke knackte, oder Bernd Schuster, den damals besten deutschen Spieler, der ein Jahr später für 3,5 Millionen D-Mark zum FC Barcelona wechselte –, hat das niemanden aufgeregt. In jedem Fall waren die Reaktionen damals nicht vergleichbar mit dem, was der Wechsel von Neymar und Mbappé zu Paris Saint-Germain 2016 auslöste. Aber eine andere Zahl zeigt vielleicht noch deutlicher, wie surreal das Ganze geworden ist: Paul Pogba verdiente mit sechsundzwanzig Jahren bei Manchester United in einer Woche das, was Michel Platini 1983 mit siebenundzwanzig Jahren bei Juventus Turin im ganzen Jahr bekam – in dem Jahr, in dem er zum ersten Mal Fußballer des Jahres wurde! Das Fünfzigfache! Das Jahresranking der amerikanischen Wirtschaftszeitschrift *Forbes* ist ein guter Indikator für die Entwicklung der Fußballgehälter. Anfang der 2000er Jahre lagen noch Tiger Woods und Michael Schumacher vorn, während kein einziger Fußballer in den Top Ten zu finden war. Wenn man die Einnahmen aus dem Verein und aus ihren Werbeverträgen zusammenrechnet, belegen heute Cristiano Ronaldo und Lionel Messi die ersten beiden Plätze!

Platini hätte einfach etwas später auf die Welt kommen müssen. Denn ab Mitte der 1980er Jahre begannen die Geldhähne langsam ordentlich zu fließen. Nicht in England oder Deutschland, sondern in Frankreich und Italien. Gut, noch lange nicht in dem Maße wie heute, und es kam auch noch nicht zu einer Deregulierung des Wettbewerbs. Trotzdem, selbst wenn der Fußball vielleicht noch nicht vergiftet war, da nach wie vor Chancengleichheit herrschte und nur ein Dutzend europäische Vereine den Transfermarkt gekapert hatten, brachten mich die plötzlich unverhältnismäßig hohen Kapitalbeträge doch ins Grübeln.

Dass der Fußball vom präsidentiellen Paternalismus zum Kapitalismus reinster Art wechselte, lag an einigen Geschäftsleuten, die für ihr Metier untypisch waren und eine echte Leidenschaft für diesen Sport hatten. Der Erste war 1984 Jean-Luc Lagardère, der Geschäftsführer des auf Waffen, Satelliten und Autos spezialisierten Unternehmens Matra und von Europe 1, kurz darauf folgten der französische Geschäftemacher Bernard Tapie und Silvio Berlusconi. Wobei sich Lagardères Vorgehensweise von den anderen beiden deutlich unterschied. Während ihm eine langfristige Investition vorschwebte, wollten Tapie und Berlusconi so schnell wie möglich ein Team zusammenstellen, das Titel gewann. Sofort! Womit sie einen Sponti-Slogan der 1970er Jahre wiederaufnahmen: »Wir wollen alles, und zwar subito!« Auch den Europapokal! Für den Italiener war das einfacher als für den Franzosen, da der AC Mailand aus einem Vereinserbe und einer europäischen Kultur schöpfte, die Olympique Marseille nicht besaß – auch wenn er 1986 halb im Sterben lag.[32] Ihre plötzliche Begeisterung für den Fußball war für

32 Der AC Mailand gewann 1963 und 1969 den Europapokal der Landesmeister sowie 1968 und 1973 den Pokal der Pokalsieger.

diese beiden Geschäftsleute Teil ihrer Karriereplanung oder, wie man heute sagen würde, ihrer *success story*. Dazu brauchten sie ein Erfolgssystem mit drei Komponenten: Business, Fußball und Politik. Und es durfte gern noch ein Trumpf hinzukommen: das Fernsehen. Berlusconi war damals der Fernsehmagnat Italiens, Tapie Ende der 1980er Jahre mit seiner Sendung »Ambitions« auf TF1 ein Star – und hatte lange Zeit einen Fuß in der Tür von dessen Eigentümer Francis Bouygues.

Ihre Achillessehne im Fußball und sicher auch in ihren anderen Aktivitäten war, dass sie für ihren Erfolg zu allem bereit waren. So pumpten sie immer mehr Geld in den Pott, wobei man bei Tapie nicht einmal wusste, ob es überhaupt ihm gehörte, im Gegensatz zu Berlusconi, der sich vor dem Kauf des AC Mailand mit Immobilien und Fernsehen ein Finanzimperium aufgebaut hatte.

Ich habe Bernard Tapie in Straßburg kennengelernt, als er von 1994 bis 1997 Europaabgeordneter war. Er hatte eine Fraktion aus klugen Köpfen gebildet – die Radikale Europäische Allianz –, der notabene mein Freund Noël Mamère, Christiane Taubira, die spätere Justizministerin unter François Hollande, und André Sainjon angehörten, ein ehemaliger Reformist der Confédération générale du travail, eines französischen Gewerkschaftsbunds. Ihm habe ich einmal die Meinung gegeigt, was ich von seiner Initiative halte, und gesagt – was er schon wusste –, dass dieser Versuch nichts anderes als eine machiavellistische Rakete von Präsident Mitterrand war, um 1994 die Fraktion der sozialistischen Partei unter seinem ehemaligen Premierminister Michel Rocard zu versenken. Nach drei Minuten war die Sache abgehakt, und wir sind zu wichtigeren Themen übergegangen: zum Fußball. Ich war absolut kein Fan von Marseille, aber ich wollte gern seine Meinung dazu hören. Denn ich habe nie verstanden, wie sich jemand, der kein Marseiller ist, für diesen Verein begeistern kann. Was ich übrigens alle naselang Herrn Macron unter die Nase reibe, der bis heute am Verein seiner Kindheit und Jugend klebt.

Irgendwann mitten im Gespräch werfe ich Bernard, ich weiß nicht, warum, diese Worte an den Kopf: »Du willst gewinnen, du steckst Geld in den Verein, ist mir auch egal, wo es herkommt. Das ist alles in Ordnung. Aber ein Spiel zu kaufen, das geht gar nicht!«[33]

Und das hat er mir geantwortet: »Pass auf, Dany. Nachdem wir 1990 im Europapokal-Halbfinale gegen Benfica rausgeflogen sind, weil der Schiedsrichter ein Tor gegeben hat, das Vata per Hand erzielte – was alle außer ihm gesehen haben –, da habe ich den Marseillern versprochen, alles dafür zu tun, dass wir eines Tages den Titel gewinnen.« Und er erklärte, beziehungsweise behauptete, wenn sich die Vereinsoberen damals nicht in den vierundzwanzig Stunden vor einem Spiel um die Schieds- und Linienrichter »kümmerten«, wurde das für ihre Mannschaft zum Handicap. Das war in etwa so, als würde man ein Galopprennen mit 50 Kilo Ausgleichgewicht absolvieren. Bernard meinte, die anderen europäischen Vereine wüssten genau, wie der Hase lief. Offenbar konnte man dem Schiedsrichter helfen, »die richtigen Entscheidungen« zu treffen. Und das waren natürlich die ersten Tropfen Gift!

---

33 Ich meine die »Affäre OM-VA«, in der Marseille im Mai 1993 mehrere Spieler von Valenciennes-Anzin bestach, um das Spiel zu gewinnen.

Berlusconi bin ich nur einmal begegnet, als er italienischer Ministerpräsident war. Ich wollte ihn für einen alten Kameraden von Lotta Continua[34], der meiner Meinung nach unschuldig im Gefängnis saß, um Gnade bitten. Er kam joggend zu unserem Treffen; wir sprachen eine halbe Stunde über meinen Freund und eine Stunde über Milan. Da begriff ich, dass dieser Mann als kleiner Junge in den Kupferkessel gefallen war und sich jetzt mit seinem Geld einen Kindheitstraum erfüllte: indem er den AC Mailand kaufte.

Denn das Lustige an der Geschichte ist, dass es »Berlu« und »Nanard« nicht darum ging, mit ihren Investitionen Profit zu machen. Keinen kleinen Gewinn, keinen Extra-Mehrwert. Nein. Sie haben in den Fußball investiert, weil er sie im Erfolgsfall berühmt und bei allen beliebt machen würde. Wer im Fußball siegt, dem ist der Ruhm gewiss! Während ein erfolgreicher Geschäftsmann oder Politiker mit üblem Gegenwind rechnen muss. Denn wenn ein Verein eine Trophäe holt, macht er seine Stadt, die ganze Region oder – beim Europapokal – sogar das ganze Land glücklich. Das gilt für alle, ob reich oder arm, rechts oder links, Liberaler oder Ökosozialist, grün oder schwarz.

Wie dem auch sei, jedenfalls haben Berlusconi und Tapie als Präsidenten europäischer Titelträger[35] zugleich ihr Ego, einen Wunsch und ein Laster befriedigt: um jeden Preis zu gewinnen.

Bei Jean-Luc Lagardère war das anders. Er engagierte sich nicht im Fußball, um auf der Titelseite von *Paris*

---

34  Eine politische Gruppierung der 1970er und 1980er Jahre in
    Italien, die kommunistisch und revolutionär ausgerichtet war.
35  Berlusconi 1989, 1990, 1994, 2003 und 2007, Tapie 1993.

*Match* oder *L'Équipe* zu stehen. Das hatte er schon als Chef von Matra erreicht, womit er 1969 die Formel 1 gewann und dreimal das Vierundzwanzig-Stunden-Rennen von Le Mans. Auch hatte er nicht abgewartet, bis der Fußball nach dem heroischen Halbfinale der *Bleus* in Sevilla in Frankreich in Mode kam. Seitdem er 1977 die Leitung von Europe 1 übernommen hatte, war der Sender Sponsor des FC Nantes, und zwar ausschließlich zu Werbezwecken. Im Grunde hatte er sich mehr oder weniger aus Nostalgie zum Sport hinreißen lassen.

Als Fan des Racing Club de Paris, der er von Kindesbeinen an gewesen war, kaufte er den Verein 1982, als dieser in der Zweiten Liga herumdümpelte, benannte ihn in Racing-Paris 1 um und zwei Jahre später in Matra Racing. Aber Lagardère zahlte nicht jeden Preis und überlegte sich sein Engagement genau. So gab er sich selbst zehn Jahre Zeit. Doch um die ganz großen Namen zu holen, ließ er schließlich 1985 als Erster die Transfersummen in die Höhe schießen und rief schwindelerregende Ablösen auf: umgerechnet sechs bis sieben Millionen Euro, während der geniale Maradona ein Jahr zuvor für »nur« 5,8 Millionen vom FC Barcelona zum SSC Neapel gewechselt war. Und so lief die Notenpresse bei Lagardère ab 1985 auf Hochtouren. Erst kam mit dem Nanteser Maxime Bossis der beste Innenverteidiger Europas, ein Jahr darauf der zweimalige WM-Finalist Pierre Littbarski, der Uruguayer Enzo Francescoli, der 1984 zum besten Spieler Südamerikas gewählt worden war, und schließlich Luis Fernández, Mittelfeldspieler bei Paris Saint-Germain. Doch als Lagardère im Juni 1989 begriff, dass sein Matra nie mit Monaco, Bordeaux oder Marseille würde konkurrieren können, war er klug genug, sich geschlagen zu geben. Zumal es ihm nun auch Berlusconi und Tapie gleichtun wollten und fantastische Summen zu zahlen begannen. Aber im Gegensatz zum Industriellen sind sie am Spieltisch sitzen geblieben ... Nur drei Saisons nachdem sie sich selbst beschenkt hatten, gewann der eine den Europapokal und der andere das Double aus Meisterschaft und Pokal.

Ich möchte nicht behaupten, dass diese drei die Ersten waren, die mit ihrer millionenschweren Aufrüstung den Sport verdarben. In jedem Fall aber haben sie den Weg geebnet und Tor und Tür für finanzielle Bereicherung geöffnet. Dabei gehorchten sie gleichsam dem Zeitgeist. Denn damals konnte man in Westeuropa eine brutale Verwandlung der Gesellschaft beobachten: Plötzlich stellten die Leute ihren eigenen Reichtum aus. Womit sie – ironischerweise – eine Devise von 68 anwandten: »Lebt ohne Hemmungen«. Dieser Slogan wurde nun schamlos und in provozierender Manier ausbuchstabiert: »Ich habe Kohle, und das zeige ich auch!« Im gleichen Maße, wie die anderen Akteure der Gesellschaft ihre Hemmungen ablegten, fand diese Entwicklung auch im Fußball statt. Begünstigt durch eine zweite Finanzquelle, die etwa zur selben Zeit zu sprudeln begann: die Millionen aus den Fernseheinnahmen. Der Fußball wurde zur Industrie des Spektakels. Für die Bezahlsender war er ein echter Magnet in ihrem Wettbewerb um Zuschauer. Man sehe sich nur Canal+ in Frankreich, Sky Sports in Großbritannien oder Sky in Deutschland an. Indem diese Sender der französischen Profiliga, der Premier League oder der Bundesliga für kleines Geld die Übertragungsrechte an den Meisterschaften abkauften, sicherten sie sich eine hübsche schnelle Rendite, da die Abonnenten ihnen die Türen einrannten. Dabei wurden ihre Erwartungen sogar noch übertroffen. Als die Ligen das mitbekamen, trieben sie die Preise in die Höhe, was zu einem Schneeball-effekt und zu einer Inflation der Rechte führte. Seitdem schwimmen die englische Premier League, die spanische La Liga, die italienische Serie A, die Bundesliga und sogar die französische Ligue 1 im Geld. Noch spektakulärer sind die Summen, die FIFA und UEFA einstreichen. Um zu begreifen, in welchem Maßstab sich das alles bewegt, ge-nügt eine Prozentzahl: Die vom internationalen Verband kassierten Rechteerlöse sind zwischen der WM 1990 und der WM 2014 um 5300 Prozent gestiegen! Ohne derartige Höhenflüge zu erreichen, hat sich auch der Preis für die Rechte an der englischen Meisterschaft in den letzten zwanzig Saisons verzehnfacht, dreimal so viel wie in Frankreich. Wenn heute Sky und British Telecom, die die Premier League übertragen, jede Saison fast 2,5 Milliar-den Euro zahlen, dann bläst das natürlich die Budgets der Vereine auf, die im darauffolgenden Jahr dann noch mehr Stars anziehen. Arsène Wenger, damals noch Trainer des FC Arsenal, hat das einmal mit den Worten beklagt: »Sie wissen doch, wie das läuft ... 90 Prozent des Geldes lan-det direkt in den Taschen der Spieler.« Durch diesen vom Himmel gefallenen, den elektromagnetischen Wellen zu verdankenden Geldsegen ist die Ökonomie des Fußballs am Ende des 20. Jahrhunderts außer Rand und Band ge-raten. Und infolge der Digitalisierung hat sich alles noch verzehn-, verzwanzig-, verhundertfacht.

Die zweite Ursache für die kolossale Umwälzung lag darin, dass sich der Status des Fußballs änderte. War er bis dahin »nur« universell, so hat er sich ab 2000, 2001 glo-balisiert, was nicht dasselbe ist. Zuerst als Spektakel. Die Privatsender begannen, die besten europäischen Meisterschaften weltweit auszustrahlen. Ozeanien, Amerika, Afrika und vor allem Asien mit seinen vier Milliarden Menschen wurden in den Bann des Fußballs geschlagen – ein enormer Markt. Das wiederum hat zunächst in England, später auch in Frankreich, Italien und Spanien Sponsoren aus Asien und der Golfregion angelockt. Schließlich kamen Typen mit Geld wie Heu, von denen man nie vermutet hätte, dass sie sich für einen solchen Wirtschaftszweig interessieren könnten. Von nun an nahm die Sache eine andere Dimension an. Im Vergleich zu diesen Leuten spielte Tapie in der Nationalmannschaft, Lagardère in der Zweiten Liga und Berlusconi im Niemandsland der Serie A. Denn hier flossen unfassbare Summen in Vereine in Westeuropa, aber auch in Russland und der Ukraine. Damit kam der Stein ins Rollen.

Das große Aushängeschild dieser Protzerei ist natürlich Roman Abramowitsch, seit 2003 Besitzer des FC Chelsea. Er hatte sich beim Auseinanderbrechen der UdSSR gütlich getan, indem er für einen Apfel und ein Ei die Anteilscheine der Angestellten der Staatsbetriebe übernahm, als die Produktionsmittel zerschlagen und die Unternehmen privatisiert wurden, die die natürlichen Ressourcen des Imperiums erschlossen hatten. Bis heute hat Abramowitsch über zwei Milliarden Euro in den Londoner Klub gesteckt, ein Fünftel seines Gesamtvermögens, wovon zwei Drittel in den Kauf von Stars gingen, die zuweilen wie im Fall des Spaniers Fernando Torres nur Kometen waren. Aber es gibt auch noch andere Oligarchen, die in Russland oder der Ukraine geblieben sind, wo sie zwar diskreter auftreten, aber ebenso zur Deregulierung des Fußballmarkts beitragen. Suleiman Kerimow, ein Ölscheich und Besitzer des Vereins Anschi Machatschkala, oder der Ukrainer Rinat Achmetow, auf Rang 39 der Reichsten der Welt und Boss von Schachtar Donezk, bieten Italienern, Franzosen, Afrikanern oder Brasilianern mit Inspirationspause exorbitante Summen. Für nichts und wieder nichts. Um im Land als etwas zu gelten. Und dann gibt es noch den Fall des acht Milliarden schweren Dmitri Rybolowlew. Bei ihm verhält es sich etwas anders. Er war zunächst bei Manchester United abgeblitzt, bevor er 2011 den AS Monaco kaufte. Seine Vorgehensweise ist eine ganz andere als bei Abramowitsch. Denn sosehr der Besitzer der *Blues*, der schon als Kind Fußball und Eishockey liebte, den Anschein erweckt, Jahr für Jahr Geld in einem bodenlosen Brunnen zu versenken, indem er einen diamantenbesetzten Riesenteddy füttert, so sehr scheint der Monegasse darauf aus zu sein, in diesem Geschäft ... tatsächlich Geschäfte zu machen. Das konnte man schon ahnen, als der *Spiegel* und die französische Website Mediapart im Dezember 2016 die Football Leaks veröffentlichten. Sie enthüllten, dass Rybolowlew einen Pensionsfonds besaß, um im Geheimen Anteile an Spielern (!) zu kaufen. 2017 kam dann die Bestätigung, als er seine zahlreichen Goldstücke verkaufte, mit denen Monaco noch kurz zuvor ins Halbfinale der Champions League gekommen und französischer Meister geworden war. Indem er Mbappé, Mendy, Bakayoko und Bernardo Silva verscherbelte, verschaffte er sich binnen zwei Monaten 350 Millionen Euro in bar.

Nach den Russen landete eine andere Kategorie von Kapitalisten in England an: amerikanische Milliardäre, die schon im US-Sport Beteiligungen besaßen. Sie warfen ihr Geld nicht nach dem Zufallsprinzip raus. Sondern sie zielten gleich nach ganz oben. Manchester United, Liverpool und Arsenal. Diese Leute kamen nicht nach Europa, um noch einmal Kind zu sein oder auf dicke Hose zu machen. Sie wollten ihr Geld vermehren. Stan Kroenke, ein »Schwergewicht« wie Rybolowlew und Besitzer des FC Arsenal, hat immer gesagt, ihn interessiert nicht, ob die Gunners die Champions League oder die englische Meisterschaft gewinnen, solange sie ihm nur jedes Jahr Profit einbringen. Und genau das geschah. Dank des Verkaufs von Merchandiseartikeln vor allem in Asien und den Emiraten, der 60 000 Dauerkartenbesitzer im Emirates Stadium und des cleveren Arsène Wenger, der seine Spieler zum richtigen Zeitpunkt kaufte und verkaufte, war der FC Arsenal am Ende der Saison 2015/16 der rentabelste Verein in ganz Europa, ohne jemals Europapokalsieger geworden zu sein, und auch die englische Meisterschaft lag lange zurück: 2004.

Die dritte Welle der Schwerreichen auf dem Fußballmarkt kam aus den Golfstaaten. Fly Emirates und Qatar Airways sind bzw. waren zwei der wichtigsten Sponsoren europäischer Vereine, von Real Madrid und dem FC Barcelona. Die Vereinigten Arabischen Emirate haben sich Manchester City gekauft, Katar gehört Paris Saint-Germain. Weniger, um Kohle zu scheffeln, als um der Welt zu zeigen, dass sie inzwischen auch auf diesem Gebiet mächtige Akteure sind, um die keiner mehr herumkommt. Das ist das Verblüffende und Schockierende an all diesen Transfers: die fußballerisch-politisch-wirtschaftliche Strategie, die sich über den gesamten Globus zieht und einfach nur grotesk ist.

Das Beispiel China, das zuletzt aufs Karussell aufgesprungen ist, erscheint mir in dieser Hinsicht besonders bemerkenswert. Alles begann mit der »Wahl« von

Xi Jinping zum Staatspräsidenten der Volksrepublik Ende 2012. Der Mann ist verrückt nach Fußball. Und das zeigt er auch. Als »Großer Steuermann von Baidu«, dem chinesischen Google, hat er zum Beispiel einmal einen Blick in die Umkleide von Manchester City werfen dürfen, nur weil ein Konsortium chinesischer Pensionsfonds der königlichen Familie aus Abu Dhabi 13 Prozent des Kapitals abgekauft hatte. Das nur als Anekdote. Aber es kommt noch »besser«. 2015 hat der Staatsrat, sprich: die chinesische Regierung, sein »allgemeines Programm zur Entwicklung und Reform Chinas« vorgelegt. Zu welchem Zweck? Weil China die Weltmeisterschaft 2030 austragen will, die enorme Einnahmen generieren würde. Und es läge durchaus im Bereich des Möglichen. Aber auch – und das blieb natürlich unausgesprochen –, um den Pokal vielleicht selbst zu gewinnen. Was schon nicht mehr ganz so einfach wäre. Nachdem also Xi die Linie vorgegeben hatte, folgte ihm der chinesische Kapitalismus und wandte sie an. Und an dieser Stelle wird es wirklich haarsträubend. Es mag ja nicht ganz dumm sein, den AC Mailand zu kaufen oder »Teile« von Olympique Lyon, Atlético Madrid[36] oder Manchester City, wie es einige Geldfürsten aus dem Reich der Mitte taten, völlig irre aber ist, dass in China Altenheime für Profis am Karriereende errichtet werden, um sie mit pharaonischen Verträgen nach Schanghai oder Hubei zu locken. So waren der Argentinier Carlos Tévez, einstiger Star bei Manchester City und Juventus Turin, und sein Lands-

---

36 Der chinesische Immobilienriese Wanda musste hoch verschuldet im Februar 2018 seine Anteile wieder verkaufen. Er bleibt jedoch durch den Namen des Stadions Sponsor des Vereins.

mann Ezequiel Lavezzi, der noch vor drei, vier Jahren auf großem Fuß in Paris lebte, 2018 mit 40 Millionen Euro Jahresgehalt die bestbezahlten Spieler der Welt. Sie verdienen doppelt so viel wie Messi oder Cristiano Ronaldo! Man könnte darüber lachen, wenn dieser hirnlose Auswuchs nicht womöglich langfristig den europäischen Fußball aushöhlen würde. Denn während bislang nur abgelebte Fußballer nach China gehen, um von der Landkarte zu verschwinden, lassen sich inzwischen auch jüngere Spieler in Versuchung führen. Zum Beispiel machte der Belgier Axel Witsel, ein hundertfacher Nationalspieler, 2017 den Abflug nach Tianjin, obwohl er gerade erst achtundzwanzig geworden war. Zum Glück hat ihn Borussia Dortmund nach der letzten WM wieder ins Fußballerleben zurückgeholt.

Diese Globalisierung, entstanden durch das Spektakel, das aus dem Fußball gemacht wurde, und die unfassbaren Summen, die in unsere neoliberalen Gesellschaften gepumpt werden, haben also zu einem Frontalzusammenstoß mit den bislang in diesem Sport geltenden guten Sitten geführt. Was vor allem in Europa zu einer neuen Politik der Spieleranwerbung geführt hat. Natürlich versucht man immer noch die Stars zu bekommen, aber man schaut inzwischen auch, dass man möglichst Einkäufe tätigt, die ein paar Jahre später vielleicht das große Geld bringen. So sucht man die Kids in allen Ecken der Welt, in Lateinamerika, Afrika, den französischen, englischen, holländischen und deutschen Vorstädten. Und bei diesem Wettlauf auf der Suche nach der Nadel im Heuhaufen reißt man sich Kinder unter den Nagel, die kaum in der Pubertät sind, indem man ihnen *und* ihren Eltern eine glänzende Zukunft vorgaukelt. Hinzu kommt, dass die Familien Fußball heute nur noch durch die Brille des Geldes betrachten und ihre Sprössling als Geldautomaten ansehen. Monströs ist das Vorgehen einiger europäischer Klubs, von Real über Barça bis ManU, die sich Kinder schon im Alter von zehn, zwölf Jahren holen, weil sie angeblich kleine »Genies« seien. Selbst Bayern hat sich in diese verachtenswerte Praxis eingereiht und mit den Eltern eines sechzehnjährigen Schweden einen Vertrag unterzeichnet. Im Grunde aber bietet man den Jungen keine Karriere an, sondern einen Lebensplan. Das ist nicht einfach nur Wahnsinn, das ist zutiefst unmoralisch! Noch absurder wird es, wenn man sich ansieht, wie viele junge Afrikaner illegal nach Europa kommen, um ihr Glück im Fußball zu probieren. Darüber wird natürlich nie gesprochen. Kinder, die leider nicht zur richtigen Zeit am richtigen Ort waren, als die europäischen Scouts das Land besuchten und ihre Einkäufe tätigten. Fußballeuropa hat heute die Sogwirkung einer Fata Morgana auf diese Entwurzelten, die wer weiß wo enden werden, wenn kein Wunder geschieht. Für die Agenten jedenfalls sind diese jungen Spieler, ob Emigranten oder nicht, eine Goldgrube, auf die man sich stürzen muss. Dabei gibt es bei der FIFA eine schwarz auf weiß nachzulesende Regel: Ein Mittelsmann hat nicht das Recht, sich auf dem Rücken eines Jugendlichen die Taschen vollzustopfen. Aber diese Regel wird einfach ignoriert. Der internationale Verband torkelt bei dem Thema zwischen Machtlosigkeit und Ignoranz. Und das ist nicht mehr nur ein Tropfen Gift. Das ist eine tödliche Dosis.

Als UEFA-Präsident hat Michel Platini viel über die Risiken nachgedacht, die Jugendliche eingehen, wenn sie von einem Leben als Fußballprofi träumen. Wir haben in Straßburg oft darüber gesprochen. Denn er wollte die Unterstützung der Europäischen Kommission, um zu verbieten, Wunderkinder von vierzehn, fünfzehn Jahren wie Vieh zu »verkaufen«. Und er hat sie bekommen! Übrigens auch, als er beschloss, das Financial Fairplay einzuführen. Das Prinzip ist denkbar einfach: Ein Verein darf nicht mehr Geld ausgeben, als er einnimmt. Und es gibt keine tausend Möglichkeiten, Einnahmen zu generieren: Kartenverkauf, VIP-Logen im Stadion und Spielertransfers; Merchandising; und schließlich die Gelder der Sponsoren, die in der Wirtschaft tätige Unternehmen sein müssen. Eine Maßnahme, die dem europäischen Fußball eine bessere Selbstregulierung ermöglichen soll, indem die Vereine dazu angehalten werden, ein solides Wirtschaftsmodell zu entwickeln, unabhängig von den Launen eines – womöglich noch einzelnen – Hauptaktionärs wie Katar in Paris oder der russischen Oligarchen oder amerikanischen Kapitalisten in England. Diese 2010 in Kraft getretene Fairplay-Regel war der Beginn einer notwendigen Entwicklung – obwohl sie längst nicht weit genug geht. Denn um Entgleisungen zu stoppen, bedürfte es einer Lösung, die unterbindet, dass Vereine die Regel unterlaufen. Zum Beispiel finanziert PSG sein astronomisches Budget über die Qatar Foundation, eine gemeinnützige private Stiftung, deren Vorsitzende die Frau des Scheichs ist. Es handelt sich also nicht um ein Unternehmen, sondern einen zu 100 Prozent vom katarischen Staat finanzierten Fonds, was schlichtweg unrechtmäßig ist. Auch müsste man eine Möglichkeit finden, um zu verhindern, dass Vereine ihre überteuerten Diven mithilfe illegaler Finanzkonstrukte bezahlen, denen gegenüber die jeweiligen Länder einfach ein Auge zudrücken. Einzige Ausnahme: Spanien, wo man nach den Enthüllungen von Football Leaks beschlossen hat, Cristiano Ronaldo nicht damit davonkommen zu lassen, dass er 150 Millionen Euro am Fiskus vorbeigeschleust hat, indem er sie in der Schweiz und auf den Britischen Jungferninseln parkte. Er bekam im Sommer 2018 zwei Jahre auf Bewährung und musste 18,8 Millionen Euro Strafe zahlen. Und auch Messi hat der spanische Justizminister über drei Jahre lang am Wickel gehabt, bis der Argentinier schließlich zu einer immensen Geldstrafe wegen Steuerhinterziehung verurteilt wurde. Hier sieht man die Kehrseite der Deregulierung des Kapitalismus, der sich mit seinen Tentakeln in den Fußball krallt und ihn zu zerstören droht. Denn wer beim Geld schummelt, verzerrt den Wettbewerb.

Eins ist jedenfalls sicher. Der Sache nach ist der Fußball etwas Gemeinschaftliches. Doch wenn diese Idee durch Einzelne – Inhaber, Präsidenten, Spieler, Agenten – ausgehöhlt wird, die mit Geld um sich schmeißen wie andere mit Parolen, obwohl sie nichts zu sagen haben, dann wird es verantwortungslos. Vor allem gegenüber den Spielern, auf die das große Los fällt, obwohl sie noch keine zwanzig sind. Denn:

1. Wenn man ihnen keine Zeit lässt, um erwachsen zu werden, können sie auch kein Verantwortungsbewusstsein für Geld oder andere Dinge entwickeln.

2. Man stachelt sie damit zu krankhaften Verhaltensweisen an, die eigentlich in die Psychiatrie gehören. Wenn sich ein Achtzehnjähriger einen Ferrari kauft, okay, *why not?* Absurd wird es allerdings, wenn er sich dann noch einen Porsche, einen Maserati und den neusten SUV holt.

Um die Schäden zu bekämpfen, die dieser Geldtsunami in der Fußballgemeinschaft und in den einzelnen Personen angerichtet hat, bedürfte es radikaler Maßnahmen. Man könnte damit anfangen, das Kapital aus dem Ausland auf 10 Prozent der Gesamteinnahmen eines Vereins zu beschränken. Denkbar wäre auch eine europäische Regelung – die vor zivilen und Sportgerichten Bestand hätte –, dass jeder wegen Steuerflucht verurteilte Verein und/oder Spieler eine Strafe erhält, von drei Millionen Euro bis hin zu einer Sperre von fünf Jahren bis lebenslang. Die Europäische Kommission könnte eine Richtlinie erarbeiten und der UEFA vorlegen, die sie in ihre Statuten aufnimmt. Damit würde die Regel nicht nur in den Mitgliedsstaaten der EU gelten, sondern auch in allen fünfundfünfzig der UEFA angehörenden Verbänden.

Deutschland ist von derlei Auswüchsen bislang weitgehend verschont geblieben. Denn der Verband untersagt, dass mehr als 50 Prozent des Kapitals eines Vereins von einem Inhaber stammen dürfen, sodass Investoren aus dem Ausland lieber zweimal hinsehen, bevor sie hier ihr Geld anlegen. Bayern München gehört zum Beispiel zu 75 Prozent den Aktionären, während sich Audi, Adidas und Allianz die restlichen 25 Prozent teilen. Bleibt die Frage, wie lange der DFB seine Position noch aufrechterhalten kann. Denn gegen diese Regelung regt sich Widerstand, etwa durch den Präsidenten von Hannover 96, Martin Kind, der sich 2018 den Verein unter den Nagel reißen wollte.

Dass diese Praxis noch unangetastet bleibt, hat auch viel mit der deutschen Mentalität zu tun. Ein Fußballverein muss demnach wie ein Unternehmen geführt werden, um erfolgreich zu sein. Wenn also Bayern für 40 Millionen Euro Corentin Tolisso aus Lyon holt, dann ist das die absolute Obergrenze, die man sich in der Bundesliga erlauben kann. Im Gegensatz zu Frankreich oder Spanien hat diese finanzielle Regulierung vor allem den Vorteil, dass es ein nach wie vor dichtes Feld an der Spitze gibt – wenngleich die Meisterschaft seit zehn Jahren von München und Dortmund dominiert wird. In jedem Fall bleibt das Publikum am Ball, kommt in die Stadien und gibt an der Kasse viel Geld aus. Die deutsche Fußballmeisterschaft hat den besten Zuschauerschnitt in Europa, 42 000, weit vor England mit 36 000 und Spanien mit 27 000 Zuschauern. Ein im Grunde im Mittelfeld der Liga anzusiedelnder Verein wie Eintracht Frankfurt empfängt alle zwei Wochen 50 000 Besucher, während Monaco als französischer Meister der Saison 2016/17 im Schnitt bei 4000 zahlenden Gästen lag.

Noch außergewöhnlicher als die horrenden Summen, in denen der Fußball badet, ist die Art und Weise, wie diese Auswüchse zumindest in Frankreich in der Öffentlichkeit wahrgenommen, analysiert und kommentiert werden. Mögen die Medien diese atemraubenden Transfers als Sinnbild für das Auseinanderdriften der Gesellschaft ansehen, so ist es doch der diesen Sport liebenden schweigenden Mehrheit herzlich egal, was Fußballer verdienen. Die »guten Franzosen«, die sich noch bei der Diskussion über den Etat 2018 und der Debatte zur Abschaffung der Vermögenssteuer über die »verantwortungslosen Kapitalisten« aufgeregt und geschrien haben: »Wir haben die Schnauze voll, dass uns die Reichen ihr Geld unter die Nase reiben, jetzt müssen sie zahlen«, sagten gleichzeitig: »Ist mir egal, wie viel Neymar verdient, Hauptsache, er schießt seine Tore und hilft PSG, die Champions League zu gewinnen.« Beim Präsidentschaftswahlkampf 2012 passierte etwas Ähnliches. Als Hollande versprach, alle Jahreseinkünfte über einer Million Euro mit 75 Prozent zu versteuern, fand seine potenzielle Wählerschaft das großartig. Aber als drei Tage später die Profifußballliga die Maßnahme kritisierte, weil sie, wie ihr Präsident Frédéric Thiriez sagte, »den Tod des französischen Fußballs bedeuten würde, da sie die besten Spieler aus der Ligue 1 vertreibt«, fand ein Teil der Wählerschaft die Idee plötzlich doch nicht mehr so gut, wenn sie denn dem Fußball schade.

Natürlich kann man die Verärgerung des Volkes gegenüber einigen arroganten Superreichen für legitim halten. Denn es ist moralisch nicht gerechtfertigt, deren Vermögen nur unzureichend zu besteuern. Vor allem, wenn es nicht in die Wirtschaft des Landes fließt. Andererseits kann ich mir nicht erklären, wieso junge Fußballer, die so früh und so schnell Unsummen verdienen, mit derart großer Nachsicht bedacht werden. Selbiges gilt übrigens auch für Rapper und Kinostars – vielleicht mit Ausnahme von Gérard Depardieu, seitdem er Putin auf den Mund geküsst hat. Mir mag nur ein Grund dafür einleuchten – und ich zähle dann mich selbst zu den »Geblendeten«. Wenn Neymar oder Messi, Mbappé oder Cristiano Ronaldo auf dem Rasen stehen, denke ich nicht mehr an ihr Bankkonto. Gerade, wenn sie mit der Bayern-Abwehr dermaßen Katz und Maus spielen wie beim legendären 3 : 0 im Champions-League-Hinspiel 2017 im Parc des Princes. Ebenso, wenn ich George Clooney oder Jean Dujardin auf der Leinwand sehe. Wie ich auch keinen Anstoß nehme, wenn ein Picasso oder Modigliani für 150 Millionen Dollar verscherbelt wird. Weil sie einzigartig sind! Wenn uns ein Künstler – und manche Fußballer sind Künstler – Freude, Leben, Vergnügen schenkt, dann bemessen wir seinen Wert nicht mehr in Euro. Ob nun den realen oder den mutmaßlichen Wert. Ich glaube sogar, je glücklicher uns ein Spieler macht, umso mehr pfeifen wir darauf, was er »wert« ist oder was er verdient. Und dann ist es uns auch egal, was wir für das Spektakel auf den Tisch legen müssen. Andererseits weiß ich jedoch nicht, ob inzwischen nur noch die Reichen in den Parc kommen, um PSG zu unterstützen, oder ins Stade de France, um zu den Rolling Stones zu tanzen, weil die Karten weiß Gott nicht gerade billig sind. Für mich ist dieses Phänomen ein Spiegel der Gesellschaft. Ich bin wahrlich nicht angetreten, um hier eine Moralpredigt zu halten – aber es ist doch faszinierend ... und zugleich deprimierend.

Manchmal werde ich gefragt, ob der heutige Fußball das Schaufenster der Globalisierung sei und ob der ihn regierende Ultraliberalismus im Begriff sei, ihn zu zerstören. Auf die erste Frage antworte ich stets mit »Ja«, auf die zweite immer mit »Nein, aber ...«.

Natürlich ist der Fußball ein Schaufenster der Globalisierung, dieser Befund ist inzwischen einfach banal. Mir scheint es jedenfalls das Offensichtlichste an diesem omnipräsent gewordenen Sport. Aber Vorsicht. Wie die Weltwirtschaft – der berühmt-berüchtigte »Markt« – muss auch der Fußball besser reguliert werden, um nicht vollständig dem Irrsinn zu verfallen. Das Financial Fairplay ist da schon mal ein guter Ansatz. Aber meiner Meinung nach genügt das nicht. Nun gäbe es eine bedenkenswerte Möglichkeit, die Sache in Europa wieder ins Lot zu bringen. Sie geht auf eine Idee zurück, die Gabriel Hanot schon 1954 hatte: Er wollte etwa dreißig große Vereine vom gesamten Kontinent zusammenbringen, um unter ihnen eine Meisterschaft auszutragen – anstelle eines Pokalwettbewerbs. Vor ungefähr zehn Jahren hat die G-14 – ein Lobbyverband aus vierzehn großen europäischen Vereinen unter Präsident Jean-Michel Aulas, dem Eigentümer von Olympique Lyon – diesen Vorschlag wieder aus der Schublade geholt. Er wurde jedoch sogleich von FIFA und UEFA im Keim erstickt. Angesichts der drohenden Gefahr machten beide ausnahmsweise gemeinsame Sache und reagierten entsprechend schnell.

Eine solche Liga wäre gleichsam die »NBA des Fußballs«. Sie würde nach dem Wirtschaftsmodell des amerikanischen Profisports auf europäischer Ebene durchgeführt werden. Man würde die Crème de la Crème der Vereine auswählen und in zwei »Conferences«[37] aufteilen, in denen sie spielen, ohne dass jemals ein Team ab- oder aufsteigen kann. Wirtschaftlich gesehen ist das in Nordamerika hochprofitabel, dort generieren die dreißig Teams der NBA deutlich mehr Geld als die zweiunddreißig Vereine, die an der Gruppenphase der Champions League teilnehmen. Erstens, weil es ein *salary cap* gibt. Und das ist etwas anderes als unser nettes kleines Financial Fairplay: eine Gehaltsobergrenze, die für alle gilt und für alle gleich ist. Zweitens, weil dort die Transfers überprüft werden. Dank dieser Maßnahmen wird die Akkumulation großer Summen in zwei oder drei Teams verhindert und damit auch eine Ballung der besten Spieler.

---

37 Ein amerikanischer Begriff, der so viel wie »Liga« bedeutet.

Dadurch bleibt das sportliche Gleichgewicht erhalten, sodass die Vereine profitabel wirtschaften können.

Bleibt nur die Frage, was dann aus den verschiedenen europäischen Wettbewerben wird. Wäre es nicht vielleicht vorstellbar, dass das neue Modell die Champions League ersetzt und dieselben Vereine mit einer zweiten Mannschaft zusammen mit anderen Klubs auch eine nationale Meisterschaft austragen? Warum eigentlich nicht? Der Rugby, die nicht gerade progressivste Sportart, zeigt seit ein paar Jahren, wie es gehen könnte: Hier wird der Super-Rugby unter fünfzehn Mannschaften der Südhalbkugel ausgetragen, aus Neuseeland, Australien, Südafrika, Japan und Argentinien, ohne dass deshalb die nationalen Meisterschaften eingestellt worden wären.

Was meine Antwort auf die zweite Frage betrifft, würde ich sagen, dass der Ultraliberalismus den Fußball nicht zerstört, sondern besser macht! Oft spielen die Vereine heute spektakulärer als bei den Weltmeisterschaften. Dazu muss man sich nur jene globalisierten Teams ansehen, in denen nur noch drei oder vier Spanier (Real Madrid), Deutsche (Bayern) oder noch weniger Franzosen (PSG) oder Engländer (Chelsea) in der Startformation stehen. Das einzige Problem ist, dass sich dadurch die weltbesten Spieler nur noch in einer Handvoll Klubs wiederfinden. Denn obwohl es zwar hübsche Ausnahmen geben mag wie den AS Monaco, der 2017 das Viertelfinale der Champions League erreichte, haben doch Madrid, Barcelona, Juventus Turin, Manchester City, Atlético Madrid und Bayern München die meisten Halbfinals zwischen 2012 und 2019 unter sich ausgemacht.

Das führt mich dazu, das Undenkbare anzuvisieren und meine Überlegungen zu Ende zu denken. Mich würde es nicht stören, wenn eines Tages ein Land bei einer Weltmeisterschaft von den dreiundzwanzig besten Spielern seiner Meisterschaft repräsentiert würde – unabhängig von ihrer Nationalität. Was übrigens im Rugby schon unter bestimmten Prämissen geschieht. Die Tour de France hat dieses Prinzip bereits 1969 eingeführt, als die Nationalteams durch Markenteams ersetzt wurden, ohne dass deshalb die Begeisterung für diesen Wettbewerb abgenommen hätte – trotz der Dopingskandale. Ich bin mir sicher, wenn der Argentinier Messi, der Uruguayer Suárez, der Franzose Dembélé, der Kroate Modrić, der Chilene Vidal, der Deutsche Kroos, der Brasilianer Marcelo und der Franzose Benzema zugleich für Barcelona, Real Madrid und Spanien spielten, dann würden die Fans diese »multinationale« Truppe, ohne mit der Wimper zu zucken, als »Spanier« bezeichnen. Zugegeben, mein Herz würde bluten, weil sich Brasilien sicher nicht mehr für die WM qualifizieren würde. Dagegen würde China plötzlich eine gewichtige Rolle spielen oder auch die Golfstaaten, wie 2015 im Handball, als Katar mit einem Team ins WM-Finale kam, in dem zehn von sechzehn Spielern aus dem Ausland stammten. Und das wäre wirklich eine Horrorvorstellung.

Wenn ich mir Mühe gebe, kann ich vielleicht noch akzeptieren, dass der Fußball im Grunde nur den Gesetzen des Marktes folgt, denen auch die Wirtschaft unterliegt. Aber was ich nicht mehr ertrage, sind all die mehr oder weniger geheimen Mauscheleien bei den Transfers. Während Raymond Kopa 1956 noch direkt mit dem Präsidenten von Real Madrid Santiago Bernabéu die Vertragsbedingungen aushandelte, geht heute nichts mehr, ohne dass ein, zwei, drei oder mehr »Mittelsmänner« ihre

Finger im Spiel haben und sich dabei die Taschen vollstopfen. Im Vertrag steht inzwischen nicht mehr nur, was der Spieler verdient, sondern auch, wie viel der Agent, der »Vermittler«, der Vertrauensmann, der Kindheitsfreund, die Familie und die Schwiegereltern kriegen. Und wer mir entgegenhält, diese Praxis sei – abgesehen davon, dass sich auch Familienmitglieder einmischen – in Transaktionen in Industrie und Finanzwelt gang und gäbe, dem erwidere ich, dass das eine nichts mit dem anderen zu tun hat. Ein Fußballer ist erstens kein Airbus A380, Atomkraftwerk oder Flugzeugträger. So viel zur moralischen Seite. Zweitens geben zwei Unternehmen, die miteinander ins Geschäft kommen, die Angelegenheit in die Hände einer auf solche Transaktionen spezialisierten Gesellschaft, die die Interessen beider Seiten berücksichtigt. Das Ganze findet in einem strengen juristischen und finanziellen Rahmen statt. Natürlich nehmen die Beraterfirmen, wenn der Deal abgeschlossen ist, einen prozentualen Anteil. Aber auch das ist genau reglementiert. Die Transfers von Fußballern dagegen lassen mich, vor allem wenn sie unverhältnismäßige Summen erreichen, mehr und mehr an die verachtenswerte Weise denken, wie beim Verkauf von Waffen mit Dollar vollgestopfte Koffer unter der Hand den Besitzer wechseln.

Auch stört mich daran, dass die Spieler in neun von zehn Fällen nicht an den Verhandlungen teilnehmen und sich den Forderungen, sprich: Interessen ihrer Agenten oder Familien unterordnen. Kylian Mbappé ist da wohl nur die Ausnahme, die die Regel bestätigt. Sicherlich reifer als die meisten anderen Jungs in seinem Alter, hat er im Sommer 2017 seinen Willen durchgesetzt und ist nicht zu Real Madrid gewechselt, weil es sein Traum war, in Paris zu spielen. Gut, er ist nicht in den dreckigen Händen der beiden »Fußballzuhälter«, Jorge Mendes und Mino Raiola. Sie haben die zwei dicksten »Kataloge«, und ihnen liegen – man fragt sich, warum – die Präsidenten der größten Vereine zu Füßen. Um sich vor Augen zu führen, wozu die beiden imstande sind, muss man sich nur die Dokumente von Football Leaks ansehen. Sie belegen, dass Raiola 2016 für den Transfer von Paul Pogba von Juventus Turin zu Manchester United 49 Millionen Euro kassiert hat, und zwar dank eines hanebüchenen Interessenkonflikts: Er war gleichzeitig Agent von Juve, ManU und Pogba! Das System ist der reine Irrsinn. Man spekuliert auf junge Menschen, die noch nicht einmal ein Zehntel ihres Erwachsenenlebens hinter sich haben, ohne sich auch nur einmal zu fragen, welchen Sinn es haben kann, einen Mbappé auf 180 Millionen zu taxieren, einen Dembélé auf 150, einen Pogba auf 105 oder selbst einen Neymar auf 220 Millionen. Seit ein paar Jahren glaube ich, dass der globale Kapitalismus bei dem Tempo, das er aufgenommen hat, eines nicht mehr fernen Tages an die Wand fahren wird. Und wenn die Marktwirtschaft, wovon ich zutiefst überzeugt bin, »das schlechteste System ist, mit Ausnahme all der anderen Formen«, um ein Wort von Winston Churchill für meine Zwecke zu missbrauchen, dann sollten wir eilends zusehen, sie besser zu regulieren. Und sie zu einer ökologisch-sozialen Marktwirtschaft machen.

Alle würden dadurch gewinnen. Angefangen bei unserem Planeten – und folglich auch der Fußball.

**Dieses Kapitel widme** ich Megan Rapinoe, die in ihrer unnachahmlichen Art Fußball und Politik wieder zusammengebracht hat.

# Die Frau ist die Zukunft des Fußballs

Ja, ich mag Frauenfußball. Er gefällt mir. Und ich mag ihn auch aus persönlichen Gründen. Frauen haben mich dazu gebracht, ihn mir anzusehen. Damals, Anfang der 1980er Jahre, lebte ich in einer Wohngemeinschaft in Frankfurt, unter anderem mit einem neunjährigen Mädchen, dessen vermuteter Vater ein Freund von mir war. Dreißig Jahre später erfuhr ich, dass Mascha meine Tochter ist. Die Kleine spielte am Wochenende immer Fußball, was ihren »Papa« nicht sonderlich begeisterte. Ich dagegen fand das drollig. Manchmal begleitete ich sie, wenn sie sonntags ein Spiel hatte. Zu den Nachwuchsfußballerinnen gehörte auch Steffi Jones, die 2003 Weltmeisterin wurde und 2016 Trainerin der deutschen Nationalelf.

Mir fiel sofort auf, dass die Mädels viel ruhiger waren als die Jungs in ihrem Alter. Es wurde weniger geschrien, es gab kein Gezänk, und sie spielten auch geschmeidiger, wie ich fand, weil ihr Einsatz weniger körperbetont war.

Später habe ich mich durch die Lebensumstände und die Jahre wieder vom Seitenrand des Frauenfußballs entfernt. Vor allem, weil Mascha von meinem Horizont verschwand und der Frauenfußball weder in den deutschen noch in den französischen Gazetten größeren Raum einnahm, geschweige denn Aufmacher gewesen wäre. Und auch im Fernsehen war er kaum präsent. Aber schon damals begann sich die Wahrnehmung des Frauensports zu ändern. Bis dahin hatten sich nur Sportler und ein paar wenige Journalisten dafür interessiert. Die Männer beäugten ihn – mit Ausnahme der Olympischen Spiele – mit gleichgültigem, wenn nicht gar herablassendem oder sarkastischem Blick.

Die Wahrnehmung hat das Frauentennis als Erstes verschoben. Ende der 1970er Jahre wurden nämlich die Duelle zwischen Chris Evert und Martina Navrátilová dank ihrer Intensität, technischen Raffinesse und oft auch Schönheit von denjenigen Sportbegeisterten – natürlich Männern –, die ihre Punkte unter den Sportarten verteilten und entschieden, was »in« oder »out« ist, als zeigenswürdig erachtet. Schritt für Schritt wurde es immer »normaler«, sich vor den Fernseher zu setzen, wenn sich die beiden Amerikanerinnen in Roland-Garros oder Wimbledon gegenüberstanden. Ganz wie bei den Spielen zwischen Björn Borg und John McEnroe oder Jimmy Connors und Ivan Lendl. Schon bald stellte man fest, dass das Spiel dieser beiden Damen nicht weniger spektakulär war. So konnte man es als solches genießen, ohne es nach dem Maßstab der Männer bemessen zu müssen. Noch beschleunigt hat sich die Angleichung zwischen Damen- und Herrensport in der deutschen Öffentlichkeit mit Steffi Graf, die den beiden in die Parade fuhr.[38] Ich sehe übrigens bei den Damen einige Ähnlichkeit zwischen Fußball und Tennis. Sie spielen geschmeidiger, weil Kraft und Schnelligkeit von geringerer Bedeutung sind, was zu längeren Ballwechseln führt. Und ich finde das Spiel der Damen auch insgesamt eleganter.

Anfang der 1960er Jahre hatte Louis Aragon eine, wie mir scheint, richtige Vision: »Die Zukunft des Mannes ist die Frau« heißt es in seinem Gedichtband *Le Fou d'Elsa*.[39] Ich nehme die Idee auf und sage meinerseits: Die Frau ist die Zukunft des Fußballs. Dreißig Jahre nachdem ich dem Frauenfußball Adieu gesagt hatte, habe ich ihn für mich wiederentdeckt. Aus reinem Zufall, ein oder zwei Wochen vor dem Beginn der Frauen-WM in Deutschland Ende Juni 2011. Ich hatte eine Reportage über Frankreichs Trainer Bruno Bini gelesen. Und war beeindruckt, was er alles schrieb, vor allem Gedichte. Auch wie er über den weiblichen Sport sprach. Sein Vorbild war Raymond Domenech, mit dem er auch befreundet ist, was mich nicht wundert. Die beiden haben den gleichen intellektuellen Parcours zurückgelegt. Sie sind sehr kultiviert und reflektieren ihr Amt und ihre Rolle. Bei Bini gefiel mir auch, dass er die Ballbeherrschung als ein Mittel zur Emanzipation der Frauen ansah. Wenngleich er paradoxerweise eingestehen musste, dass der Frauenfußball noch gegen eine Mauer anrannte. Denn er sah sich derselben Ablehnung, denselben Einschränkungen und demselben Sarkasmus gegenüber wie in allen anderen

---

38 Graf hat zwischen 1987 und 1999 insgesamt zweiundzwanzig Grand-Slam-Turniere gewonnen.
39 Gallimard, 1963.

Gebieten, in denen Männer die Fähigkeiten von Frauen beurteilen.

Diese einfältige männliche Verfehlung fängt übrigens in sehr frühem Alter an. Gerade im Fußball. Wenn man mit kleinen oder größeren Jungs darüber spricht – das sage ich aus Erfahrung, weil Bela auch so war –, werfen sie dir umgehend das Vorurteil an den Kopf: »Frauenfußball? Das ist doch kein Fußball!« Und bringen als unwiderlegbares Argument: »Irgendeine Jugendnationalmannschaft würde Frankreich oder Deutschland locker schlagen, weil sie viel robuster ist«, was im Übrigen natürlich stimmt. Man kann beides aber nicht miteinander vergleichen. Schnelligkeit, Zweikampfverhalten und Schusskraft sind natürlich einfach unterschiedlich. Aber die Jungs denken leider nur an das Physische. Dabei vergessen sie Qualität, Technik und Spielstil der jungen Damen. Das ist absurd. Wenn man die Costa-Ricanerin Shirley Cruz Traña spielen sieht, die bis 2018 Spielmacherin bei Paris Saint-Germain war, könnte man auf den Gedanken kommen, sie hätte anstelle des Fußes eine Hand, so sehr erinnern ihre technischen Fähigkeiten an Maradonas »Linke«. Und dieser Ballstreichlerin zuzuschauen macht einen umso glücklicher, als man weiß, dass ihre körperliche Unversehrtheit so gut wie keinem Risiko ausgesetzt ist.

Es ist eine Geisteshaltung. Ganz gleich in welchem Rahmen sich eine Frau bewegt, sie setzt auf ihre Intelligenz, Beharrlichkeit oder Raffinesse, um sich durchzusetzen. Nur selten auf ihre Macht. Und noch seltener auf Gewalt. Daher gibt es im Frauenfußball fast keine Aggressionen. Zum Beispiel wurde nie ein »Kopfgeld« auf die große Brasilianerin Marta ausgelobt, den weiblichen Pelé – im Gegensatz zu den rüden Attacken gegen *O Rei* bei der WM 1966. Aber man muss gar nicht in die Extreme gehen, sondern kann sich auch eine andere Größe anschauen: Die Zahl der Freistöße wegen »Vergehen«, um einen Euphemismus zu gebrauchen, oder wegen gefährlicher Grätschen ist bei den Frauen viel geringer. Sodass es in den Spielen auch weniger Diskussionen und Unterbrechungen gibt und zwangsläufig auch einen geschmeidigeren Spielfluss und eine größere Dynamik.

Ist das der Grund, warum dieser Sport in den letzten fünfzehn Jahren allmählich seinen Platz in unserer Gesellschaft gefunden hat? Und dass er auch in der Sportwelt der Männer Akzeptanz findet? Da ist mit Sicherheit etwas dran. Wobei man sich aber wie immer die Frage stellen muss: Was war zuerst da? Das Huhn oder das Ei? Nimmt das Zuschauerinteresse zu, weil seit Anfang der 2000er Jahre immer mehr Spiele von Frauen im Fernsehen gezeigt werden, oder haben die Sender den Frauenfußball für sich entdeckt, weil er Anfang des 21. Jahrhunderts schon ein echtes Spektakel war? Ich weiß darauf keine Antwort, kann aber zumindest für Deutschland eine Vermutung anstellen. Dort ist der Frauenfußball schon sehr früh attraktiv gewesen, Ende der 1980er Jahre, als die deutschen Damen in den internationalen Wettbewerben brillierten. Und sie waren wirklich fleißig, dreizehn Mal sind sie zwischen 1989 und 2009 aufs Podium gestiegen, sei es bei Olympia, Welt- oder Europameisterschaft.[40] Die WM 2011 hat das alles natürlich noch befeuert. Die Begeisterung war enorm. Und ist bis heute nur

---

40 In dieser Zeit wurde Deutschland zweimal Weltmeister und stand ein weiteres Mal im Finale, gewann sieben Europameisterschaften und drei Bronzemedaillen bei den Olympischen Spielen.

wenig abgeflacht. Wie Steffi Jones vor einiger Zeit sagte: »Inzwischen muss sich kein Mädchen mehr schämen, wenn es Fußball spielt.«

Es ist ganz einfach: Bis die Frauen im Viertelfinale gegen Japan aus dem Turnier flogen, hat mich die Leidenschaft der Deutschen oft an das »Sommermärchen« von 2006 erinnert. Das Eröffnungsspiel zwischen Deutschland und Kanada im Berliner Olympiastadion sahen 74 000 Zuschauer. Aber selbst beim »uninteressantesten« Gruppenspiel zwischen Australien und Äquatorialguinea in Bochum zählte man noch 15 000. Und das war schon die geringste Zuschauerzahl der gesamten WM. Und obwohl die Stimmung ein bisschen abflaute, nachdem Birgit Prinz und ihre Kolleginnen ausgeschieden waren, fanden die beiden Halbfinalspiele in vollen Stadien statt. Beim Finale zwischen Japan und den USA war die Commerzbank-Arena in Frankfurt mit 50 000 Menschen bis zum letzten Platz gefüllt.

Aber auch abgesehen von der treuen Öffentlichkeit gab es zwei, drei andere Dinge, die mir gezeigt haben, dass die Frauen-WM mittlerweile ihren festen Platz in der internationalen Sportlandschaft innehat. Die eine Begebenheit hat viel mit der BRD zu tun. So habe ich – nicht als Einziger – wieder einmal eine besondere Auseinandersetzung zwischen Frankreich und Deutschland verfolgen dürfen. Als die Damen am letzten Gruppenspieltag aufeinandertrafen, in einem Match, in dem es um nichts mehr ging, weil bereits beide fürs Viertelfinale qualifiziert waren, lag eine Spannung im Stadion von Mönchengladbach, wie sie auch 1982 in Sevilla und vier Jahre später in Guadalajara zu spüren war. Die Regenbogenpresse hatte es sich natürlich nicht nehmen lassen, genüsslich die Stigmata hervorzukehren, die die Franzosen bei den beiden »Männerspielen« erlitten hatten.

Wenn man sich ansieht, welchen Platz der Frauenfußball in Deutschland inzwischen einnimmt, ist es überraschend, dass die deutsche Gesellschaft – im Gegensatz zur dänischen, schwedischen oder norwegischen – nicht offener ist als andere. Ich meine damit, dass Frauen hier nach wie vor ungleich behandelt werden.

Letztlich setzt sich ein Frauensport in einem Land nur dann durch, wenn deren Nationalmannschaft, eine Athletin, Schwimmerin, Tennisspielerin oder Skifahrerin die weltweite Nummer 1 wird. Aber auch das dauert nur so lange, wie die Frauen an der Spitze bleiben. Und selbst dann müssen sie noch sehr viel mehr leisten als die Männer. Aber wie um unser schlechtes Gewissen zu beruhigen, machen wir aus ihnen so etwas wie »Hollywoodstars«. In Frankreich konnte man das bei der Olympiasiegerin von Barcelona und Atlanta Marie-José Pérec beobachten, bei Laure Manaudou, Siegerin im Freistil über 400 Meter 2004 in Athen, Camille Muffat 2012 in London[41] oder schon vor längerer Zeit bei den Goitschel-Schwestern, die Mitte der 1960er Jahre Skistars waren.

Ich finde diese Herablassung unerträglich. Es ist genau wie in der Politik. Auch da müssen die besten Frauen immer noch viel besser sein als die Männer, um »Eintritt« in die Sphäre der hohen Posten zu erhalten, oder ganz allgemein, wenn sie sich in einem Unternehmen oder einer Partei durchsetzen wollen. Gelingt es ihnen,

---

41 Sie gewann bei den Olympischen Spielen drei Medaillen (Gold, Silber und Bronze) und starb am 9. März 2015 bei der Kollision zweier Hubschrauber.

gibt es immer noch die Machos, die ihnen aus Groll – ob bewusst oder unbewusst – die Unterstützung verweigern. Um das zu erläutern, will ich nur zwei Beispiele nennen: zum einen das verachtenswerte Verhalten der Rechten unter Premierminister Jacques Chirac, als Simone Veil – immerhin seine Gesundheitsministerin – im November 1974 in der Nationalversammlung ihren Gesetzentwurf zum Schwangerschaftsabbruch vorlegte, zum anderen die Anzüglichkeiten im Parlament und in den Medien, die Édith Cresson in ihren elf Monaten als Premierministerin zu hören bekam.[42]

Im Sport lauern natürlich alle nur auf die erste kleine Flaute der Meisterin, um über sie herzufallen. Sobald sie abstürzt, stürzt man sich auf sie! Kommentatoren wie Öffentlichkeit. Das geschieht manchmal mit einer Heftigkeit und Verachtung, wie sie sich bei einem ähnlich berühmten Mann niemand erlauben würde. Ich kenne den einen oder anderen Herrn, der sich in seiner Karriere eine saftige Dummheit erlaubt hat, während alle Welt teilnahmslos die Augen auf ihn gerichtet hielt.

Mir ist noch im Gedächtnis, auf welch verachtenswerte Weise Marie-José Pérec von der Presse und der *vox populi* behandelt wurde, als sie bei den Olympischen Spielen 2000 in Sydney dem Druck der Öffentlichkeit und den Selbstzweifeln nicht standhielt und noch vor den Vorläufen über 400 Meter über Nacht verschwand. Selbst zwanzig Jahre später frage ich mich noch, wie sie es nach einer solchen Drangsalierung geschafft hat, nicht völlig abzustürzen.

Der Umgang mit Sportlern und Sportlerinnen ist nicht nur sehr unterschiedlich im Moment des Karriere-

---

42 Vom 15. Mai 1991 bis zum 2. April 1992.

knicks, sondern auch in den Monaten oder gar Jahren danach. Selbst wenn die französische Fußball- oder Rugby-Nationalmannschaft schlecht spielt (was im Rugby schon seit Jahren der Fall ist), reden weiterhin alle über sie. Im Fernsehen, in den sozialen Netzwerken, in den Zeitungen, an der Bar. Und die Dürreperiode darf so lange dauern, wie sie dauert. Eine Woche, einen Monat oder auch ein, zehn, fünfzehn oder zwanzig Jahre. Ob sie ihr Niveau wiederfindet oder nicht. Trotz Niederlagen bleibt sie auf den Titelseiten. Sie meinen, das stimmt nicht? Dann sollten Sie mal David Ginola fragen, der nach dem Spiel Frankreich – Bulgarien 1993 unfairerweise zum Sündenbock gemacht wurde.[43] In Deutschland verhält es sich selbstverständlich genauso, wie man nicht nur nach den jämmerlichen Weltmeisterschaften 1994 und 1998 gesehen hat, sondern vor allem nach der letzten WM in Russland. Aber wenn Frauen einen Durchhänger haben, wird sogleich die Tonart gewechselt. Erst wird ein, zwei, drei, vier Tage über sie »gelästert«, bei den ganz großen Sportlerinnen vielleicht auch drei oder vier Wochen ... Und dann? In den allermeisten Fällen verschwinden sie von der Bildfläche, es sei denn, sie kommen noch einmal an die Spitze zurück. Keine Reportage, kein Artikel, kein Interview. Sie sind einfach nicht mehr von Interesse. Vor allem für die Journalisten. Mit einem Wort: Die Männer überleben jeden Flop, die Frauen sind erledigt.

In den Stadien hatten Frauen es lange Zeit schwer, aber mit den Jahrzehnten wurden die renitenten Herren all-

---

43 Nach einem Gegentor in letzter Minute verliert Frankreich mit 2 : 1 und verpasst die Qualifikation zur WM 1994.

mählich beiseitegeräumt. Wenn heute eine Athletin, eine Schwimmerin, Tennisspielerin, Skifahrerin oder irgendeine andere Sportlerin brilliert, dann werden ihre Erfolge gefeiert. Stehen Volleyballerinnen, Basketballerinnen, Handballerinnen, Hockeyspielerinnen bei den Olympischen Spielen oder einer Weltmeisterschaft auf dem Treppchen, werden sie gefeiert. Aber sobald es um Fußball geht, wird aus ihrem Triumph gleich eine Staatsaffäre gemacht. Aus irgendeinem Grund stehen die Fußballerinnen nicht auf einer Stufe mit ihren Schwestern aus den anderen Sportarten.

Offensichtlich liegt einer der Gründe an der neuen medialen Beleuchtung des Frauenfußballs. Ein anderer ist meiner Ansicht nach in der Geschichte des Frauensports zu finden, dessen absoluter Referenzpunkt die Olympischen Spiele sind. Schon 1912 durften Frauen in London ins Schwimmbecken tauchen. Und sechzehn Jahre später in Amsterdam über die Tartanbahn rennen. Im Volleyball wurden Frauen wie Männer 1964 in Tokio olympisch. Basketball und Handball der Frauen kamen 1976 in Montréal auf den Spielplan.

Der Werdegang des Fußballs dagegen ist ein völlig anderer. Zwar wurde zur Wiedereinführung der Olympischen Spiele 1896 in Athen auch Fußball gespielt, aber das war ein einmaliges Ereignis. Die Frauen durften erst hundert Jahre später in Atlanta an Olympia teilnehmen. Das Gleiche gilt für die Frauen-WM. Sie fand erstmals 1991 statt, einundsechzig Jahre nach der ersten Weltmeisterschaft der Männer in Uruguay.

Diese Geschichte, dieses kollektive Gedächtnis des Sports, führen dazu, dass eine Frau genauso behandelt wird wie ein Mann, wenn sie etwa in der Leichtathletik eine

Goldmedaille gewinnt. Um nur ein Beispiel zu nennen: Als Heide Rosendahl 1972 in München den Weitsprungwettbewerb gewann, hat kein Mann, weder in Deutschland noch in Europa noch anderswo, die Nase gerümpft, weil sie 1,46 Meter weniger weit gesprungen ist als Randy Williams, der Sieger der Männer. Sie wurde als Olympiasiegerin bewundert und gefeiert. Punkt. Weil in der Leichtathletik seit vierundvierzig Jahren feststand, dass *auch* Frauen bei Olympia auf dem Podest stehen können! Im Medaillenspiegel der Nationen wird übrigens kein Unterschied gemacht, ob ein Kerl oder ein Mädel die Medaille geholt hat. Im Fußball dagegen wird das Spiel der Frauen immer an dem der Männer gemessen. Gianni Infantino hat das immerhin begriffen und als FIFA-Präsident im Herbst 2017 zugegeben: »Historisch haben wir den Fehler begangen, den Frauenfußball als eine schlechte Kopie des Männerfußballs anzusehen.« Und er fuhr fort: »Aber das ist er nicht. Wir müssen mit solchen Vergleichen aufhören.« Warum also diese »Exkommunikation«?

Neben historischen und medialen Gründen könnte noch ein dritter Aspekt erklären, wie dieser männliche Geist zustande kommt. Ein sehr einfacher und sehr unangenehmer Grund. Der Fußball ist nämlich viel machohafter, als es Leichtathletik, Schwimmen, Tennis, Volleyball oder andere Sportarten je waren. Dafür gibt es eine soziale und eine gesellschaftliche Ursache.

Die soziale besteht darin, dass Jungs sich verausgaben wollen und gern gegen Bälle treten, während Mädchen im selben Alter Himmel und Hölle spielen oder seilspringen – so wird es jedenfalls von ihnen erwartet. Jahrzehntelang haben die »Husaren der Republik«, wie man in Frankreich in der ersten Hälfte des 20. Jahrhunderts

die Grundschullehrer nannte, und später dann die Sport-
lehrer der weiterführenden Schulen die Kinder in dieses
Korsett gesteckt, indem sie das Muster in den Grund-
schulen reproduziert haben. So normal es in Frankreich
war, dass Mädchen genau wie ihre männlichen Spielka-
meraden auf dem Pausenhof oder bei den Schulwettbe-
werben laufen, springen, hüpfen, Handball, Volleyball
und Basketball spielen, so ausgeschlossen war es, dass
sie mit dem Fuß gegen einen Ball treten. Das sei für die
zarten Damen zu viel Körperkontakt, zu große physische
Anstrengung. Vor zwanzig Jahren hat sich das zwar zu
ändern begonnen, aber es bleibt noch viel Arbeit, um die
harten Grenzen endlich aufzulösen.

Die gesellschaftliche Ursache für diese Ablehnung ist,
dass der Fußball bis oben hin voll Frauenhass ist. Einfach weil es der Volkssport schlechthin ist und weil – das
ist leider Fakt – Frauenhass einer der am weitesten ver-
breiteten Defekte des Spießbürgers ist. Und der kann aus
allen gesellschaftlichen Schichten kommen. Selbst in den
Medien gibt es Frauenfeindlichkeit. So räumte *L'Équipe*
dem Frauenfußball erst 2011 endlich den Platz ein, der
ihm gebührt. Am 26. Mai 2011 hat die Tageszeitung zum
ersten Mal in ihrer Geschichte mit dem Champions-
League-Finale zwischen Olympique Lyon und den Titel-
verteidigerinnen von Turbine Potsdam aufgemacht. In
sechs Spalten. Einen Monat später war dann die WM-
Eröffnung der große Aufmacher, wobei sicher nicht ganz
unerheblich ist, dass Frankreich zu den Favoriten zählte.
Diesmal waren es sogar acht Spalten.

Aber wie auch in anderen Dingen hinkt ein großer
Teil Europas in dieser Frage den USA hinterher. Ein
Scherbengericht, wie es hier über nicht wenige Natio-

nen im Frauenfußball gehalten wird, wäre auf der anderen Seite des Atlantiks undenkbar. *Soccer* ist dort der von Mädchen und Frauen meistpraktizierte Sport. Und nicht erst seit gestern. Schon Anfang der 1970er Jahre haben sie sich mobilisiert, um voll und ganz in der Gesellschaft anerkannt zu werden. Das 1972 unter Nixon (!) erlassene Gesetz Title IX hat die Gleichberechtigung der Geschlechter im Bereich Erziehung und Bildung erwirkt und die Finanzierung von Sport für Mädchen und Frauen an Schulen und Universitäten ermöglicht. Das war ein entscheidender Schritt. Denn der Sport ist ein wichtiger Teil der amerikanischen Kultur. Die Kinder fangen schon früh damit an. Während die Jungs vor allem American Football, Baseball, Basketball und Eishockey spielen, mögen die Mädchen am liebsten Volleyball, Basketball und Fußball. In den USA ist der Leistungssport in den Schulen verankert, und es gibt Wettbewerbe zwischen Colleges und Universitäten, die von großer Bedeutung sind und viel mediale Aufmerksamkeit erhalten. Der Frauenfußball macht da keine Ausnahme. Fast alle Spielerinnen der Nationalmannschaft waren an einer großen Universität. Zwangsläufig hatten die USA nach einer so langen Aufwärmphase einen großen Vorsprung bei der ersten Weltmeisterschaft – ausgetragen im eigenen Land – und den ersten Olympischen Spielen mit Frauenfußball in Atlanta. Und der hat sich ausgezahlt. Beide Male gingen die Amerikanerinnen als Siegerinnen hervor. Beim Finale 1991 gegen China waren 100 000 Zuschauer im Rose Bowl in kalifornischen Pasadena zugegen. Mehr Zuschauer hat es davor oder danach nie wieder bei einem Frauenfußballspiel gegeben. Von da an ging es steil bergauf mit dem Sport. Mehr Frauenfußball im Fernsehen, wo die Spiele der Nationalelf auf Fox, NBC und ESPN zu sehen sind. Mehr Werbeeinnahmen für die Stars. Die Stürmerin Alex Morgan, die auch ein halbes Jahr bei Lyon gespielt hat, war sogar auf dem Times Square auf einer riesigen Werbetafel zu sehen. Mehr Angebote für die Stars. Hope Solo, die dem ehemaligen FIFA-Boss Sepp Blatter im November 2017 vorwarf, sie sexuell belästigt zu haben, war eine der Kandidatinnen der amerikanischen Version von »Let's Dance«. Dank der Medialisierung können viele Fußballerinnen inzwischen genug Geld verdienen, um von ihrem Sport zu leben.

Aber was wirklich Bände spricht, ist diese Story: Beim Präsidentschaftswahlkampf 2008 gehörten die »*Soccer Mothers*« zu den symbolträchtigen Figuren, die Barack Obamas Kandidatur unterstützten. Sie standen insbesondere für die Emanzipation der Frau. Mütter, die ihre Töchter zum Fußball begleiteten und nach dem Spiel auf die Straße gingen, um für den Senator aus Illinois ihre Stimme zu erheben.

Während das Verhältnis der Gesellschaft zum Frauenfußball in der Neuen und Alten Welt unterschiedlich ist, ähnelt sich die Mentalität doch sehr, was das Spiel selbst betrifft. Da geht es dann nicht mehr um Mann oder Frau, sondern nur noch um Fußball. Wie überall hat das mit der Vorstellung zu tun, die in den jeweiligen Ländern von diesem Sport vorherrscht. Die wird von Anfang an, schon in den Fußballschulen, an die Kinder weitergetragen, sei es in Amerika, Deutschland, Frankreich oder Brasilien. Zwischen Jungen und Mädchen wird da kein Unterschied gemacht. Und weil sich das Training insofern sehr verändert hat, als die Übungen für Männer an den Körperbau der Frauen angepasst wurden, wird auch der Frauenfußball immer kraftbetonter – zu kraftbetont für meinen Geschmack. Vor allem in Europa. Denn obwohl die Deutschen seit fast dreißig Jahren fast immer die Nase vorn haben, haben sich die Norwegerinnen, Däninnen, Schwedinnen, Engländerinnen und Holländerinnen körperlich so stark weiterentwickelt, dass sie bei den letzten fünf Europameisterschaften fast immer im Halbfinale standen. Bei der Weltmeisterschaft und den Olympischen Spielen ist das noch anders, weil die Amerikanerinnen, Kanadierinnen, Japanerinnen und Brasilianerinnen Widerstand leisten, aber die Richtung, in die es geht, ist klar.

Auf der Ebene der Vereine verhält es sich allerdings anders. Viele junge Spielerinnen aus Nordeuropa mit beeindruckender Physis spielen nicht mehr in ihrem Heimatland. Die besten haben sich weit über die Landesgrenzen hinaus verstreut und wurden in Klubs gelockt, deren Fußballkultur ein wenig feinfüßiger ist. Viele sind nach Frankreich oder Deutschland gegangen, jene Länder, die in Sachen Geld das Pendant zu England oder Spanien bei den Männern sind. Wirklich wahr, am meisten verdienen die Fußballerinnen in Europa bei Olympique Lyon und Paris Saint-Germain. Wobei das natürlich alles relativ ist. Alex Morgan, die bei ihrem Wechsel zu Lyon Anfang 2017 »teuerste« Spielerin des Kontinents, bekam »nur« 30 000 Euro im Monat, während Messi monatlich über 2,5 Millionen einstreicht. Gleiches gilt für das durchschnittliche Einkommen. Bei OL und PSG lag es 2017 für die Frauen bei etwa 5000 Euro, während die Männer bei Barcelona oder Manchester United an die 100 000 Euro bekamen. Die französische Organisation L'Observatoire hat in einer Studie festgestellt, dass Fußballerinnen 96 Prozent weniger verdienen als ihre männlichen Kollegen, während der Unterschied in den anderen Berufen »nur« 22,8 Prozent beträgt. Und wenn Marta, die noch mit einunddreißig Jahren in Schweden spielte – inzwischen hat sie sogar die schwedische Staatsbürgerschaft angenommen –, bis 2018 die höchsten Jahreseinnahmen aus Gehalt, Prämien und Werbeverträgen erzielt hat, so verdiente sie mit ihren 340 000 Euro immer noch zweihundert Mal weniger als Cristiano Ronaldo.

Diese unermessliche Schere lässt sich natürlich teils durch die jeweilige Strahlkraft der Stars erklären, die weder bei den Fernsehrechten noch bei der Werbewirksamkeit vergleichbar ist. Dennoch wird seit einiger Zeit dagegen rebelliert. Die Amerikanerinnen haben als Erste mit ihrem Verband verhandelt – und obsiegt. Inzwischen erhalten sie das gleiche Gehalt wie die Männer, wenn sie für die Nationalmannschaft auflaufen. Das Beispiel machte Schule. Im Herbst 2017 drohten die Norwegerinnen und Däninnen damit, die Qualifikation für die WM 2019 zu bestreiken, um sich Gehör zu verschaffen. Und sie wurden gehört. Allerdings zeigte sich der Verband eines nicht gerade als reaktionär bekannten Landes, nämlich Schweden, weit weniger empfänglich für derlei Forderungen ... Ich finde es vollkommen absurd, dass Frauen und Männer in welchem Sport auch immer nicht gleich bezahlt werden, wenn sie für die Nationalmannschaft spielen. Würden die Summen, die die Verbände einnehmen, unter allen Athleten fair verteilt, so wäre das ein Akt sozialer Gerechtigkeit und politischer Ethik. Denn natürlich wissen alle ganz genau, dass sich die Vorsitzenden des Verbands darum prügeln, mit aufs Foto zu kommen, wenn ihr Team einen Pokal gewinnt.

Mit einem Wort: Es ist noch ein langer Weg, bis sich die Gemütslage der Herren im Hinblick auf den Frauenfußball gewandelt haben wird. Wobei das noch nichts ist verglichen mit den Jahrhunderten, die die Männer zum Thema Sexualität im Sport aufzuarbeiten haben. Oder um genau zu sein, zum Thema Homosexualität im Männerfußball. Denn es ist wirklich haarsträubend: Ja, sie geben durchaus zu, dass es Homosexualität im Fußball und ganz allgemein im Sport gibt, aber offenbar ertragen sie es nicht, sich auch nur vorzustellen, es könnte auf höchstem sportlichen Niveau tatsächlich schwule Männer geben. Man sehe sich nur an, wie begeistert die Journalisten von der außergewöhnlichen Geschichte der dänischen Handballerin Camilla Andersen und ihrer norwegischen Lebensgefährtin Mia Hundvin berichtet haben, die sich bei der Gruppenphase der Olympischen Spiele 2000 in Sydney kennenlernten und beide mit einer Medaille um den Hals heimkehrten; Camilla Gold, ihre Frau Bronze. Oder wie toll es in Dänemark alle fanden, dass Pernille Harder auf den Plakaten für eine Kampagne von Amnesty International gegen Homophobie mit einem zum Regenbogen geschminkten Gesicht zu sehen war. Oder als Steffi Jones 2013 Nicole Parma heiratete und es kein deutscher Fernsehsender versäumte, der Trauung beizuwohnen, und alle Zeitungen Reportagen über die Hochzeit brachten.

Das ist die momentane Lage. In Deutschland und in Nordeuropa ist Homosexualität im Frauensport genauso normal und akzeptiert wie in der Gesellschaft. Gut, in Frankreich mag das noch etwas anders sein, wo man sie zwar nicht ablehnt, aber »lieber nicht darüber spricht«, wie es so schön heißt. Doch was für die Frauen in diesen Ländern gilt, ist für die Fußballer alles andere als selbstverständlich.

Der 56-fache Nationalspieler Thomas Hitzlsperger, der an der WM 2006 und der EM 2008 teilnahm, hat sich nach seinem Karriereende im Januar 2014 in der *Zeit* geoutet. Wenige Monate nachdem der damalige DFB-Präsident Wolfgang Niersbach, der sich sehr für das Thema engagiert hat, eine Kampagne ins Leben gerufen hatte, die es Homosexuellen ermöglichen sollte, sich im Fußball offen zu zeigen. Hitzlsperger hat sich als erster deutscher Spieler auf dieses Terrain gewagt. Und er ist bis heute der Einzige geblieben. Denn sein Coming-out löste in Deutschland eine große Debatte aus. Die Bundesligaspieler haben sich wohlweislich gehütet, Position zu beziehen. Was vielleicht auch besser war. Einer der wenigen, die sich äußerten, gab dann auch exorbitanten Schwachsinn von sich: »Für mich wär das ein Problem, wenn einer meiner Mitspieler schwul wäre, da könnte ich nicht in Ruhe duschen ...« Zum Glück brachte Arjen Robben dann sehr schnell und geistreich wieder ein wenig Anstand in die Diskussion: »Ich kann sagen, dass ich heterosexuell bin. Er ist homosexuell, na und? Was ist der Unterschied? Es muss normal sein, alle sind frei. Es ist etwas Menschliches und hat nichts mit dem Sport zu tun.«

Alle Fußballer haben nach wie vor unbändige Angst davor, dass ihre Homosexualität aufgedeckt wird. Verständlicherweise. Als sich Justin Fashanu, Ende der 1970er Jahre ein Star bei Nottingham Forest, 1990 outete, zeigten ihm seine Mitspieler die kalte Schulter, und der Trainer verbannte ihn kurz darauf auf die Bank. Er wanderte in die

USA aus und beging am Ende Selbstmord. Vor nicht allzu langer Zeit wurde ein auf sehr hohem Niveau spielender Fußballer von seinen Sponsoren dazu gedrängt, sich mit einer Frau ablichten zu lassen, um betreffende Gerüchte zu zerstreuen.

Mats Hummels hat sich im Sommer 2017 sehr intelligent zu der Sache geäußert. Auf einer Linie mit Niersbach, beklagte er das bleierne Schweigen, das im Männerfußball auf dem Thema liege. Nicht nur in Deutschland. Um das Fass zu sprengen und den Deckel endgültig zu heben, müsste seiner Meinung nach ein Spieler von Weltrang sein Coming-out machen. Wie 2013 im Basketball der ehemalige NBA-Spieler Jason Collins.

Natürlich dürfte es überhaupt nichts ändern, wenn man weiß, dass ein Fußballer schwul ist. Nur dass er eben im derzeit herrschenden Klima mit Beschimpfungen rechnen müsste oder gar »niedergemacht« würde, wenn seine Gegner und die männlichen Zuschauer es erführen.

Hitzlsperger dagegen sagt, es gehe ihm sehr gut damit, dass er seine Homosexualität nicht mehr verbergen müsse. Denn es hatte ihn jahrelang sehr belastet, in diesem Umfeld damit zu leben. In einer Welt, in der die Männer permanent von ihren Frauen, Geliebten oder Bettgeschichten erzählen oder sich im Training Wörter wie »Schwuchtel« oder »schwuler Pass« an den Kopf werfen, wenn sie den anderen foppen wollen. Diese Gespräche und Beleidigungen waren für ihn unerträglich. Nicht nur, weil er sich ausgeschlossen fühlte, sondern weil er sich am Ende unbewusst als Zielscheibe wähnte.

Zwar hat sich Thomas Hitzlsperger nie wegen irgendetwas schuldig gefühlt, womit er natürlich absolut recht hat, aber die meisten homosexuellen Männer beschäftigt die gesellschaftliche Diskriminierung ihr Leben lang. Ob als Kind, als Jugendlicher, Erwachsener oder gar Senior. Permanent schleppen sie diese Angst mit sich herum. Man muss sich nur die elf- oder zwölfjährigen Jungs anhören, wie sie über Schwule lästern, um zu begreifen, wie verletzend das ist. Dieses Alter ist für das ganze weitere Leben prägend. Die Jungen beginnen eine eigene Identität zu entwickeln, und ihre Sexualität keimt auf. Was ihnen umso mehr Angst macht, als sie die ganze Zeit unter sich sind. In der C- oder B-Jugend gibt es kaum Jungs, die sich trauen, nach dem Spiel gemeinsam zu duschen. Die sogenannte jüdisch-christliche Kultur gründet unter anderem auf der Ablehnung und Verurteilung der Homosexualität. Die Bewegung La Manif pour tous, die sich gegen die gleichgeschlechtliche Ehe richtet, hat im Herbst 2013 in Paris beispielsweise eine Million Menschen auf die Straße geholt, und alle Religionen erzählen uns, dass eine Familie aus Mann und Frau hervorzugehen hat. Damit »die Menschheit« fortbestehen kann. Und ohne Partnerin kann ein Mann da gar nichts machen. Der ehemals bei Paris Saint-Germain spielende brasilianische Innenverteidiger Alex, auch ein besonders »helles Köpfchen«, hat dazu einmal folgende Narretei von sich gegeben: »Gott hat Adam und Eva geschaffen, nicht Adam und Yves.« Da unsere Gesellschaften ideologisch und politisch von Männern geführt werden, kann nicht sein, was nicht sein darf. In Deutschland wurde Homosexualität erst 1971 straffrei gestellt, in Frankreich sogar erst im August 1982. Und es hat weitere acht Jahre gedauert, bis die WHO sie von der Liste der Geisteskrankheiten strich. »Ein Schelm, der Böses dabei denkt ...«

Kurz und schlecht, auch wenn sich der Fußball auf vielen Gebieten unglaublich modernisiert hat, ist er beim Thema Homosexualität noch in der Steinzeit stecken geblieben. In den Ideologien des Mittelalters. Trotzdem habe ich die Hoffnung, dass sich daran etwas ändern wird, und glaube sogar, dass es sehr schnell gehen kann. So wie 1989 die Berliner Mauer fiel, könnte die Mauer der Dummheit womöglich auch in dieser Frage sehr bald und im Handstreich zum Einsturz gebracht werden.

Klar, der Kampf ist noch nicht gewonnen. Aber eines habe ich immerhin mit Genugtuung festgestellt: dass Bela zwar immer noch nicht in Begeisterungsstürme ausbricht, wenn er Frauenfußball sieht, aber doch inzwischen anerkennt, dass es einen schönen *weiblichen* Stil gibt.

# Frankfurter Eintracht

**Nach meiner Ausweisung** aus Frankreich im Mai 68, die mich zwangsweise zum Waisenkind meiner geliebten französischen Fußballteams gemacht hat, habe ich zwei oder drei Jahre lang getrauert. Zumindest was den Fußball betrifft, denn ansonsten hatte ich mich in Frankfurt schon nach ein paar Monaten gut eingelebt. Ich war gleich wieder politisch aktiv, habe mich verliebt und bin in eine Wohngemeinschaft gezogen, was mir gut passte. Mein soziales Leben war wunderbar. Aber mit dem deutschen Fußball wurde ich einfach nicht warm, weder mit einem Verein noch mit der Nationalmannschaft noch mit der Bundesliga.

Erst viereinhalb Jahre nach meiner Rückkehr, genau gesagt am 14. Oktober 1972, habe ich etwas entdeckt, was ich später »Stammesgefühl« genannt und worüber ich mir dann auch theoretische Gedanken gemacht habe. Denn da sah ich in der Stadt – und später auch in den meisten anderen deutschen Städten – viele sehr unterschiedliche Menschen, die sich mit ihrem Verein identifizierten, auch wenn sie ansonsten nichts miteinander zu tun hatten. In Frankfurt waren zum Beispiel sehr viele Linke, aber auch viele Rechte, »Spontis« und sogar »Ökos«, die sich schon Anfang der 1970er Jahre bemerkbar zu machen begannen, Eintracht-Fans. Mochte der Graben zwischen den Linksextremen und dem Großteil der Bevölkerung auch noch so tief sein, am Spieltag standen alle zusammen im Waldstadion – besser noch: wild durcheinander – auf den nicht überdachten Tribünen hinter den beiden Toren und feuerten singend ihre Mannschaft an. Zwei Stunden lang fragte Samstag für Samstag keiner den anderen, was für einen Beruf er hat oder welche Partei er wählt; alle trugen das Trikot von Eintracht Frankfurt und gehörten zu einer Familie. Am Sonntag war es damit dann wieder vorbei, und man kümmerte sich um andere Dinge.

So bin ich an diesem Tag zum ersten Mal mit einer Gemeinschaft aus Linken und Rechten in Berührung gekommen, die nur ein Ziel hatte: den Sieg der Eintracht, im Spiel gegen die Bayern. Das Stadion hieß damals noch nicht Commerzbank-Arena, befand sich aber am selben Standort. Dahin gekommen war ich wegen ein paar Freunden, die es leid waren, mich über den deutschen Fußball schmollen zu sehen, und auch aus eigenem Antrieb. Ich erlebte ein echtes Spektakel. Das Wetter spielte mit, die Atmosphäre war fantastisch und das Spiel nachgerade legendär.

Vielleicht muss ich es ein bisschen in den Kontext der Zeit einordnen. Bei Bayern München gab es damals sechs oder sieben Spieler, die vier Monate vorher mit Deutschland Europameister geworden waren und die 1974 Weltmeister werden sollten. Der Verein gewann drei Jahre in Folge den Europapokal, 1974, 1975 und 1976. Es war die Crème de la Crème. Gegen ein solches Team hatte Frankfurt eigentlich keine Chance, auch wenn Grabowski und Hölzenbein zwei Jahre später ebenfalls Weltmeister wurden. Doch wider Erwarten führte die Eintracht bis zur 85. Minute mit 2:0, vor allem dank des jungen Verteidigers Charly Körbel, der damals gerade siebzehn Jahre alt war und dem Verein eine Ewigkeit treu bleiben würde. Er war eigens abgestellt worden, um Gerd Müller zu decken, dem erst fünf Minuten vor Schluss ein Tor gelang ... Aber zu spät. Und bei jedem Tor der Frankfurter wie auch beim Schlusspfiff lagen sich alle Fans auf den Tribünen in den Armen! Ich war begeistert!

Da habe ich verstanden, dass eine Fußballmannschaft eine Solidarität bewirken kann, die alle Unterschiede auslöscht. Und über die Jahre hinweg bis heute sehe ich, wie dieses Stammesgefühl die Menschen über alle Fragen der »Klassenzugehörigkeit« erhebt. Man kann das Phänomen überall beobachten, in allen Ethnien und Ländern und in den unterschiedlichsten Kulturen. Die Eintracht-Fans sind heute ganz und gar repräsentativ für ihre Stadt, in der 32 bis 33 Prozent Ausländer und Geflüchtete leben. Im Stadion ist völlig egal, welche Sprache einer spricht. Ob Deutsch, Türkisch, Serbokroatisch, Arabisch, Ukrainisch oder was auch immer, alle stehen sie in der »Commerzbank« und singen im Chor und feuern mit einer Stimme ihre *launische Diva* an.

Das war also 1972 meine »Frankfurter Erweckung«.

Es folgten noch einige andere Erlebnisse, die meine neu gewonnene Liebe vertieften.

Zum Beispiel gewann Frankfurt 1974 und 1975 den DFB-Pokal. Aus dieser Zeit stammt übrigens auch der Spitzname »launische Diva«. Denn diese Elf konnte in ein und demselben Monat an einem Samstag einen herausragenden Sieg einfahren und am nächsten Samstag ein Katastrophenspiel abliefern. So gelangen ihr große Triumphe im DFB-Pokal, während sie in der Meisterschaft ziemlich unbeständig spielte. Als Fan vollzieht man eine Persönlichkeitsspaltung. Diese emotionale Verschmelzung mit dem eigenen Verein hat mich schon immer fasziniert und zugleich befremdet. Bei der Eintracht kam aber noch eine Besonderheit hinzu. Nachdem sie sich in der Nazizeit nicht gerade mit Ruhm bekleckert hat, haben sich in den 1950er und 1960er Jahren immer mehr Frankfurter Juden mit dem Verein identifiziert, genau wie bei Ajax Amsterdam oder Tottenham Hotspur in London. Mich hat das sehr beschäftigt, auch wenn ich mich damals nicht so richtig angesprochen fühlte – obwohl mein Vater, ein brillanter junger Anwalt, als linker Jude 1933 aus Berlin fliehen musste. Bei seiner Rückkehr nach Deutschland hat er sich in Frankfurt niedergelassen, wo er sich in der jüdischen Gemeinde rasch einen Namen machte und sich als ihr Anwalt betätigte. Tatsächlich aber ist er immer auf Distanz zu den religiösen Institutionen geblieben. Eine klare Haltung von religiöser Neutralität. Vermutlich habe ich diese Autonomie für mich übernommen, wenngleich lange Zeit nur unbewusst. Bis zu meiner Pensionierung – mit neunundsechzig Jahren – habe ich mich immer als »Sartre'scher Jude« betrachtet. Ich habe mich lange als reflexiven Juden im Sinne von Sartre verstanden. Der Blick der anderen, ihr Antisemitismus, macht mich zum Juden. Somit würde sich mein Judentum mit der Überwindung des Antisemitismus erledigen. Der Antisemitismus bestimmt meine Identität. Wie Sartre es formuliert: »Die Hölle, das sind die anderen«. Alles ein wenig naiv.

Ich springe zum 16. Mai 1992. Wir sind in Rostock,

beim Vorletzten der Tabelle, es ist das letzte Spiel der Saison. Mit einem Sieg wäre Frankfurt Deutscher Meister. Eigentlich hätte die Meisterschaft schon in der Vorwoche entschieden werden können, aber weil die Eintracht eine launische Diva ist, lässig, nachlässig, hochnäsig, wurde es damit nichts. Ich habe das Spiel im Radio gehört und war vierzig Jahre danach in demselben Aufruhr wie 1954, als ich mit Ungarn bangte. In der Eintracht spielten schon damals nicht mehr nur ausschließlich Deutsche. Zum Beispiel stand im Sturm der großartige Ghanaer Tony Yeboah.

Frankfurt gerät zunächst in Rückstand, gleicht aber aus, und dann, etwa in der 70. Minute, lässt Yeboah den Ball wunderbar auf Weber abtropfen, sodass dieser frei vorm Tor die Meisterschaft klarmachen kann ... aber er wird vom Gegenspieler weggesenst, ohne dass der Schiedsrichter eingreift. Und kurz vor Ende besorgt Rostock dann sogar noch den Siegtreffer. Die ganze Stadt, mich eingeschlossen, war fassungslos.

Ein weiterer Zeitsprung. Der zweite oder dritte Spieltag der Bundesliga, 31. August 1993: Frankfurt gegen Karlsruhe. Ich war mit einem Dutzend Freunden im Stadion, alle mit ihren Familien, und hatte zum ersten Mal Bela dabei, der drei Jahre alt war. An diesem Tag habe ich eine der schönsten Aktionen in meinem ganzen Leben gesehen. Jay-Jay Okocha spielte damals für Frankfurt. Er kriegt den Ball, steht allein vor Oliver Kahn, spielt ihn aus – aber anstatt zu schießen, schlägt er noch einen Haken, spielt einen Verteidiger aus, einen zweiten und dribbelt sich an einem dritten vorbei. Alle schreien nur: »Schieß! Schieß!« Das Tor war leer! Inzwischen steht Kahn wieder auf der Linie. Und genau in dem Moment zieht Jay-Jay ab – und trifft! Als hätte er gewusst, dass ihm keiner was kann –

was wohl auch tatsächlich so war. Diese Aktion war für ihn das reine Vergnügen. Das höchste Glück. Noch vor wenigen Jahren hat der ehemalige Kapitän der Nationalmannschaft über diesen Spielzug gesagt, ich zitiere: Es war »der unglaublichste Moment, den ich die Ehre hatte, auf dem Platz zu erleben«.

Yeboah, Okocha und noch ein anderer Spieler – Maurizio Gaudino, ein Deutscher italienischer Herkunft – bildeten damals ein geniales Trio, das ich bewundert habe. Genial, aber extrem undiszipliniert. Deshalb engagierte der Präsident vor Saisonbeginn Jupp Heynckes als Trainer, um die drei in die richtige Bahn zu lenken. Heynckes hatte da schon den Ruf, gut organisiert zu sein, solide und streng, und in Sachen Disziplin keine Zugeständnisse zu machen; weder auf dem Platz noch in der Kabine und schon gar nicht beim Training. Sehr deutsch, sozusagen. Außerdem war er als Spieler Europa- und Weltmeister geworden. Eine solche Visitenkarte beeindruckt natürlich jeden Spieler, man sehe sich nur an, welche Wirkung Zidane auf Ronaldo, Ramos, Marcelo, Bale und Kroos hatte, als er 2016 Real Madrid übernahm.

Aber es war der totale Reinfall! Heynckes hat nicht einmal eine Saison durchgehalten, sondern sich im April verabschiedet! Vor allem wegen des Einflusses, den die drei Jungs auf den Rest der Mannschaft hatten. Drei Spieler, die manchmal überragende Spiele ablieferten, aber beim Training ständig herumalberten, schmollten und oft zu unsittlicher Zeit zu Bett gingen. Unter diesen Voraussetzungen bekam Heynckes einfach keinen Zugriff auf die Mannschaft. Einmal ließ er eine intensive Krafteinheit absolvieren, die nicht auf dem Plan stand. Und seinen drei »Dissidenten« verabreichte er noch eine

Zusatzstunde. Am nächsten Samstag haben Yeboah und Okocha krankgefeiert!

In dieser Saison habe ich begriffen, dass sich durch Multikulturalität nicht nur der Stil einer Mannschaft ändert, sondern vor allem ihre innere Funktionsweise. Trainiert wird, wenn es gerade passt oder man Lust hat, wenn nicht, auch nicht schlimm, irgendwie wurstelt man sich schon durch. Fußball ist doch nur ein Spiel – auch wenn die Jungs schon damals ziemlich gutes Geld verdienten. Sie hatten keine Lust, sich unterzuordnen. Wie sie den Sport sahen, gefiel mir im Grunde sehr.

Nur begann leider mit dem Chaos auch der Abstieg. Bis in die 2000er Jahre war Eintracht Frankfurt eine Fahrstuhlmannschaft. Fan geblieben bin ich aber trotzdem. Denn ich war süchtig nach diesem Verein. Ich war *drauf*. Und trotz allem hat er uns immer wieder berauschende Momente beschert.

Zum Beispiel am Ende der Saison 1998/99. Nach dem Wiederaufstieg zehn Monate zuvor war die Eintracht im Mai wieder in der Bredouille. Am letzten Spieltag musste sie mit vier Toren Unterschied gewinnen, um in der Ersten Liga zu bleiben. Was gegen den Tabellenfünften und amtierenden Meister Kaiserslautern doch sehr unwahrscheinlich erschien. So blieb es auch bis wenige Sekunden vor Schluss, als der Norweger Fjørtoft den Torhüter mit einem grandiosen Übersteiger überwindet und das 5:1 erzielt! An diesem Abend wurde Frankfurt zur Narrenstadt! Viel genützt hat es aber nicht, denn zwei Jahre später ist die Mannschaft doch abgestiegen, um im Mai 2003 wieder auf- und gleich wieder abzusteigen.

Da hatte der Verein eine sehr gute Idee. Er holte

Friedhelm Funkel als Trainer. Der war genau der richtige Mann. Ein guter Techniker und sehr sympathischer Mensch, wie ein sorgender Familienvater. Genau so einen brauchte man jetzt. Und es war tatsächlich die richtige Entscheidung, weil die Eintracht 2006 wieder in die Erste Bundesliga aufgestiegen ist.

Zur selben Zeit kam ein kluger Präsident ans Ruder, der den Verein mit großem Verantwortungsbewusstsein managte. Seine Idee: Wir versuchen Schritt für Schritt wieder nach oben zu kommen, ohne Schulden oder Extravaganzen. Auch das war keine schlechte Idee, nur hatte sich das Konzept nach vier, fünf Saisons ohne größere Ambitionen leer gelaufen. Dann nahmen Peter Fischer als Präsident und Fredi Bobic – ein ehemaliger Spieler, der als Manager schon viel durch Deutschland getingelt war – das Heft in die Hand.

Damit änderte sich die Philosophie des Vereins. Man begann zu investieren. Aber nicht kopflos, denn so viel Geld war nun auch wieder nicht in der Kasse. Zudem hat Fischer eine ganz bestimmte Vorstellung von Fußball, die mir persönlich sehr gefällt. Er versucht, im ganzen Land oder auch im Ausland junge Spieler mit Potenzial aufzuspüren. Auf diese Weise kam zum Beispiel Luka Jović zur Eintracht, als er noch keine zwanzig Jahre alt war. Und so trug diese Art der Vereinsführung irgendwann ihre Früchte.

Spätestens letztes Jahr, als Frankfurt die Münchner Bayern im Finale des DFB-Pokals geschlagen hat. Was für ein Tag!

Ich war in Frankfurt geblieben, aber meine beiden Söhne Bela und Niko und meine Tochter Mascha fuhren ins Olympiastadion – zusammen mit 30 000 oder

35 000 anderen Frankfurtern. Ich bin morgens wie immer einkaufen gegangen, habe aber schnell gemerkt, dass es kein gewöhnlicher Samstag war. Mittags habe ich mit einem schon völlig entfesselten Bela telefoniert. In ganz Frankfurt wurde über nichts anderes mehr geredet. Aber eher in feierlicher Vorfreude als in heller Aufregung. Im Grunde waren alle schon glücklich, überhaupt ins Finale gekommen zu sein, da spielte es keine so große Rolle, wie das Abenteuer ausgehen würde. Denn objektiv betrachtet waren die Chancen gegen die Bayern minimal. Da hat sich keiner etwas vorgemacht.

Um 20 Uhr setze ich mich also vor den Fernseher, und das Finale beginnt. Man sieht ziemlich bald, dass die Frankfurter das Spiel ihres Lebens bestreiten. Obwohl München natürlich tonangebend ist, gehen die Frankfurter auf jeden Ball, rackern und kämpfen und lassen sich keinen Quadratzentimeter zurückdrängen. Und trotz der Überlegenheit der Bayern kommt es mir in keiner Weise wie ein Wunder vor, als Rebić Hummels und Süle überrennt – die Innenverteidigung der Nationalmannschaft! – und das 1:0 erzielt. Man mag mich für verrückt halten, aber es wundert mich auch nicht, als die Eintracht später erneut in Führung geht. Es ist ein bisschen wie bei der WM 1974, als Holland das gesamte Spiel über das Tor der Deutschen belagert und sich zweimal auskontern lässt. Nur dass diesmal nicht Holland auf dem Platz stand, sondern Bayern.

Ich muss sagen, als es 2:1 für Frankfurt stand, war die Stimmung in der Stadt plötzlich eine vollkommen andere als noch am Morgen. Es ging jetzt nicht mehr ums Feiern oder darum, erhobenen Hauptes und in Ehren zu verlieren. Jetzt wollten alle dieses Finale gewinnen, und damit änderte sich alles. Die Spannung stieg ins Unermessliche, und ich konnte mich nicht mehr auf meinem Sitz halten.

Letzte Minute, Ecke für die Bayern. Der Ball landet in der Mitte des Strafraums, ein Spieler von Bayern will schießen, wird aber von einem Frankfurter abgeblockt und am Fuß getroffen. Elfmeter oder nicht? Das hängt ganz davon ab, zu welchem Stamm man gehört ... Der Schiedsrichter jedenfalls sieht nichts Verwerfliches an der Aktion, sagt nichts und pfeift auch nicht. Ein Frankfurter bolzt den Ball in höchster Not nach vorn, und da Neuer sein Tor verlassen hat, kann Gaćinović in der 6. Minute der Nachspielzeit unbedrängt einschieben! Anderthalb Stunden später haben mich meine Kinder angerufen, was mehr als eine schöne Geste war. Für ein paar Minuten durfte ich am absoluten Wahnsinn teilhaben.

Am nächsten Tag wurden die Spieler im Rathaus empfangen, der Platz war vollgepackt mit Menschen. 30 000, 40 000, vielleicht sogar 50 000 Leute. Die Jungs haben den Pokal auf demselben Balkon in die Höhe gehalten wie Beckenbauer 1974 die WM-Trophäe.

Doch abgesehen vom sportlichen Aufstieg, der sich seit zwei Jahren vollzicht, möchte ich noch einen anderen Punkt nennen, der Frankfurt für mich einnimmt.

Zwei Monate nach der Bundestagswahl im September 2017 erklärte Fischer, ohne danach gefragt worden zu sein, dass Mitglieder der AfD sowie Leute, die der Partei ihre Stimme gegeben hatten, im Verein nichts zu suchen hätten. Und auch nicht im Stadion. Weil Fischer das multikulturelle Frankfurt liebt und diese Mischung verschiedener Ethnien für eine Bereicherung für die Stadt hält.

Ich werde manchmal gefragt, ob ich es nicht bedauere,

nicht schon 1960 Eintracht-Fan gewesen zu sein, als Frankfurt gegen Real Madrid im Europapokalfinale stand. Dann sage ich immer Nein, weil ich damals vierzig Kilometer vor der Stadt zur Schule gegangen bin und das alles für mich weit weg war. Denn was ich »Stammesgefühl« nenne, hat für mich sehr viel mit Alltag zu tun. Es packt einen plötzlich mitten auf der Straße, wenn man an den Schaufenstern vorbeigeht, seine Einkäufe macht, mit Freunden in der Kneipe oder mit der Freundin im Bus sitzt. Es gehört zum ganz alltäglichen Leben und verlässt einen nie. Selbst wenn man aus der Stadt wegzieht. Mein Freund Joschka Fischer ist zum Beispiel immer noch »absoluter Frankfurter«, sprich: Fan der Eintracht, auch wenn er seit fünfzehn Jahren in Berlin lebt und im Gegensatz zu mir seit Anfang der 1980er Jahre die Sitzplätze im Waldstadion der Fankurve vorzieht.

Als Frankfurt letztes Jahr ins Halbfinale der Europa League einzog, hat die Begeisterung für dieses Team ihren absoluten Höhepunkt erreicht. Die Euphorie begann schon im Sechzehntelfinale, als die Jungs gegen Donezk gewannen, dann gegen Mailand, wohin 20 000 Fans mitreisten. An dem Abend hat die Stadt nicht nur das Leben eingestellt, sondern auch das Atmen. Das Gleiche dann, als Frankfurt nach einem 1:1 im Halbfinalhinspiel gegen Chelsea im Rückspiel mindestens ein Tor schießen musste. Hätte man für die Begegnung in London 40 000 Karten kriegen können, sie wären alle binnen eines Tages verkauft worden. Die Eintracht-Fans reisen nämlich sehr treu ihrer Mannschaft nach. Und selbst wenn es ein paar kleinere Gruppen gibt, die sich gern prügeln, werden sie zum Glück bei Auswärtsspielen von der großen Mehrheit im Zaum gehalten.

Ja, auch die Fans waren ein Grund, warum ich diesem Verein verfallen bin. Sie stecken so viel Energie in ihn hinein, sind mit Leidenschaft dabei und zeigen sie auch nach außen.

Ich kann Ihnen nur sagen, ob Sie Franzose, Türke, Balkanbewohner, Araber, Afrikaner, Asiate oder sonst was sind – wenn Sie sich drei, vier Spiele in Folge in der Commerzbank-Arena ansehen würden, wären Sie danach für den Rest Ihres Lebens »Frankfurter«.

# Rote Karte für Russland und Katar

**Seit dem 29. Mai 2015** habe ich Aufenthaltsverbot in Russland. Ein Schlag des Kreml gegen mich und 88 weitere europäische Persönlichkeiten aus der Politik, als wütende Reaktion auf eine gemeinsame Maßnahme der Vereinigten Staaten und der Europäischen Union. Die hatten einigen Russen und Ukrainern, die sich zusammen mit der Moskauer Regierung bei der Annexion der Krim im Jahr zuvor bis zum Hals mit Blut besudelt hatten, die Einreise verweigert und ihr Vermögen eingefroren. Ich stehe sicher wegen der Beharrlichkeit, mit der ich Putins imperialen Autoritarismus angeprangert habe, wann immer sich in Straßburg die Gelegenheit dazu fand, auf der »roten Liste«. Als ich es hörte, musste ich lachen. Ich habe sogar gesagt, dass es mich freut. Mehr noch, es sei eine Ehre, vom Kreml als öffentlicher Feind angesehen zu werden. Daraufhin habe ich mir ganz naiv die Frage gestellt: Wie hätte die FIFA reagiert, wenn mir ein Medium das Angebot unterbreitet hätte, die WM vor Ort zu verfolgen? Denn wenn Russland sein Ukas aufrechterhalten hätte, dann hätte es damit seine Grenze nicht mehr vor jemandem verschlossen, der dem Land nicht genehm ist, sondern der dort arbeiten will. In Verletzung der Statuten des Internationalen Fußballverbands hätte Moskau entschieden, welcher »Augenzeuge« – um es einmal allgemein zu fassen – das Recht hätte, »seiner« Weltmeisterschaft beizuwohnen, und wer nicht. Der offizielle Titel lautete übrigens »FIFA Fußball-Weltmeisterschaft Russland 2018«. Sprich, es gibt eine zweifache Schirmherrschaft, den Weltfußballverband und die Russische Föderation. Was wäre also passiert, hätte ich aus beruflichen Gründen an dieser Weltmeisterschaft teilnehmen müssen? Hätte sich dann zwischen Infantino und Putin ein monatelanges Tauziehen entspannt, an dem »ich schuld gewesen wäre«, oder hätte der FIFA-Präsident meinen Fall rasch in seinem Büro unter den Teppich gekehrt?

Ich gebe zu, dass es für den »guten Gianni« nicht leicht gewesen wäre, wenn er sich für mich hätte starkmachen müssen. Denn ich hatte nicht bis zur Krimkrise und zum Diktum gegen mich gewartet, um Russland das Recht abzusprechen, große Sportveranstaltungen von internationaler Reichweite auszurichten. Schon als diese WM den Russen am 2. Dezember 2010 in Zürich zugesprochen wurde, habe ich gesagt, dass das eine sehr schlechte Idee sei. Drei Jahre später, ein paar Wochen vor Beginn der Olympischen Winterspiele in Sotschi, bin ich noch deutlicher geworden und habe zum Boykott aufgerufen. Als Co-Präsident der Grünen-Fraktion im Europaparlament in Straßburg. Und damit der Nagel auch wirklich sitzt, habe ich mich unmissverständlich ausgedrückt: »Für Putin ist das eine Frage des Prestiges.« Um hinzuzufügen: »Das wird großartig, weil er zur Eröffnungsfeier mit nacktem Oberkörper kommen wird. Dann veranstaltet er im Olympiastadion einen Kampf – mit einem Bären. Das wird ein wunderbares griechisch-russisches Spektakel. Und die anwesenden Staatschefs werden diese Macht-demonstration gutheißen, so wie sie die Machtdemons-tration der Chinesen in Peking gutgeheißen haben und Hitler 1936 bei den Olympischen Spielen in Berlin.« Da-mit hatte ich mich natürlich auch gegen diejenigen ge-wandt, die wie Nicolas Sarkozy 2008 an der Eröffnungs-feier der Olympischen Spiele in Peking teilgenommen hatten, als die Repression nicht nur in Tibet, sondern auch in Xinjiang in vollem Gange war, wo die Uiguren seit Jahren unterdrückt werden. Oder die Dissidenten, die seitdem im Gefängnis vegetieren.

Manchmal finde ich es gut, die Dinge einmal klipp und klar zu benennen, denn wir drehen uns schon lange genug in einer Endlosschleife zu der Frage, wer als Gast-geberland für die Olympischen Spiele oder die Weltmeis-terschaft infrage kommt und wer nicht, ohne dass wir uns auf irgendwelche Kriterien einigen könnten. Mögen die Mitglieder des Internationalen Olympischen Komi-tees inzwischen auch genügend Fälle in der Geschichte kennen, wo Diktaturen die Veranstaltung für sich inst-rumentalisiert haben – Italien die WM 1934, Berlin die Olympischen Spiele 1936, Argentinien die WM 1978, Moskau die Olympischen Spiele 1980, Peking die Olym-pischen Spiele 2008 und Sotschi die Skipisten 2014 –, so können sie sich trotzdem nicht darauf einigen, eine Liste mit fünf oder sechs grundlegenden Werten zu erstellen, die ein Kandidat zu erfüllen hat, damit seine Bewerbung nicht sofort im Papierkorb landet. Deshalb ist jedem nor-malen Demokraten unwohl, wenn eines dieser mensch-lich wie politisch skrupellosen Länder auserwählt wird.

Noch komplizierter verhält es sich inzwischen bei den Olympischen Spielen. Denn fast immer, wenn sich eine Stadt aus einem demokratischen Land bewirbt, sprechen sich ihre Bewohner dagegen aus. Entweder indem genug Leute protestieren, um sich bei der Politik Gehör zu verschaffen, oder durch ein »Nein« bei einem Referendum. So geschehen in den letzten Jahren in Boston, Hamburg, Budapest und Rom, die alle auf die Sommerspiele 2024 verzichtet haben. Und 2017, nach der Absage von München und Bayern, haben auch die Tiroler der Bewerbung für die Winterspiele 2026 an den Urnen eine Absage erteilt. Was allerdings mit Sicherheit niemanden davon abhalten wird, vor der Glotze zu sitzen und den Deutschen und Österreichern die Daumen zu drücken, auf dass sie möglichst viele Medaillen holen, wo auch immer die Spiele dann stattfinden werden – nur eben bitte nicht vor der eigenen Haustür.

Dass derlei weltumspannende sportliche Ereignisse immer häufiger abgelehnt werden, liegt an ihrem schlechten Ruf. In wirtschaftlich und demokratisch gut aufgestellten Ländern werden sie immer kritischer gesehen. Nicht nur, weil sie den Austragungsort teuer zu stehen kommen, sondern auch, weil sowohl die Olympischen Spiele als auch die Weltmeisterschaft immer häufiger mit Doping und Korruption in Verbindung gebracht werden.

Da es aber niemanden gibt, der eine klare Vorstellung davon hat, wie solche Turniere am besten zu vergeben wären, könnte man das Ganze vielleicht einmal aus einem anderen Blickwinkel betrachten. Zum Beispiel, indem man sich das moralische Problem dahinter ansieht. Ist es akzeptabel, einem Land einen Wettbewerb anzutragen, das sich nicht an demokratische Regeln hält? Auch wenn es letztlich nichts geändert hat, löste die WM 1978 in Argentinien doch eine große Debatte in verschiedenen europäischen Ländern aus. Übrigens haben einige französische Fußballspieler mit kleinen Gesten ihre Abscheu gegenüber dem Militärregime zum Ausdruck gebracht.

Aber es ist wirklich demoralisierend, dass sich FIFA und IOC jedes Mal, wenn das Thema aufs Trapez kommt, der Debatte entziehen. Immer mit derselben schulmeisterlichen Antwort: Man muss Sport und Politik trennen. Eine andere Meinung wird nicht akzeptiert, sei es vor oder während des Wettbewerbs. Das ist eine moralisch wie politisch höchst fragwürdige Geiselhaft, vor allem da sie letztlich nur auf die Athleten abzielt. Und die halten sich auch noch penibel an die Vorgabe. Wenn ein Sportler nach einem Sieg mit der Flagge seines Landes eine Ehrenrunde läuft, ist das manchmal durchaus Zeugnis eines übertriebenen Nationalismus. Aber das scheint weder das Olympiakomitee noch den Fußballverband zu stören. Genau aus diesem Grund konnten Mussolini, Hitler, Videla, Breschnew, Hu Jintao oder Putin ihre »Angelegenheiten« regeln, ohne dass die zuständigen Behörden in Lausanne oder Zürich ihre Nase hineinsteckten.

Wenn aber ein siegreicher Athlet auch nur mit dem Ohr wackelt, um auf ein Thema wie Menschenrechte hinzuweisen, läuft der Hase ganz anders. Dann riskiert der Sportler, ausgeschlossen zu werden.

Genau das haben wir bei Tommie Smith und John Carlos erlebt, die 1968 von Brundage[44] in Mexiko rausgeschmissen wurden. Ein übler Kerl, der schon 1936 in

---

44  Avery Brundage war von 1952 bis 1972 Präsident des IOC.

Berlin als Chef der US-Delegation gedroht hatte, jeden amerikanischen Athleten, der sich »schlecht benimmt«, umgehend nach Hause zu schicken. Nun gehört die Episode in Mexiko quasi zur »Prähistorie« der Beziehung zwischen Sport und Politik, sodass man eigentlich hätte meinen können, ein derlei rückwärtsgewandtes, reaktionäres Verhalten sei passé. Nein, so etwas gibt es bis heute. Zum Beispiel hat sich bei der Leichtathletik-WM 2013 in Moskau die Schwedin Emma Green vor der Hochsprungqualifikation Regenbogen auf die Fingernägel lackiert, als Zeichen der LGBT-Bewegung[45] und Ausdruck ihrer Solidarität mit denjenigen Russen, die sich gegen ein Gesetz auflehnten, das homosexuelle »Propaganda« verbietet und mit Geld- oder Haftstrafe belegt. Ein Gesetz, das mit Putins Worten »die Jagd auf die Schwulen«[46] und die Denunzierung dieser Frauen und Männer durch den gemeinen Bürger legitimierte. Sodann hat der internationale Leichtathletikverband darauf hingewiesen, das Reglement erlaube »keinerlei geschäftliche oder politische Äußerungen während des Wettbewerbs«, und der Athletin gedroht, sie vom Finale auszuschließen, wenn sie die Farbe nicht übermalen würde. Sie lenkte ein und kam zwei Tage später ... mit roten Fingernägeln!

Aber es ist auch schon vorher vorgekommen, dass siegreiche Athleten ganz freiheraus zum Ausdruck brachten, was sie denken.

---

45 LGBT: Lesben, Schwule, Bisexuelle und Transgender.
46 Im Januar 2017 hat Putin die Gegner der Weltmeisterschaft mit den Worten bedacht: »Ich bin keiner von diesen Schwulen. Wenn ich etwas sage, dann mache ich es auch.«

Das berühmteste Beispiel aus den vergangenen vierzig Jahren trug sich Ende Juli 1980 wiederum in Moskau zu. Es war einen Monat vor der Gründung der polnischen Gewerkschaft Solidarność in der Danziger Leninwerft. Nachdem Władisław Kozakiewicz bei Olympia den Russen Wolkow im letzten Versuch überboten und damit den Stabhochsprungwettbewerb gewonnen hatte, drehte er sich zur Tribüne um und machte mit breitem Grinsen eine beleidigende Geste, die in die Geschichte einging. Alle Welt hat es im Fernsehen gesehen, wie Breschnew den angewinkelten Arm anschauen musste. Aber sie konnten Koza nichts anhaben, weil er seinen Hass gegen die sowjetische Unterdrückung ohne Banner, ohne Worte oder irgendwelche anderen Hilfsmittel zeigte. Lange vor ihm hatten auch schon andere Olympiasieger den sowjetischen Machthabern klargemacht, was sie von ihnen denken. Sie übten »Rache«, nachdem die Rote Armee in ihr Land eingefallen war. Beide Male eine gewalttätige Angelegenheit. Erst im Schwimmbecken, dann auf der Eislaufbahn. Vier Monate nach der Niederschlagung der Revolution 1956 in Budapest ähnelte das Finale im Wasserball zwischen Ungarn und der UdSSR einer Straßenkeilerei. Die Ungarn setzten den Russen mit allen erlaubten und manchmal auch nicht erlaubten Mitteln zu, um sich für die Schandtat einen Monat zuvor zu revanchieren. Und sie gewannen! Die tschechoslowakischen Eishockeyspieler wurden im März 1969 zwar nicht Weltmeister, aber nutzten immerhin die Chance, um den Sowjets sieben Monate nach der Verwüstung ihres Landes durch die Armeen des Warschauer Pakts – mit Ausnahme von Rumänien – zwei ordentliche Abreibungen zu verpassen. Auch diese Spiele waren wahre Gemetzel. Angefangen mit einer starken und mutigen politischen Geste: Die Tschechoslowaken überklebten den roten Stern, der auf dem Wappen auf ihren Trikots prangte, mit Klebeband. Dann fuhren sie in den zwei explosivsten Begegnungen in der gesamten Geschichte dieses Sports schwere Geschütze auf und legten ihre Gegner körperlich lahm. Trotz Verbots waren Zehntausende Prager auf den Wenzelsplatz gekommen und sangen lauthals: »Euch die Panzer! Uns die Hockeyschläger!« Das Erstaunlichste ist, dass diese Weltmeisterschaft ursprünglich in der Tschechoslowakei hätte stattfinden sollen, im letzten Moment aber nach Schweden verlegt wurde, weil der internationale Eishockeyverband mögliche Zwischenfälle fürchtete. Da hatte er ein gutes Näschen.

Ich fand es nicht allzu gewagt, zu glauben, dass nichts dergleichen bei der WM 2018 in Russland passieren würde. Aber man kann nie wissen. Was wäre wohl passiert, wenn Fußballer, die ja medial eine viel größere Rolle spielen als die junge Schwedin oder der polnische Stabhochspringer, eine Aktion durchgeführt und sich zum Beispiel zum Aufwärmen ein T-Shirt übergestreift hätten, das die Homophobie des Putin-Regimes anprangert – ähnlich den amerikanischen Athleten, die im Herbst 2017 zu den Tönen von Star Spangled Banner niederknieten, um zu zeigen, was sie von Donald Trump halten.

Nachdem ich nun all diese Beispiele genannt und die Frage aufgeworfen habe, muss ich eingestehen, dass es heute kaum etwas bringt, sich gegen dieses oder jenes Land als Ausrichter von Olympia oder einer Weltmeisterschaft auszusprechen. Denn das interessiert weder das IOC noch die FIFA. Stattdessen ist es von höchster Dringlichkeit, dass diese zwei Instanzen über diesen Punkt nachdenken und eine Lösung finden, damit Sportler wieder ihre Meinung sagen dürfen, ohne das Risiko einzugehen, nach Hause geschickt zu werden. Es könnte eine ganz einfache, klare Sache sein. Und den Sport sogar interessanter machen. Denn es gibt keinen Grund, diese Frauen und Männer von Wettbewerben auszuschließen, nur weil sie sagen, was sie denken. Damit wird ihnen ein fundamentales Recht verwehrt.

Ja, es gilt zu handeln und endlich den Riegel zu sprengen, der uns vorgibt: »Sport hat nichts mit Politik zu tun.« Das ist schlicht und einfach eine Lüge. Und was für eine: Seit fast hundert Jahren betreiben die beiden Institutionen unentwegt selbst Politik. Angefangen 1920, als man Deutschland, Österreich, Ungarn, Bulgarien und der Türkei – den im Ersten Weltkrieg »besiegten« Nationen – die Teilnahme an den Olympischen Spielen in Anvers verwehrte. Dreißig Jahre später weigerte sich die FIFA, die BRD zu den Qualifikationsspielen zur WM 1950 zuzulassen. Mit dem Blick von heute erscheinen uns solche Sperren ungerecht, auch wenn die Emotionen damals natürlich noch solche Wellen schlugen, dass die Entscheidung letztlich verständlich ist. Gefühle sind irrational, das ist verzeihlich. Ich habe es selbst erlebt. So war ich immer radikal gegen die Todesstrafe, egal, bei welchem Verbrechen. Zugleich muss ich zugeben, dass ich keine Träne vergossen habe, als Eichmann 1962 in Jerusalem hingerichtet wurde – und das scheint mir auch nicht verwerflich.

Später, zur Zeit der Apartheid, wurde Südafrika richtigerweise von den Olympischen Spielen ausgeschlossen[47], und gleich bei uns um die Ecke wurde das ehema-

---

47  1964. Erst an Olympia 1992 in Barcelona durfte das Land wieder teilnehmen.

lige Jugoslawien im letzten Moment nicht zur Euro 1992 zugelassen. In diesem Fall hat die UEFA allerdings nur geltendes internationales Recht angewandt, nämlich die Resolution 757 der Vereinten Nationen, die die Sozialistische Föderative Republik nach den Gräueltaten ihrer Armee in Krajina und Bosnien geächtet hat.

1992 war auch das Jahr, in dem sich die Fußballwelt endlich ernsthaft mit dem unerträglichen Boykott beschäftigt hat, mit dem die muslimischen Länder Asiens seit Anfang der 1970er Jahre die auf ihrem Kontinent beheimatete israelische Nationalmannschaft belegen. Auf Bitten der FIFA nahm daher die UEFA Israel in ihr »Einzugsgebiet« auf, sodass dessen Nationalelf an den verschiedenen Europapokalwettbewerben wie auch an der WM-Qualifikation teilnehmen konnte. Anschließend sind andere internationale Sportverbände dem Beispiel gefolgt. Trotzdem werden israelische Sportler manchmal immer noch aufgrund ihrer Nationalität gegängelt. Zuletzt im Herbst 2017, als einem siegreichen Judoka bei einem Turnier in Abu Dhabi auf dem Podium die Nationalhymne verweigert wurde. Ein iranischer Ringkämpfer erhielt von seinem Trainer bei der U23-WM den Befehl, seinen Kampf zu verlieren, weil er sonst in der nächsten Runde gegen einen Israeli hätte antreten müssen. Das ist mehr als surreal. Das ist dummer, vergifteter Antisemitismus. Und nach alledem will man uns tatsächlich weismachen, Sport habe nichts mit Politik zu tun? Einfach grotesk! Die FIFA hat es mit diesem Märchen und mit ihrer Heuchelei sogar so weit getrieben, dass sie bei der Auslosung der Vorrundengruppen für die WM 2018 am 1. Dezember 2017 den Vorschlag des ehemaligen Sportministers und amtierenden Vizepremierministers Witali Mutko annahm, die Veranstaltung im Kreml stattfinden zu lassen! Gibt es irgendeinen Ort auf der Welt, der stärker mit politischer Macht in Verbindung gebracht wird als der Kreml?! Jener Kongresspalast, in dem so viele unerträgliche kommunistische Messen abgehalten wurden, von Stalin über Chruschtschow bis Breschnew. Noch dazu in Gegenwart von Vladimir Putin, der da nun wirklich gar nichts zu suchen hatte. Wie sehr will man die Öffentlichkeit noch zum Narren halten? Wenn es einen Beweis brauchte, einen einzigen, um zu zeigen, wie sehr ein Austragungsland eine Weltmeisterschaft für sich politisch instrumentalisiert – dann diesen!

Jetzt sollte es wohl für alle klar sein. IOC und FIFA haben gebuckelt. Sie haben akzeptiert, dass der Bewohner des Kreml vor vier Jahren die Winterspiele in Sotschi und vor zwei Jahren die WM politisiert. Natürlich kann man das russische Regime nicht mit dem Nationalsozialismus oder dem Stalinismus vergleichen, aber es ähnelt sehr dem Italien der Anfangszeit Mussolinis.[48] Da die Welt sich seitdem weiterentwickelt hat und das wirtschaftlich rückständige Russland zu einem modernen Industriestaat geworden ist, kann sich Putin keinen autoritären, diktatorischen Führungsstil erlauben, den er mit ein paar demokratischen Farbtupfern kaschiert. Zum Beispiel indem er eine Präsidentenwahl so organisiert, dass nur ein Kandidat für den Sieg infrage kommt, wie im letzten April. Dazu muss er dem russischen Volk nicht nur zeigen, dass er der Stärkste im Land und auch in seinem gesamten geografischen Einflussgebiet ist, was kein Pro-

---

48  Von November 1922 bis Januar 1925.

blem darstellt, sondern eben auch, dass er von der ganzen Welt anerkannt und akzeptiert wird. Denn seit seiner Amtsübernahme Anfang 2000 von Boris Jelzin ist er unablässig damit beschäftigt, Russland seine alte »Größe« aus der Zarenzeit oder unter Stalin wiederzugeben. Dazu hat er beides in einen Topf geschmissen und gut verrührt. Die Annexion der Krim und der Ostukraine war eines seiner »Argumente«, die in Russland leider einen gewissen Stolz verbreitet haben. Genau wie die Unterstützung von Baschar al-Assad. Eine andere Möglichkeit, sein Revier zu markieren, nur auf sanftere und intern deutlich weniger umstrittene Weise, war die »Einverleibung« der wichtigsten internationalen Sportinstanzen. Was ebenfalls prächtig funktioniert hat. Bei ihren angeblich demokratischen Wahlen rümpfen diese Verbände nicht mehr die Nase, wenn es darum geht, Russland die prestigeträchtigsten Wettbewerbe anzutragen: die Olympischen Spiele, die Fußballweltmeisterschaft, aber auch seit 2014 ein Formel-1-Rennen in Sotschi. Damit ist der russische Nationalstolz nicht mehr anrüchig. Obwohl doch schon der Gewaltstreich gegen die Ukraine im Frühjahr 2014 hätte genügen müssen, um Russland die WM wieder wegzunehmen. Aber so schlimm ist Realpolitik: Das Ex-Jugoslawien von 1992 war nicht das Russland von 2014 und Milošević nicht Putin – der ein Vetorecht im Sicherheitsrat hat. Auch wenn in New York viele Menschen gegen die Geschehnisse auf der Krim protestiert haben, reicht das in den Augen der UNO nicht für Sanktionen, durch die der ehemalige KGB-Agent »seine« Weltmeisterschaft verloren hätte. Wäre das passiert, hätten die Leute, die im Weltfußball das Sagen haben, Albträume gekriegt. Vor allem wegen der Kohle.

Gazprom ist eine Aktiengesellschaft, die dem russischen Staat gehört und als der zweitgrößte Investor weltweit gilt. Seit einem im Herbst 2013 in Sotschi unterzeichneten Vertrag ist sie Premiumsponsor der FIFA. Bei der Unterzeichnung anwesend waren Blatter und Putin, der auch hier wieder absolut nichts zu suchen hatte. Um den Fußballplaneten ein für alle Mal abzustecken, sponsert Gazprom seit acht Jahren auch großzügig die europäische Königsklasse. Und da Moskau ebenso unverfroren wie finanzstark ist, haben seine Sprecher einen Werbespruch ausgebrütet, der mein Blut zum Kochen bringt: »Wir erleuchten die Champions League«. Auf gut Deutsch: Je mehr Putin in Russland die Demokratie erstickt, umso heller leuchtet Gazproms falscher Stern. Man könnte glatt darüber lachen, wenn es nicht so schlimm wäre. Wie vor fünf Jahren, als Putin seinem Kumpel Blatter bei dem Erdbeben zur Seite stand, das den internationalen Fußballverband wegen Korruptionsvorwürfen erschütterte. Dabei sparte er nicht mit großen Worten: »Ich meine, Menschen wie Herr Blatter oder die Leiter anderer internationaler Sportorganisationen oder der Olympischen Spiele sollten besondere Anerkennung erfahren. Wenn es jemanden gibt, der den Nobelpreis verdient«, und damit meinte er den Friedensnobelpreis, »dann sind es diese Leute, weil sie die Zusammenarbeit unter den Ländern verbessert haben und einen humanitären Beitrag zu den Beziehungen zwischen den Völkern und Staaten leisten.« Dass sich FIFA und UEFA jedes Jahr fast eine Milliarde Euro von Gazprom in die Tasche stecken, dem größten Bestecher der Weltwirtschaft, ist einfach nur beschämend.

Ich bin aber noch aus einem anderen, moralischen

Grund dagegen, dass Russland sportliche Großereignisse veranstalten darf: wegen des Dopings. Der von der Welt-Anti-Doping-Agentur in Auftrag gegebene Bericht des kanadischen Juristen Richard McLaren hat bewiesen, dass Russland zwischen 2011 und 2015 in einunddreißig Sportarten betrogen hat, mithilfe eines »staatlichen Dopingsystems«, das von den Geheimdiensten organisiert wurde. Eine solche Anschuldigung wirft uns dreißig Jahre zurück, als der Sport in der UdSSR und der DDR ein Propagandawerkzeug war, das zum inneren Zusammenhalt beitragen sollte. Um siegreich zu sein, waren alle Mittel recht. Schlimm genug, wenn sich ein Athlet im stillen Kämmerlein dopt, aber wenn ein Land das Doping institutionalisiert, wird die Ethik des Sports mit Füßen getreten. Deshalb müsste ein solches Land automatisch vom Wettbewerb ausgeschlossen werden. Aber das traut sich gegenüber Russland niemand außer dem Weltleichtathletikverband unter Präsident Sebastian Coe, der fast alle qualifizierten Athleten bei Olympia 2016 in Rio und bei der WM 2017 in London gesperrt hat.[49] Aber die erdrückenden Beweise von McLaren und Grigori Rodtschenkow, dem »reuigen« Leiter des Moskauer Labors, der die Urinproben der russischen Sportler bei den Winterspielen von Sotschi vor sechs Jahren als »negativ« deklariert hatte, sowie der Druck der internationalen Sportgemeinde zwangen das IOC, Verantwortung zu übernehmen.

---

49 Bei den Olympischen Spielen sind die internationalen Verbände nur für ihren jeweiligen Sport zuständig und können eigenständige Entscheidungen fällen.

1. Es suspendierte das russische Olympiakomitee.
2. Es ließ bei den Olympischen Winterspielen in Südkorea im Februar 2018 nur diejenigen russischen Athleten starten, die noch nie »positiv« getestet wurden und in ihrer Karriere noch nie suspendiert worden waren. Sie durften unter den olympischen Farben und der olympischen Hymne an den Start gehen.
3. Es schloss Vitali Mutko auf Lebenszeit von den Spielen aus – der in diesem Fall als Blitzableiter für Putin fungierte.

Nach einem derartigen Paukenschlag musste die FIFA natürlich reagieren. Denn unter den »negativ-positiven« Russen aus dem McLaren-Bericht fanden sich auch mehrere Fußballer, die an der WM 2014 teilgenommen hatten oder womöglich bei der WM 2018 dabei sein würden. Da erklärte der internationale Verband, er werde eine eigene Untersuchung durchführen und »angemessene Sanktionen« vornehmen, sollten sich »die Verstöße gegen die Anti-Doping-Regeln bewahrheiten«.

Na immerhin! Eine Maßnahme, die alles andere als zu früh kam.

Der Skandal wird durch Korruption noch erweitert. Gut, die Untersuchung des ehemaligen amerikanischen Staatsanwalts Michael Garcia für die FIFA, deren Ergebnisse im Juni 2017 veröffentlicht wurden, hat das russische Kandidaturkomitee reingewaschen. Aber man kann der FIFA auch für die Zuerkennung einer WM »danken«, ohne ihre Mitglieder zu korrumpieren. Siehe den Vertrag mit Gazprom. Die Frage ist doch: Warum bleibt bei solchen Verabredungen immer ein Restzweifel? Ganz einfach. Weil praktisch zugegeben wurde, dass bei zwei der drei letzten WM-Vergaben auf mehrere Stimmberechtigte »zugegangen« wurde, auch wenn man nicht von »Bestechung« sprach. Bei der WM 2006 in Deutschland und bei der nächsten WM in Südafrika. Zwar hat Beckenbauer als Schirmherr der deutschen Bewerbung absolut nichts in diese Richtung zugegeben, stand aber unter heftigem Verdacht und gab im Herbst 2015 immerhin zu, er sei »an die Grenzen des Möglichen gegangen«, um die Weltmeisterschaft 2006 nach Deutschland zu holen. Bei der WM in Südafrika wiederum hat die FIFA, nachdem Infantino das Präsidentenamt übernommen hatte, die *Rainbow Nation* beschuldigt, den Wettbewerb mit Blatters Hilfe gekauft zu haben. Empörende Methoden, aber wundern tut es niemanden mehr. Heute kann man sich in allen Bereichen holen, was man haben will, wenn man nur genügend Schmiergeld in der Tasche hat. Das Problem bei den internationalen Sportverbänden ist, dass ihre Mitglieder nach denselben Prinzipien handeln wie die Länder und Regime, die sie repräsentieren. Und natürlich steckt man leichter den Finger in den Honigtopf in Zürich, Lausanne oder Monaco, wenn man Korruption schon »von Haus aus« gewohnt ist.

Es gibt noch eine andere Facette der Korruption: die Vergabe der Bauaufträge zur Errichtung der Infrastruktur. Neun der zwölf Stadien, in denen die Weltmeisterschaft 2018 stattfand, wurden eigens für diesen Wettbewerb neu gebaut! Da fließt unfassbar viel Geld! Und wer verteilt es? Natürlich der Kreml.

Ein letzter Punkt sind die Hooligans. Noch heute denke ich empört daran, wie bei der Euro 2016 400–500 russische Faschisten in Marseille alles kurz und klein geschlagen haben, was sie irgendwie an England erinnert hat. Und kaum waren sie heimgekehrt, versprachen sie die »Hölle« für die unzumutbare WM. Diese Hooligans sind Profis in Prügeln, Hass und Gewalt und nennen sich rechte Ultranationalisten. Für sie war die Weltmeisterschaft eine willkommene Bühne. Woraus der Kreml wiederum Nutzen zog, indem er zwei Botschaften verbreitete:

1. Russland und seine Männer sind stärker als das dekadente Europa.
2. Es gibt eine Verschwörung gegen die russischen Sportler, und das ist ein Politikum.

Außerdem waren die Moskauer Medien gern bereit, etwaige Zwischenfälle zu zeigen, die noch von Putins Aussagen vor vier Jahren angefeuert wurden: Er verstehe nicht, »wie zweihundert Russen gegen Tausende Engländer so viel Schaden hätten anrichten sollen«. Ganz zu schweigen von der ambivalenten Beziehung zwischen den amtierenden Machtinhabern und dem Hooligan-Milieu, unter anderem von Spartak Moskau, das 2010 zu Hilfe genommen wurde, um gewalttätige Aktionen gegen demonstrierende Umweltschützer in Chimki in der Nähe der Hauptstadt durchzuführen.

Es fehlte also nicht an Gründen, Russland das Recht abzusprechen, die Organisation der Weltmeisterschaft zu übernehmen. Das Glas war nicht halb voll und nicht halb leer. Es lief über!

Ich muss allerdings zugeben, dass wir uns bei der Gewaltfrage getäuscht haben. Da hat Putin seine Hausaufgaben gemacht. Er hat nicht seine Hunde losgelassen, um der Welt zu zeigen, dass er seinen Laden im Griff hat. Nein, er hat seinen Job gemacht, wie man es von einem »zivilisierten« Land erwartet, indem er von Anfang an dafür sorgte, dass es zu keinen Exzessen kam. Ich weiß nicht, wie er das geschafft hat, auch wenn ich vermute, dass er dafür einige nicht besonders saubere Kuhhandel eingehen musste. Ich will auch nicht wissen, wohin er die Leute geschickt hat – vielleicht nach Sibirien, wo sie dann Murmeln spielen durften. Jedenfalls hat er für Ruhe gesorgt. Was vielleicht auch gar nicht so schwierig war, er musste ja nur etwa tausend Hooligans in den Griff kriegen, die ihm ohnehin sehr wohlgesinnt waren.

Und alle waren zufrieden: die Touristen, die Journalisten, sogar die Nationalteams. Die Russen waren nett, die Organisation sehr gut, die öffentlichen Verkehrsmittel haben trotz ihres Zustands keine Probleme gemacht, das Eis war lecker, die Cola kühl, alles war perfekt.

Und Putin ist aus diesen fünf Wochen, die in der ganzen Welt übertragen wurden, gestärkt hervorgegangen. Für mich gibt es einen Moment, der symbolisch für Putins Macht und seine Art der Machtdarstellung steht. Und zwar bei der Abschlussfeier, als er nach dem Finale neben Infantino, Emmanuel Macron und Kolinda Grabar-Kitarović auf dem Podium stand und sich eine Sintflut über das Luschniki-Stadion ergoss. Beim ersten Tropfen hat einer seiner Leibwächter einen Regenschirm für ihn aufgespannt. Für die Gäste war nichts dergleichen vorgesehen, sodass sie eine halbe Stunde lang unwürdigerweise im Regen standen. Dreißig Minuten, in denen es Putin nicht in den Sinn kam, die kroatische Präsidentin unter seinen Schirm zu nehmen. Nein. Er war der Boss, er war der potente Mann! In diesem

Moment hielt er sich vor den Augen von vier oder fünf Milliarden Fernsehzuschauern tatsächlich für den Herrscher der Welt.

Ja, die WM 2018 in Russland wurde von einem unangenehmen, vorgeblich »starken« Mann inszeniert. Im Grunde wie die Olympischen Spiele 1936 in Berlin oder 2008 in Peking. Was allerdings nichts darüber aussagt, was tatsächlich in diesem Land passiert, auch wenn ein autoritärer Staat zu allem fähig ist. Insbesondere wenn es darum geht, der Welt ein gutes Bild von sich vorzugaukeln. Man denke nur an Deutschland 1936, an China, an Russland. Aber alle Diktaturen haben es so gemacht: Argentinien unter Videla 1978, die UdSSR unter Breschnew bei den Olympischen Spielen 1980 in Moskau. Und in zwei Jahren in Katar wird es das Gleiche sein!

Denn aus politischer Sicht ist das Emirat so schlimm wie Russland oder China. Das Gegenteil einer Demokratie. Aber es ragt noch durch zwei Skandale heraus, die dieses Land »einzigartig« machen: Sklaverei und Korruption!

Schon im Oktober 2013, keine drei Jahre nachdem Katar die WM 2022 zugesprochen wurde, enthüllte eine Reportage in der Tageszeitung *Le Monde* mit dem Titel »Die Verdammten von Doha«, dass indische, nepalesische und bengalische Arbeiter unter schrecklichen Bedingungen auf den Baustellen arbeiteten und zu Hunderten starben. Für ein Monatsgehalt von 183 Euro schwitzten sie elf Stunden am Tag Blut und Wasser, ohne Pausen, sechs Tage die Woche. Selbst in den beiden heißesten Monaten des Jahres, in denen die Temperatur über 50 Grad steigt, durften sie nicht zwischen 11.30 Uhr und 15 Uhr die Arbeit niederlegen, obwohl das gesetzlich vorgeschrieben war.

Sie wurden tatsächlich wie Sklaven behandelt. Und in Katar ist es ausländischen Arbeitern noch dazu untersagt, ihren Arbeitsvertrag zu brechen.[50] Vor vier Jahren bestätigte ein Bericht von Amnesty International die desaströsen Zustände – und legte sogar eine noch längere Liste an Schandtaten vor: dreckige Unterkünfte, Zwangsarbeit, Erniedrigungen, mörderisches Arbeitstempo, einbehaltene Pässe, Betrug bei der Bezahlung. Unfassbar, dass die FIFA und die allermeisten Staaten diese Zustände trotz aller Augenzeugenberichte ignorierten. Keiner hat bislang gesagt, Katar müsse die WM wieder entzogen werden. Aber wenn, dann muss es heute passieren. In zwei Jahren ist es zu spät.

Auch in Sachen Finanzen sieht es erbärmlich aus. Denn seit 2010 fließen enorme Summen, ohne dass klar ist, wohin, obwohl Infantino bei seiner Ernennung zum FIFA-Präsidenten versprochen hat, der Verband werde fortan ein Glashaus sein. Womit er meinte, dass die Vorgehensweise, die der Brasilianer Havelange seit seiner Ernennung zum FIFA-Chef 1974 praktizierte – und die Blatter im Grunde nur weiterführte –, dass also diese schlechten Manieren unter seiner Präsidentschaft ad acta gelegt würden. Das schwor er. Wer solche Versprechungen macht, von dem erwartet man natürlich eine echte Wende. Fünfzehn Monate später lag sie vor ihm, die Wende, im hellsten Scheinwerferlicht, in Form des berühmten Berichts des Ex-Staatsanwalts Garcia, in dem schwarz auf weiß nachzulesen war, dass Katar im Dezember 2010 mehrere Wahlberechtigte mit großzügigen Geldzuwendungen bedacht hat. Und der auch

---

50 Ein solches Gesetz gibt es übrigens auch in westlichen Ländern.

Beweise vorlegt. Einer ist besonders deftig: 2 Millionen Pfund, etwa 2,3 Millionen Euro, flossen zum Zeitpunkt der WM-Vergabe 2018 und 2022 auf das Sparkonto der zehnjährigen Tochter von Ricardo Teixeira, dem damaligen Mitglied des FIFA-Exekutivkomitees und Havelanges Schwiegersohn! Die amerikanische Justiz leitete ein Verfahren wegen Korruption gegen ihn ein. Der Spanier Sandro Rosell – der ehemalige Präsident des FC Barcelona, der wegen Vorwürfen des Steuerbetrugs unter anderem beim Neymar-Transfer von Santos zu Barcelona in Untersuchungshaft gesessen hat, aber freigesprochen wurde – hatte ihm das Geld überwiesen. Rosell arbeitete 2010 für das katarische Kandidaturkomitee. Andere Beweisstücke reizen vielleicht nicht ganz so sehr zu unkontrollierten Lachausbrüchen, sind aber nicht weniger schlagkräftig. Zum Beispiel die E-Mail, die ein anderes Mitglied des FIFA-Exekutivkomitees an den katarischen Verband schickte, um ihn zu beglückwünschen und sich für eine Überweisung von mehreren Hunderttausend Euro zu bedanken. Oder die Reise in einem Privatjet des besagten Verbands, die Teixeira – schon wieder er –, der Argentinier Grondona und der Paraguayer Loes unternahmen, um sich eine Woche vor der Wahl in Rio zu vergnügen. Alle diese Leute wurden natürlich gefeuert. Aber Infantino hat sich wohlweislich jedes Wortes über das korrupte Emirat enthalten. Immerhin ist seit drei Jahren neben Gazprom auch Qatar Airways Premiumsponsor der FIFA ...

Noch im vergangenen Jahr enthüllte die *Sunday Times*, dass Katar der FIFA über seinen Fernsehsender Al Jazeera ca. 880 Millionen Dollar überwiesen hat, etwa 785 Millionen Euro. In zwei Tranchen. Die erste in Höhe von 440 Millionen Dollar drei Wochen vor der Wahl am 2. Dezember 2010. Die zweite ein paar Tage danach, als kleines Dankeschön. Von der Londoner Wochenzeitung nach dem Vorgang befragt, begnügte sich das Zürcher Haus mit der Herausgabe einer Mitteilung, man habe »die Unterstellungen in Bezug auf die Kandidatur zu dieser Weltmeisterschaft bereits ausführlich kommentiert«, und erinnerte daran, man werde »weiterhin vollumfänglich mit der Schweizer Justiz kooperieren«.

Die Idee, die Weltmeisterschaft einem arabischen Land anzutragen, kam Blatter Anfang der 2000er Jahre. Jetzt posaunt er überall herum, dass ihm der Himmel auf den Kopf gefallen ist und es ein Fehler war, Katar die WM zu geben und damit dem Willen Frankreichs und Deutschlands zu folgen, deren Unternehmen viel Geld im Land investieren. Und tatsächlich haben auch Platini, der damalige UEFA-Präsident, und Beckenbauer als Mitglied des Exekutivkomitees des Weltfußballverbands die Kandidatur unterstützt. Platini hat sogar kurz nach der Wahl erklärt, dass er dem Emirat seine Stimme gegeben hat. Auch wenn ihn der Garcia-Bericht von allen Vorwürfen freispricht, verstehe ich nicht, warum er das gemacht hat. Ebenso wenig, warum er ein, zwei Wochen vor der »Wahl« an Sarkozys Mittagessen im Élysée Palast teilgenommen hat, obwohl er wusste, dass auch der Scheich Tamin bin Hamad Al Thani zugegen sein würde, der damalige Kronprinz von Katar und heutiges Staatsoberhaupt. Und ich verstehe immer noch nicht, warum Michel versichert hat – wobei ich hoffe, dass es einfach nur naiv war –, diese WM in Katar werde den Fußball weltweit noch populärer machen. Als hätte der das nötig!

Dank Satellitenfernsehen kennt heute jedes Kind Cristiano Ronaldo, Messi und Neymar. Die großen Brüder wissen, wie Zidane gezaubert hat, die Väter erinnern sich an Maradona. Seit der WM in Russland kennt die ganze Welt Mbappé und Pogba, und in zwei Jahren werden Isco, Leroy Sané und Co. zum Alltag der nächsten Generation gehören.

Ich glaube, Blatter hat ganz pragmatisch erkannt, dass manche arabischen Länder gute Kühe für sein »Milchgeschäft« FIFA abgeben könnten. Auch wenn ich mir da nicht hundertprozentig sicher bin. Denn dieser Fußballfunktionär hat auf seine Art eine globale Vision von der Welt. Dass die WM 2010 in Afrika stattfand, war von ihm gewollt. So wie er sich auch mit allen Mitteln dafür eingesetzt hat, dass die Weltmeisterschaft vor sechs Jahren wieder in Südamerika stattfand, wo sie seit 1950 nicht mehr ausgetragen worden war. Deshalb denke ich, wenn nicht Katar kandidiert hätte, sondern Ägypten unter Mubarak, hätte Blatter dafür gesorgt, dass die WM dort stattfindet. Was nebenbei gesagt ein ziemliches Chaos zur Folge gehabt hätte, da die Wahl keine zwei Monate vor dem Arabischen Frühling lag ... Vielleicht war da Putin schon nicht allzu fern. Und vielleicht hat sein Freund sogar wirklich insgeheim auf den Friedensnobelpreis gehofft. Das Komitee in Norwegen hat jedenfalls schon schlimmere Entscheidungen gefällt, zum Beispiel 1973, als Kissinger den Preis bekam!

Katar jedenfalls ist der Nobelpreis herzlich egal. Da das Land wegen seiner Verbindungen zu Iran in der arabischen Welt auf der schwarzen Liste steht, versucht es sich mithilfe des Sports weltweit Anerkennung zu verschaffen. So hat es 2015 die Handball-WM ausgetragen, im Jahr darauf die Rad-WM und 2019 die Leichtathletik-WM. Die übrigens gekauft sein soll. Aber seine größten Anstrengungen richten sich auf den Fußball, der zu einem wichtigen Marker in der Geopolitik des Persischen Golfs geworden ist. Man denke nur an die Reaktion des Emirs Tamin bin Hamad Al Thani, als Manchester City, der Verein, der den Vereinigten Arabischen Emiraten gehört, 2016 PSG aus der Champions League warf. Dann versteht man auch, was in diesem Teil der Welt alles über den Fußball läuft. Und wenn diese »Gasmonarchie« unzählige Dollar ausgegeben hat, um gleichzeitig Mbappé und Neymar einzukaufen, dann, weil sie dachte, mit einem Pariser Sieg in der Königsklasse könne sie vielleicht schon vor 2022 glänzen. Und damit würde es für Saudi-Arabien verdammt schwer werden, einfach so in Katar einzumarschieren! Doch inzwischen muss das Emirat nicht einmal mehr die Champions-League-Trophäe in seiner Vitrine stehen haben. Denn jetzt ist die WM 2022 sein Schutzschild. Und die wirtschaftlichen und sportlichen Verzweigungen sind seine Schutzmauer. Ja, Katar kann sogar von einem Erfolg bei der WM träumen, nach dem Vorbild des Handballteams, das sich das geltende Staatsbürgerrecht zunutze gemacht hat. Man stelle sich nur einmal vor, der Nationaltrainer geht einmal rund um den Globus einkaufen und holt Spieler, die im eigenen Land nicht nominiert wurden, für eine hübsche lebenslang gezahlte Jahresrente von einer Million Euro ...

Wie dem auch sei, jedenfalls wurden im Dezember 2017 dreizehn der zweiundzwanzig hoch angesehenen Persönlichkeiten, die 2010 an der Wahl der FIFA zur

WM 2022 teilgenommen haben, wegen des »Katargates«[51] oder anderer Skandale entweder von der Justiz angeklagt oder von der FIFA suspendiert, verwarnt oder geschasst.

Man könnte sich fragen, ob diese großen Sportinstitutionen »mit leichterer Hand« geleitet würden, wenn ehemalige anerkannte Sportler an ihrer Spitze stünden. Wie Bach beim IOC, Coe beim IAAF oder Jean-Christophe Rolland beim Weltruderverband. Sie waren allesamt Olympiasieger. Platini hatte für meine Begriffe die menschlichen Qualitäten, um FIFA-Präsident zu werden, ähnlich wie Sócrates, der die unregulierten und unkontrollierten finanziellen Exzesse im Fußball genauestens im Auge behalten hätte. Aber das ist noch keine Garantie für eine gute Führung. Bach zum Beispiel protegiert Putin vielleicht am meisten von allen. Auch wenn er im Herbst 2017 seinem Exekutivkomitee nachgeben musste. Das wiederum hat sorgsam darauf geachtet, den »Zaren« des Kreml nicht zu demütigen, indem es in einer Mitteilung verlautbaren ließ, es gebe »keinerlei Beweise für seine Beteiligung« an der Korruptionsaffäre.

Nein, niemand ist vor der psychologischen Einflussnahme dieses Mannes sicher. Nicht nur im Sport. Zum Beispiel wird unser Altbundeskanzler Gerhard Schröder heute von Gazprom bezahlt und hat kein moralisches Problem damit, mit dem russischen Präsidenten befreundet zu sein. Ebenso wenig wie Depardieu, der sich nicht nur mit Putin ablichten lässt, sondern ihm nachgerade Honig um den Bart schmiert.

Bach, Schröder, Blatter, Depardieu und viele andere

---

51 So nannte die Wochenzeitung *France Football* die Affäre, als im Januar 2013 erste Verdachtsmomente aufkamen.

sind von Putin fasziniert. Von seiner Macht. Von seinem Kult des starken Mannes. Machos aller Länder, vereinigt euch! Und unterstützt diesen Mann, den man so gern mit nacktem Oberkörper sieht. Genau wie Mussolini in dessen Anfängen. Ja, genießt es, solange ihr könnt. Und hoffen wir, dass das alles irgendwann einfach nur noch eine böse Erinnerung sein wird.

# Ab in die Dusche!

**Zwei Jahre nach** der Weltmeisterschaft 2018, deren Pokalübergabe im strömenden Regen endete, bin ich immer noch wie auf Wolke 7 und nassforsch selbstzufrieden.

Auf Wolke 7, weil das französische Team ab dem Achtelfinale genau so gespielt hat, wie ich es mir gewünscht hatte, und selbstzufrieden wegen meines guten Riechers, da ich das desaströse Abschneiden der Deutschen vorhergesagt hatte. Entgegen der Meinung fast aller Kommentatoren und der künftigen Gegner der Mannschaft hatte ich ernsthafte Zweifel an deren Potenzial.

Nach der Niederlage im ersten Spiel gegen Mexiko wuchsen die Zweifel noch, auch wenn die französischen Fußballexperten, mit denen ich auf Europe 1 oder im Fernsehsender LCI diskutiert habe, nichts davon hören wollten. Alle meinten nur: »Komm, hör auf, Dany, die Mannschaft ist die Mannschaft, und wenn der Ball bei der WM erst mal richtig ins Rollen kommt, dann ist sie da, in voller alter Stärke. Sie wird auch bei diesem Turnier ganz vorne dabei sein.« Die WM-Beobachter waren mehr oder weniger schon kurz davor, Gary Linekers

Diktum wieder herauszuholen: »Am Ende gewinnen immer die Deutschen.«

Aber ich hatte da so eine Vorahnung. Irgendwas war zwei Jahre zuvor bei der Euro in Frankreich losgetreten worden. Besonders deutlich wurde das im Halbfinale, in dem die *Bleus* die Deutschen eliminierten. Die spielten an dem Tag durchaus ansehnlich, aber so, wie sie um den gegnerischen Strafraum schlichen, von links nach rechts und wieder zurück, hätten sie vermutlich noch zwei, drei oder vier Stunden weiterspielen können und immer noch kein Tor erzielt, obwohl sie die Begegnung zu weiten Teilen dominierten. Letztlich haben sie »auf die französische Art« verloren, wie es manchmal dem Team von Platini passierte oder den Franzosen 2002 in Südkorea, obwohl sie zuvor Welt- und Europameister geworden waren. An diesem Abend in Marseille haben Griezmann und Co. »auf die deutsche Weise« gewonnen, genau wie die BRD 1974 gegen Holland. Ihr Stil löste eine psychische Blockade bei den Deutschen aus, da sie mit einer Situation konfrontiert wurden, die sie nicht vorhergesehen hatten. Denn weder Löw noch die Spieler hatten mit einer derart betonharten Abwehr gerechnet, durch die einfach kein Durchkommen war, und im Gegensatz zur französischen Weltmeisterelf von 1998 gehörte ein solches Bollwerk eigentlich nicht mehr zu ihrem Repertoire.

Obwohl Deutschland alle seine Qualifikationsspiele zur WM in Russland gewonnen hatte, war ich davon überzeugt, dass diese Schwachstelle – diese Unfähigkeit, gegen eine massive Abwehr ein Tor zu erzielen – geblieben war.

Zum Beispiel ist mir das letzte klägliche Gruppenspiel gegen Korea noch gut in Erinnerung, das die Deutschen unbedingt gewinnen mussten, um noch eine Chance aufs Weiterkommen zu haben. 90 Minuten lang wurden sie von Spielern in den Würgegriff genommen, die nichts mehr zu gewinnen hatten, weil sie schon ausgeschieden waren, die aber rannten und rannten und rannten, als würde ihr Leben davon abhängen. Auch wenn ich mir immer wieder gesagt habe, irgendwann würden sie wohl damit aufhören und Kroos oder irgendein anderer Deutscher ein Tor schießen. Aber nein. Stattdessen haben die Koreaner gleich zwei Treffer erzielt, in der 94. und 96. Minute! Als hätten die Deutschen nicht analysiert, was fünf Tage vorher passiert war, als sie gegen Schweden durch reines Glück gerade noch den Kopf aus der Schlinge zogen – dank eines herrlichen Tors von Kroos, das eher einem Wunder glich, erzielt in der 95. Minute! Wie gegen Frankreich spielte die Mannschaft gegen Mexiko, Schweden und Korea mit großen Selbstzweifeln. Insofern war es dann nur folgerichtig, dass die Deutschen schon in der Vorrunde ausschieden, was ihnen seit 1938 nicht mehr passiert war, als zweieinhalb Monate nach dem Anschluss ein aus Deutschen und Österreichern bestehendes Mixteam im Wiederholungsspiel in meinem geliebten Parc des Princes der Schweiz unterlag.

Sosehr der Absturz vor zwei Jahren alle verwundert hat, eine Erklärung gibt es meiner Ansicht nach schon. Zwar ist es nicht ausschließlich seine Schuld, aber Jogi Löw trägt doch großen Anteil daran. Denn mir scheint, dass er seit dem Titelgewinn 2014 in Brasilien vergessen hatte, was die Stärke der Mannschaft ausmachte. Seit er 2006 die Leitung übernahm, hat er ihr regelmäßig eine Verjüngungskur verabreicht und mit jungen Spielern für frischen Wind gesorgt. Nach dem Triumph von Rio hat er diese Politik vom einen auf den anderen Tag aufgegeben. Aus Treue zu seinen Spielern? Aus Angst? Zum Schutz? Ich weiß es nicht. Aber das ist jedenfalls das grundlegende Problem: Wie bringt man einer Weltmeistermannschaft die notwendigen Veränderungen bei, um vielleicht auch die nächste WM gewinnen zu können? Die Frage ist nicht neu. Weder Brasilien nach 1962 noch Frankreich nach 1998 noch Italien nach 2006 noch Spanien nach 2010 haben eine Antwort darauf gefunden. Genau wie Deutschland konnten die damaligen Weltmeister nach der Vorrunde wieder nach Hause fahren! Und ich denke, in der Form, in der Leute wie Thomas Müller, Sami Khedira oder Mario Gómez waren, hatten sie in Russland nichts zu suchen, wie vielleicht auch Toni Kroos – jedenfalls nicht als Stammspieler –, der trotz seines Freistoßtors gegen Schweden weit hinter seinem gewohnten Niveau zurückblieb, wie er es im Laufe des Jahres bei Real Madrid gezeigt hatte. Das sind schon ganz schön viele Spieler! Noch dazu hat Löw sich gegen Leroy Sané entschieden, der bei Manchester City eine herausragende Saison gespielt hat und mit seinen Dribblings jederzeit ein Spiel entscheiden konnte, wozu die anderen nicht oder nicht mehr in der Lage waren.

Ich weiß, es ist immer schwer, jemandem Treue oder Loyalität vorzuwerfen. Rein vom Gefühl her geht das natürlich gar nicht, aber im Hochleistungssport, mehr noch: Wenn es darum geht, *seinen* WM-Titel zu verteidigen, dann sollten diese beiden wunderbaren Charaktereigenschaften des Menschen einfach keine Rolle spielen. Denn wir sind hier weder auf einer Wohltätigkeitsveranstaltung noch bei den Glücksbärchis! Eine Weltmeisterschaft bestreitet man wie eine Wahl: um zu gewinnen! Und man sucht sich dafür die passenden Mittel, selbst

wenn es bedeutet, dass man Spieler aufs Abstellgleis be-
fördern muss, zu denen man eine innige Beziehung hat.
In dieser Hinsicht hatte Löw schon einmal zu wenig Ins-
tinkt bewiesen, als er Schweinsteiger, der längst über seinem Zenit war, noch mit zur Euro 2016 nahm.

Doch erst, als es auch nach der WM in der Nations
League im letzten Jahr nicht lief, unternahm der deutsche
Trainer eine – wie man sagt, überstürzte – Reise nach
München, um Müller, Boateng und Hummels zu erklären,
dass er nicht mehr auf sie baue. Wenn man sich ansieht,
welche Kräfte dieser Schritt gleich darauf im Team losgetreten und wie sich dessen Spielweise dadurch verändert
hat, dann kann man Löw nur eines vorwerfen: dass er diesen Schritt nicht schon ein, zwei Jahre vorher gewagt hat.

Den gleichen Rat könnte jetzt Didier Deschamps gut
gebrauchen, da seine Elf schon vor dem Halbfinale aus
diesem neuen Turnier geflogen ist. Er ist heute in derselben Lage wie Löw vor der Euro 2016.

Ich will dafür zwei Beispiele nennen: Direkt nach der
WM hat Frankreich die gesamte Saison mit Matuidi im
Mittelfeld und Giroud als Spitze gespielt. Die beiden
waren in Russland schon einunddreißig Jahre alt – und
damit genau so alt wie Deschamps, als er nach dem EM-
Sieg 2000 seine Karriere beendet hat. Ich würde meinen,
es wäre in keiner Weise unschicklich, ihnen zu sagen,
dass es für sie das Beste sei, nach diesem Triumph auf-
zuhören, und er sie nicht mehr berücksichtigen werde.
Der andere Fall betrifft N'Golo Kanté. Er hat nach dem
WM-Finale sieben von acht Partien bestritten, obwohl
er schon in Moskau dermaßen platt war, dass die ganze
Mannschaft gewackelt und sich erst gefangen hat, als er
ausgewechselt wurde. Aber N'Golo hatte sich so sehr ver-

ausgabt, dass er sich nie richtig von diesem Turnier erholt hat, was man an seiner mittelmäßigen Saison 2018/19 bei Chelsea sieht. Deshalb würde ich sagen, dass Deschamps ihm mehr Luft hätte lassen müssen, auch wenn er damals erst siebenundzwanzig war, und ihm nicht noch sieben weitere Spiele hätte aufdrücken sollen – noch dazu große Länderspiele wie gegen Deutschland und die Niederlande. Der Mann hatte wirklich schon genug am Hals mit der Premier League, dem FA Cup, dem League Cup und der Europa League, wo Chelsea ins Finale einzog. Bei einem derartigen Pensum und den Kilometern, die er für die *Bleus* und die *Blues* abreißt, ist er vermutlich »verbrannt«, noch bevor er in zwei Jahren in den Flieger nach Katar steigt.

Mich interessiert aber noch ein dritter Punkt. Und zwar, wie sich wohl Mbappé entwickeln wird. Nicht weil ihn manche schon mit Pelé vergleichen. Darum macht er sich zu Recht keinen Kopf, das ist wirklich ausgemachter Unsinn. Nein, mich beunruhigt, dass dieser junge Mann mit seinen außergewöhnlichen physischen und technischen Fähigkeiten in einem Meer von Geld badet. Hoffentlich springen ihm nicht die Sicherungen raus. Denn womit er da mit gerade einundzwanzig Jahren überschwemmt wird, ist absurd. Ich frage mich, wie er das schadlos überstehen soll. Auch, weil es nicht so aussieht, als hätte er die richtigen Leute, die ihn beschützen. Er mag ein bodenständiger Kerl sein, aber die Gefahr ist doch groß. Ich finde es immer wieder erstaunlich, wie unreif und unselbstständig Fußballer im normalen Leben sind, wo sie auf der sozialen Leiter ganz oben stehen. Und damit schließe ich die französische Klammer und kehre zurück nach Deutschland.

Es bleibt die Frage, ob die »russische Katastrophe« einen positiven Effekt auf den deutschen Fußball haben wird. Wie die Dinge derzeit stehen, hat der DFB offenbar begriffen, dass die Ausbildung der besten Nachwuchsspieler ins Stocken geraten ist und neue Lösungen hermüssen. Vielleicht ist das neue große Leistungszentrum, das gerade in Frankfurt gebaut wird, eine solche Lösung. In Frankreich gibt es so etwas schon seit 1988 in Clairefontaine. Aber auch was die Bundesliga angeht, lässt sich kaum ausmachen, wohin die Reise geht. In jedem Fall hat Bayern München im Sommer 2018 nicht die richtigen Schlüsse aus der Weltmeisterschaft in Russland gezogen. Auch hier konnte man in den Monaten danach beobachten, was ich das »Symptom Mannschaft« nennen würde. Ohne den Kader zu erneuern, hat Rummenigges Verein mit den alten Kräften Müller, Boateng, Hummels, Ribéry, Robben und Alaba weitergemacht und gedacht, man könne damit auf höchstem Niveau mithalten. Und was ist passiert? Schonungslos wurden die Bayern im Achtelfinale der Champions League von Liverpool rausgekegelt und mussten bis zum letzten Spieltag um die Meisterschale bangen. Das sind untrügliche Zeichen ... Diese Mannschaft war verbraucht, überaltert und viel zu selbstsicher. »Kalle« hat wirklich gut daran getan, danach das Team umzubauen.

Ich habe am Anfang des Kapitels gesagt, dass es mich gefreut hat, recht gehabt zu haben, auch gegen die vorherrschende Meinung. Trotzdem habe ich nicht über die deutsche Blamage gejubelt. Wie der Dichter sagt: Aus dem Alter bin ich raus. Denn im Grunde war die Geschichte fast surreal, nicht zu fassen, unwirklich, wie die abenteuerliche Niederlage der Brasilianer 2014! Selbst ich hätte trotz meiner Vorahnung nicht auch nur einen Euro auf ein solches Ende gesetzt! Dass Deutschland im Achtel- oder Viertelfinale ausscheidet, okay, das hätte ich mir vorstellen können. Aber als Gruppenletzter hinter Schweden, Mexiko und Südkorea, auf keinen Fall. Mit nur zwei Toren! Damit waren sie irgendwie »doppelt bestraft«, und darüber konnte ich mich nun wirklich nicht freuen.

Aber jetzt zu Frankreich. Auch über diese Elf habe ich etwas gesagt, was sich als richtig erwies: Ich war der Meinung, wenn Pogba in Form ist, kann sie weit kommen. Natürlich kann man viel über diesen Spieler sagen, über seinen unmöglichen Charakter – was mir persönlich schnuppe ist – oder dass er zu einigen Spielen der *Bleus* einfach nicht erschienen ist. Keine Frage. Aber ich habe trotzdem immer gesagt, das Schicksal dieser Mannschaft hängt von ihm ab. Natürlich könnte man einwenden, dass es noch Kanté, Matuidi und Griezmann gibt, aber für mich war er, Pogba, das entscheidende Plus, ein Mann, der eine Mannschaft mitreißen und Spiele gewinnen kann. Er oder keiner. Ja, er ist kein konstanter, aber ein genialer Spieler. Man sollte nicht darauf wetten, dass er immer im richtigen Moment da ist – was man übrigens auch bei Matthäus nicht getan hätte –, aber man sollte ihm trotzdem vertrauen. Das war Deschamps' Meisterstück, dass er das begriffen hat. Vor allem, wenn man bedenkt, dass Pogba das Gegenteil des Trainers ist. Ein Rapper, ein Hitzkopf, ein Spinner, ein kleiner Angeber. Ein Prototyp seiner Generation von Turnschuhträgern, von NBA, Rhythmus, Rap, Spaß, Urlaub in Miami, *Game of Thrones*, der Realityshow im sonnendurchfluteten Loft am smaragdgrünen Meer. Übrigens hatte er die Idee, die ich wirklich sympathisch finde, dass jeder Weltmeister zur Erinnerung an den Sieg einen Ring bekommt, wie es bei den amerikanischen Profis üblich ist. Der Verband hat zwar lange getrödelt, aber am Ende bekam jeder seinen Ring, auch wenn Pogba fast alles aus eigener Tasche bezahlt hat!

Wenn man also einen solchen Spieler hat und dann noch jemanden vom Kaliber eines Mbappé, dann kann man die Kugel schon mal rollen lassen. Auch wenn vielleicht zu Beginn der WM noch nicht genau abzusehen war, wohin sie rollen würde. Denn diese Elf, deren Potenzial irgendwie spürbar, aber nicht richtig greifbar war, konnte in der Vorrunde leider nicht überzeugen. Weder gegen Australien oder Peru noch gegen Dänemark. Oder um genau zu sein, haben weder Pogba noch Mbappé noch Griezmann gezeigt, dass ihnen eine große Zukunft bevorsteht, zumindest kurzfristig. Ihnen nicht und auch ihren Kollegen nicht. Genau wie 2006, als Zidane und seine Mannen schwer leiden mussten, um eine Gruppe zu überstehen, die mit Korea, der Schweiz und Togo nicht gerade als »Todesgruppe« zu bezeichnen war.

Doch dann kommt die erste echte Herausforderung, das Achtelfinale gegen Argentinien. Das Spiel, in dem die Mannschaft sich beweisen muss. Und endlich findet sie ihre Form. Nicht vom Anpfiff an, aber das überirdische Tor von Pavard in der zweiten Hälfte hat den Knoten gelöst, als die Franzosen noch 1:2 zurücklagen. Genau wie im Halbfinale 1998, als sie gegen Kroatien 0:1 in Rückstand gerieten und Thuram, ebenfalls ein rechter Außenverteidiger, zugeschlagen hat. Und wie im Stade de France spielt auch 2018 in Kasan fortan nur noch eine Mannschaft. In beiden Fällen hat ein unwahrscheinlicher Zufall den Hebel in den Köpfen der Franzosen umgelegt und damit einen absoluten Siegeswillen in ihnen entfesselt. Sie haben Messi ausgeschaltet, dann hat sich Mbappé ins Spiel eingeklinkt, nachdem er in der ersten Hälfte kaum zu sehen war, und zwei Tore erzielt. Plötzlich passte alles zusammen, griff alles ineinander. Und die Mannschaft zeigte ihr wahres Gesicht.

Am meisten überrascht hat sie mich übrigens im Viertelfinale gegen Uruguay und im Halbfinale gegen Belgien. Denn sie hatte zwar gezeigt, dass sie in der Offensive alle Mittel zur Verfügung hat, jedoch hatte ich absolut nicht erwartet, dass sie defensiv das gleiche Bollwerk errichten würde wie 2016 gegen Deutschland. Auch wenn Deschamps verkündet hatte, eine Weltmeisterschaft werde in der Abwehr entschieden, war ich überzeugt, dass die Franzosen mit Mbappé, Griezmann, Pogba, Kanté, Matuidi und Giroud immer ein Tor mehr erzielen konnten als der Gegner. Damit lag ich nicht völlig falsch, aber ich muss doch anerkennen, dass das Turnier für sie ohne die beinharte Abwehrarbeit von Varane, Umtiti, Pavard, Hernández und Lloris im Viertel- und Halbfinale womöglich anders ausgegangen wäre. Vor allem die Belgier hat die französische Abwehr – mit legalen Mitteln – zur Verzweiflung gebracht, obwohl die das Spiel bestimmten. Chapeau, auch wenn ich kein Freund einer solchen Vorgehensweise bin und nie war. Ganz besonders gefallen haben mir in diesen beiden Spielen die jugendlichen Geistesblitze, die dieser Elf eigen waren. Das hat Deschamps wirklich meisterhaft gemacht. Mit eiserner Hand hat er seinen Spielern die Spielhärte beigebracht, die für jeden Erfolg unabdingbar ist, und mit der anderen Hand hat er ihnen jeden nur erdenklichen Freiraum geschaffen. Den sie aber nur punktuell und auf ganz spezifische Weise nutzen sollten. Seine Stärke bestand darin, ihnen beizubringen, die richtigen Momente zu erspüren – wovon es im Laufe eines Spiels nicht allzu viele gibt –, in denen sie mit größtem Gewinn die Handbremse lösen konnten.

Was man auch im Finale gesehen hat, wo Frankreich die ersten beiden Tore nach Standardsituationen erzielt hat – ein Freistoß, den Mandžukić ins eigene Tor lenkte, und ein vom Himmel gefallener Elfmeter, der sich der Gnade des Videobeweises verdankte. Und das, ohne eine Sekunde lang das Spiel zu dominieren – weit davon entfernt! Schließlich genügten nach Kantés Auswechslung in der zweiten Halbzeit zehn geniale Minuten, in denen Mbappé und Pogba den Deckel draufmachten und die *Bleus* mit 4:1 in Führung brachten. Dass es ausgerechnet diese beiden waren, ist kein Zufall. Anschließend haben dann die Verteidiger trotz des Anschlusstreffers die Akte in den Tresor gelegt und ihn fest verriegelt. Dabei war es ohnehin schon erstaunlich, wie lange die Kroaten sich aufbäumten, nachdem sie im Achtel-, Viertel- und Halbfinale in die Verlängerung gehen mussten. Ein kampffreudiges Team. Noch außergewöhnlicher war nur, dass Modrić bis zum Ende brillant gespielt hat. Auch er hat sich übrigens nicht von dem Turnier erholt, wenn man sich ansieht, wie er die zehn Monate danach bei Real Madrid agierte. Aber wie dem auch sei, obwohl mich faszinierte, wie die Kroaten nach jedem Schlag wieder aufstanden und weiterkämpften, ist ihre Spielweise leider nicht mein Ding. Diese Härte gefällt mir einfach nicht.

Übrigens erschien mir die WM 2018 auch deshalb interessant, weil zum ersten Mal keiner der großen Favoriten ins Halbfinale vorgedrungen war. Zwangsläufig weder Italien noch Holland, da sie sich beide nicht qualifiziert hatten, aber auch Deutschland nicht (wie wir wissen), auch nicht Spanien, Argentinien oder Brasilien. Das war bis dato noch nie vorgekommen und hatte etwas sehr Erfrischendes! Somit kamen neben Frankreich wieder Nationen aufs Trapez, die man auf diesem Niveau lange nicht gesehen hatte. Belgien bestritt sein letztes Halbfinale 1986, England 1990 und Kroatien 1998. Die Belgier haben ihre Ruhmesstunde wohl deshalb verpasst, weil auch sie den Franzosen in die Falle gingen, die sich die meiste Zeit im eigenen Drittel verschanzten. Wie die deutsche Mannschaft 2016 sind die Belgier um den heißen Brei herumgeschlichen, ohne auch nur einmal die Zunge auszustrecken und daran zu lecken. Ich frage mich, ob die »Generation Hazard«, falls sie sich für Katar qualifiziert, dann wohl ohne Kompany, Fellaini und Mertens noch dasselbe Potenzial haben wird wie 2018 in Russland, wo sie Dritter wurde. Vermutlich wird diese überaus begabte belgische Fußballgeneration am Ende leider leer ausgehen.

Es gab bei dieser WM auch einige begeisternde Momente, die mich gefesselt haben, aber aus denen dann nichts weiter erwuchs. Ich will nur einen nennen, das Spiel Portugal gegen Spanien, die erste Begegnung in Gruppe B. Ein 3:3! Großartig! Eins von zwei oder drei Spielen, die mich wirklich mitgerissen haben. Mit drei Toren eines glänzenden Cristiano Ronaldo und zwei Toren eines entflammten Diego Costa, ein unablässiges Hin und Her, Spanien endlich wieder in gewohnter Form und am Ende eine unbändige Spannung, nachdem Portugal zwei Minuten vor Ende der regulären Spielzeit den Ausgleich erzielte. Eine Partie, die gleich am zweiten Tag für den Rest des Turniers den Ton angeben würde. Sollte man meinen. Aber was kam dann? Ronaldo? Mehr oder weniger *nada*! Costa? Kaum besser! Portugal und Spanien fliegen im Achtelfinale raus! Nicht eingelöste Versprechen, die einen traurig zurücklassen. Obwohl so etwas natürlich immer mal passieren kann. Am besten ist man vorsichtig mit Mannschaften, die einem das Wasser im Munde zusammenlaufen lassen, aber sich im Tag vertun und ihr Finale gleich im ersten Spiel absolvieren, um das echte Endspiel fünf Wochen später im Sessel versunken zu beglotzen: wie England 1982, die UdSSR 1986, Nigeria 1998, Argentinien 2006 oder Kolumbien 2014.

Im Grunde gab es in der Geschichte der Weltmeisterschaften nur ein einziges Land, das vom ersten bis zum letzten Tag genial gespielt hat: Brasilien 1970. Gut, es hatte auch Pelé als Regisseur. Eine Rolle, die Neymar vor zwei Jahren abging; im Übrigen war er nie ein echter Spielmacher und wird es meiner Meinung nach auch nicht mehr werden. Aber er ist natürlich trotzdem ein großartiger Spieler. Hätte er sich nicht vier Monate vor der WM bei einem Meisterschaftsspiel in Frankreich ernsthaft verletzt, hätte er auch sicher einen deutlich größeren Einfluss auf das Spiel der *Seleçao* genommen. Es wurde ihm oft vorgeworfen, dass er sich bei der kleinsten Berührung fallen ließ und heftig protestierte. Ich bin mir sicher, dass das kein Theater war und er wirklich gelitten hat. Seine Gegner wussten das und haben es eiskalt ausgenutzt, indem sie ihn immer wieder attackiert haben. Die Kritik ihm gegenüber war für mich völlig fehl am Platz. Und ist es immer noch. Vor allem, wenn ich idiotische Sprüche höre wie: »Natürlich wird er oft gefoult, aber das ist seine eigene Schuld, wenn er ständig dribbeln muss!« Entschuldigung, aber was ist ein Dribbling? Eine starke Waffe! Man kann ein, zwei, drei Gegenspieler aussteigen lassen und eröffnet seinen Mitspielern damit große Freiräume ... Irgendwann werden die Beobachter und Fachleute anerkennen müssen, dass Neymar ein Juwel ist, das Brasilien erstrahlen lässt. Und dass die *Seleçao*, wenn er nicht dabei ist oder auf einem Bein spielen muss, ziemlich ins Straucheln gerät, wie im Halbfinale 2014. Was ich schade finde, weil sie 2018 großes Potenzial besaß. Und dass sie ausschied, lag nur an ganz kleinen Dingen. Als sie im Viertelfinale nach einem 0:2-Rückstand eine Viertelstunde vor Ende den Anschluss erzielte, waren die Belgier schon völlig ausgelaugt. Und der Schiedsrichter hat Brasilien einen glasklaren Elfmeter verweigert. Hätte er den gepfiffen, wären die Brasilianer mit Sicherheit weitergekommen. Und dann wäre die Geschichte womöglich ganz anders geschrieben worden ...

Ich werde manchmal gefragt, ob ein WM-Titel im Land etwas geändert hätte. Ob Bolsonaro seinen Staatsstreich trotzdem hätte durchführen können. Ich fürchte ja, er wäre trotzdem Präsident geworden. Denn im Juli 2018 schwelte das Krebsgeschwür schon, und es war vorauszusehen, dass Lula nicht zur Wahl stehen würde, weil er in den nächsten Wochen verhaftet würde. Aber selbst wenn er sich hätte zur Wahl stellen können, hätte das nichts geändert.

Abschließen möchte ich mein Buch mit einem Thema, das mir immer noch besonders am Herzen liegt: Europa. Ich möchte erzählen, was ich über die Euro denke, die im Juni in dreizehn Städten auf dem ganzen Kontinent stattfindet und deren Halbfinalpartien und Finale im Londoner Wembley-Stadion ausgetragen werden.

Mir gefällt Michel Platinis Idee, als er noch Präsident der UEFA war, das siebzigste Jubiläum der Fußballeuropameisterschaft auf besondere Weise zu feiern – auch wenn viele dagegen waren. Intellektuell gefiel mir das. Nicht zuletzt, weil diejenigen, die das Projekt schlechtgemacht haben, keine Ahnung von der Welt haben. Es ist nicht weniger unpassend, bei einem Turnier durch Europa zu touren, als 1994 quer durch die USA zu reisen oder vor sechs Jahren durch ganz Brasilien. Wir werden sehen, was das gibt, ich jedenfalls habe große Lust, mich überraschen zu lassen.

Ich bedaure nur, dass sich der französische Fußballverband im Gegensatz zum DFB, der München als Spielort vorschlug, nicht um eine Vorrundengruppe beworben hat. Denn das erste Finale, das die Sowjetunion gegen Jugoslawien gewann – wie traurig, wenn man sich die damaligen Beziehungen zwischen den beiden Ländern ansieht und wie gern Chruschtschow Tito buchstäblich aus dem Weg geräumt hätte –, fand in Paris statt.

Und eins ist klar, mir wäre der Parc des Princes nach wie vor deutlich lieber als die Allianz Arena ...

Joschka
**Fischer**
Willkommen im
21. Jahrhundert
Europas Aufbruch und die
deutsche Verantwortung

Seit dem Abstieg der USA als globale Ordnungsmacht nach 1989 gibt es eine gefährliche neue Rivalität nuklearer Weltmächte, die jederzeit eskalieren kann: Korea, Hongkong, Kaschmir, Iran, Jemen, Syrien, Ukraine. Ein neues Wettrüsten. Handels- und Technologiekrisen. In dieser Situation wird die Transformation Europas in eine souveräne weltpolitische Macht zu einer entscheidenden Zukunftsfrage, die ohne einen selbstbewussten Beitrag und die volkswirtschaftlichen Ressourcen Deutschlands und Frankreichs nicht gelöst werden kann. Erkennt die deutsche Politik die Zeichen der Zeit?

**Kiepenheuer & Witsch**